Herzog Max in Bayern

Sisis wilder Vater

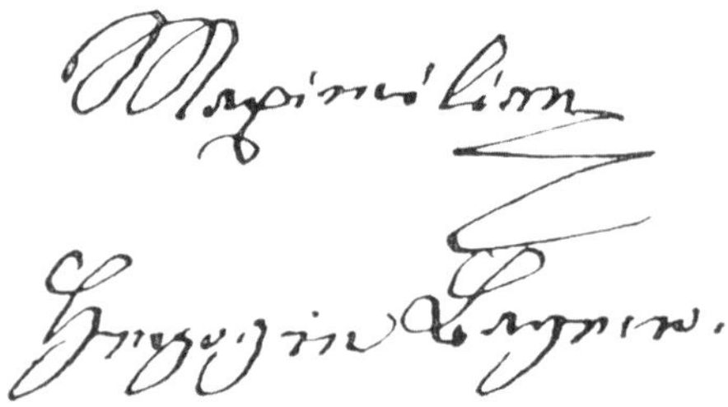
Maximilian
Herzog in Bayern.

Alfons Schweiggert

Herzog Max in Bayern
Sisis wilder Vater

Volk Verlag München

Die Deutsche Bibliothek verzeichnet diese Publikation in der Deutschen Nationalbibliografie; detaillierte bibliografische Daten sind im Internet über http://dnb.ddb.de abrufbar.

2. Auflage 2017

Streitfeldstraße 19, 81673 München
Tel. 089 / 420 79 69 80, Fax 089 / 420 79 69 86
www.volkverlag.de

Druck: Kösel, Krugzell

ISBN 978-3-86222-212-4

Inhalt

Ein Wittelsbacher Original

Prolog

738 Jahre lang regierten sie in Bayern als Herzöge, Kurfürsten und Könige und prägten die Region bis zum Ende der Monarchie 1918 – die Wittelsbacher. Sie zählen zu den ältesten und einflussreichsten Geschlechtern Europas. Wenn heute auch vorrangig die fünf bayerischen Könige, dazu Prinzregent Luitpold, im Bewusstsein der Öffentlichkeit präsent geblieben sind, darunter vor allem „Märchenkönig" Ludwig II., so haben doch auch viele weniger bekannte Persönlichkeiten dieses angesehenen Adelsgeschlechts Bedeutendes geleistet und sich einen Namen gemacht.

Im Schatten bleiben oft die Angehörigen einer Wittelsbacher Nebenlinie, die den Titel „Herzöge in Bayern" trugen und heute noch tragen. Sie residierten in der Pfalz, im Herzogtum Jülich, im Herzogtum Berg und in Bayern, hier vor allem in München und Landshut, im oberfränkischen Bamberg und in Banz, in Possenhofen am Starnberger See und bis zuletzt im Tegernseer Tal. Durch ihre Heiratspolitik sind sie nach wie vor mit zahlreichen hohen Häusern eng verbunden.

1799 trat der gebürtige Pfalzgraf Maximilian Joseph als Kurfürst Max IV. Joseph von Bayern in Nachfolge des kinderlosen Kurfürsten Karl Theodor die Regierung in München an. Außer ihm gab es zu jener Zeit nur einen weiteren volljährigen Wittelsbacher, den Pfalzgrafen Wilhelm, der von seinem kurfürstlichen Verwandten den Titel „Herzog in Bayern" erhielt. Der gemeinsame Stammvater beider war ihr Urur- bzw. Urgroßvater Pfalzgraf Christian I. von Birkenfeld-Bischweiler, der von 1630 bis 1654 regierte. Zu den hervorragendsten Vertretern der Herzöge in Bayern gehört neben Wilhelm, mit dem die herzogliche Linie ihren Anfang nahm, sein Enkel und Nachfolger Herzog Max in Bayern.

Weithin bekannt wurde dieser Wittelsbacher vor allem in den 1950er Jahren durch Ernst Marischkas erfolgreiche „Sissi“ Film-Trilogie, auch wenn sich die historische Sisi nur mit einfachem „s“ schrieb. Der Schauspieler Gustav Knuth mimte den „Pappili“ der jungen Elisabeth – Romy Schneider – und stellte Herzog Max als verständnisvollen Ehemann der Herzogin Ludovika dar, gespielt von Magda Schneider. Als warmherziger und bodenständiger Familienmensch sei er nur für seine Kinder da gewesen und habe mit ihnen ein unbeschwertes Landleben, fernab vom strengen Protokoll des Münchner Königshofs, in Schloss Possenhofen am Starnberger See genossen. Dies jedenfalls suggerierte Gustav Knuth und prägte damit über Jahrzehnte hinweg das Bild, das man bis heute von Herzog Max in Bayern hat. Doch wer diese auf Zelluloid gebannte Gestalt vor Augen hat, erliegt einer völlig falschen Vorstellung. In Wahrheit hatte der echte Herzog Max weder äußerlich etwas mit Knuths Braumeisterfigur noch charakterlich mit dessen überfreundlichem Wesen gemein, im Gegenteil: Von seiner Erscheinung her war der Herzog aristokratisch, elegant und von seinem Wesen ein doch recht problematischer Ehemann und eigenwilliger Vater.

Wer also war Sisis Vater denn nun wirklich, der als anerkannter Zithervirtuose, produktiver Komponist und bedeutender Förderer der bayerischen Volksmusik im 19. Jahrhundert, als abenteuerlustiger Orientreisender und eifriger Schriftsteller, aber auch als Liebhaber akrobatischer Reitkunst und diverser bürgerlicher Töchter, vor allem aber als faszinierender Exzentriker und als einer der populärsten Wittelsbacher neben König Ludwig II. bis heute in der bayerischen Bevölkerung bekannt und beliebt ist?

In seinem Leben und in denen seiner Kinder spiegelt sich das Schicksal Europas zwischen napoleonischer Zeit und Erstem Weltkrieg in aufregenden Ereignissen – sei es der Bamberger Fenstersturz des Marschalls Berthier, die geplatzte Verlobung der Herzogin Sophie Charlotte mit König Ludwig II. von Bayern, die Heirat ihrer Schwester Elisabeth, der berühmten Sisi, mit Kaiser Franz Joseph von Österreich oder etwa der Wagemut der Königin Maria beider Sizilien, die als „Heldin von Gaeta“ in die Geschichte einging.

Das Leben Herzog Max’ in Bayern ist reich gefüllt mit spannenden Episoden, überraschenden Aktivitäten und heiteren, oft höchst skurrilen Ereignissen. Zahlreiche Anekdoten kursieren bis heute in der Bevölkerung rund um dieses eigenwillige Original. All das verdient es, erzählt zu werden, auf dass eine der schillerndsten Persönlichkeiten der Wittelsbacher in Bayern nicht in Vergessenheit gerät.

München, im Frühjahr 2016 *Alfons Schweiggert*

Bayern zur Zeit von Herzog Max' Geburt

Herzog Max in Bayern wurde in höchst unruhigen Zeiten geboren, die sich über die Jahre 1799 bis 1815 erstreckten. Zwei Jahre bevor er 1808 das Licht der Welt erblickte, war aus dem stets finanzschwachen Kurfürstentum Bayern, das ständig in seiner Existenz bedroht war, überraschend das Königreich Bayern geworden. Der Grundstein dafür war fast eine Generation zuvor auf folgende Weise gelegt worden:

Kurfürst Maximilian III. Joseph (1727 – 1777) aus dem bayerischen Haus Wittelsbach hatte keine Nachkommen und verfügte damit auch über keinen legitimen Erben. Bayern sollte jedoch in den Händen der Familie verbleiben, weshalb Maximilian vertraglich dafür sorgte, dass ein Wittelsbacher aus der pfälzischen Linie Sulzbach seine Nachfolge antreten konnte. Nach seinem Tod 1777 fiel das Kurfürstentum Bayern so an den Pfälzer Kurfürsten Karl Theodor. Dem lag seine Residenz in Mannheim jedoch bedeutend näher als jene in München. Dass der neue Regent sich nicht nur aus München, sondern aus ganz Bayern nichts machte, merkten auch Karl Theodors bayerische Untertanen schnell und begegneten ihm mit Abneigung. Sie waren stolz auf die tausendjährige Geschichte des Herzogtums Bayern, später Kurbayerns; längst hatten sich im Volk ein gewisser Nationalstolz und ein Treueverhältnis zum angestammten Herrscherhaus der bayerischen Wittelsbacher herausgebildet.

Karl Theodors neuer Nachbar Österreich erhob aufgrund eines uralten Belehnungsbriefs des Kaisers Sigismund an seinen Schwiegersohn, den Herzog von Österreich, aus dem Jahre 1426 immer wieder Ansprüche auf Teile Bayerns, so auf die Oberpfalz und Niederbayern, was der Hälfte der Landfläche Bayerns entsprach. Im Austausch wollten die Österreicher Karl Theodor aus ihrem Besitz ein „Königreich Burgund" zusammenzimmern und überlassen. Der Kurfürst, der nach wie vor seiner pfälzischen Heimat weitaus mehr verbunden war, wollte beinahe auf die österreichischen Forderungen eingehen. Doch das verhinderten schärfste Proteste der bayerischen Bevölkerung, vor allem der sehr einflussreichen Herzogin Maria Anna von Pfalz-Sulzbach (1722 – 1790), die durch ihre Heirat mit Herzog Clemens Franz de Paula von Bayern (1722 – 1790), einem Neffen Kaiser Karls VII., Prinzessin von Bayern geworden war. Außerdem war auch das Königreich Preußen mit Friedrich II. an der Spitze aus eigenem Machtdenken daran interessiert, dass Bayern unabhängig und möglichst unversehrt blieb.

Nichtsdestotrotz gingen die bayerisch-österreichischen Bestrebungen zum Ländertausch weiter. 1784/85 sollte das Kurfürstentum Bayern gegen die österreichischen Niederlande, also etwa das Gebiet des heutigen Belgien, eingetauscht werden. Wieder protestierte Preußen samt dem vom Königreich 1785 gegründeten Fürstenbund dagegen und der beabsichtigte Tauschhandel unterblieb erneut, auch wenn Österreichs Interesse an einem Anschluss Bayerns nicht schwand.

Die letzten Lebensjahre Karl Theodors, der nie davon abließ zu überlegen, wie er Bayern möglichst teuer verschachern könnte, waren überschattet von den Auswirkungen der Französischen Revolution und der damit verbundenen Koalitionskriege. Als er 1799 – zur Freude der Bayern – kinderlos starb, wurde Maximilian IV. Joseph aus der unbedeutenden Wittelsbachischen Nebenlinie Zweibrücken-Birkenfeld als rechtmäßiger Nachfolger neuer bayerischer Kurfürst. Unter seiner Führung sollte es Bayern zum Königreich bringen.

Napoleon in Bayern

Im Zuge der Französischen Revolution 1789 bis 1799 war Napoleon Bonaparte (1769 – 1821), der Spross einer verarmten korsischen Landadelsfamilie, zum Kaiser der Franzosen herangewachsen. Bayern, das zum Heiligen Römischen Reich Deutscher Nation gehörte – mit dem damaligen österreichischen Kaiser Franz II. als Oberhaupt –, war somit immer noch Bündnispartner des expansionsfreudigen Österreich, mit dem es weiterhin keine guten Erfahrungen machte. Obwohl Kurbayern in Konfliktfällen lieber neutral geblieben wäre, musste es dem österreichischen Kaiser 20.000 Soldaten für den Kampf gegen den äußerst erfolgreich nach Europa vordringenden Napoleon zur Verfügung stellen.

Alleine gegen die Bevormundung Österreichs aufzubegehren, dazu war Bayern zu schwach. Deshalb sah es sich heimlich nach einem neuen starken Bündnispartner um. Kurfürst Max IV. Joseph und sein Minister Maximilian Graf Montgelas entschieden sich 1805, als der Dritte Koalitionskrieg mit Frankreich drohte, zu einem Bündniswechsel weg von Österreich und hin zur einer Allianz mit dem früheren Feind Frankreich und seinem Kaiser Napoleon, dem derzeit mächtigsten Partner. Sie ließen sich, wie manche vermuten, wohl mehr oder weniger „kaufen".

Im Herbst und beginnenden Winter des Jahres 1805, im Dritten Koalitionskrieg der europäischen Großmächte England, Russland, Österreich und Schweden gegen Frankreich, unterstützten Bayern, Württemberg und Baden sowie andere deutsche Mittelstaaten Napoleon. Österreich tobte und drohte, Bayern zu verschlingen. Doch in der Schlacht bei Austerlitz wurde die russisch-österreichische Armee geschlagen. Nach seinem Sieg rief Napoleon den von ihm abhängigen Rheinbund ins Leben, dem sich Bayern gemeinsam mit 15 weiteren deutschen Kleinstaaten anschloss und sich damit vom Reich lossagte. Kaiser Franz II. von Österreich legte im August 1806 die deutsche Krone nieder und das Heilige Römische Reich Deutscher Nation fiel nach fast 900-jährigem Bestand wie ein Kartenhaus in sich zusammen.

Bayern wird Königreich

Die Entscheidung des bayerischen Kurfürsten Max IV. Joseph für die Seite Frankreichs wurde reichlich belohnt. Napoleon erhob Bayern am 1. Januar 1806 zum Königreich, ernannte Max IV. Joseph zum ersten bayerischen König und bedachte ihn darüber hinaus noch mit Tirol und Salzburg. Eine offizielle Krönung fand jedoch nicht statt, weshalb traditionsgemäß auch alle Nachfolger von Max I. Joseph, wie sich der frischgebackene Regent titulierte, bis zum Ende der Monarchie 1918 ebenfalls bei ihrer Thronbesteigung ungekrönt blieben.

Der Preis für die Erhebung Bayerns zum Königreich war außer der Mitgliedschaft im Rheinbund die Hand einer Prinzessin. Auf Napoleons Wunsch musste Auguste Amalia (1788 – 1851), die älteste Tochter von Max I. Joseph, am 13. Januar 1806 Napoleons Stiefsohn Eugène de Beauharnais (1781 – 1824) heiraten. Der selbstgekrönte Kaiser Frankreichs wollte seine Familie so mit einer der ältesten Dynastien Europas verbinden und damit auch seine Herrschaft absichern.

Die enge Anlehnung Bayerns an das napoleonische Frankreich war zumindest in den ersten Jahren keinesfalls nachteilig, denn die Aufklärung und die Ideale der Französischen Revolution fassten auf diese Weise auch in Bayern Fuß. Dabei spielte Minister Montgelas eine bedeutende Rolle, dem es gelang, den modernen Staat Bayern, den Grundstock des heutigen Freistaats, zu formen. Als unvorteilhaft und belastend erwies sich jedoch die geforderte militärische Unterstützung des neuen Partners: Bayern musste als Verbündeter Napoleons unablässig „Kanonenfutter" für seine Armeen liefern. 1806/07 kämpfte es an der Seite Frankreichs gegen Preußen und Russland, 1809 gegen Österreich: 10.000 bayerische Soldaten kamen ums Leben. Im Russlandfeldzug 1812 gingen sogar an die 30.000 zugrunde, die mit der Grande Armée nach Osten gezogen waren. Die meisten kamen allerdings nicht in den Schlachten um, sondern starben an Erschöpfung, Hunger und Seuchen.

Nach der katastrophalen Niederlage Napoleons im Russlandfeldzug begann sein Abstieg. Bayern wechselte daraufhin gerade noch rechtzeitig das Bündnis: weg vom sinkenden Stern Napoleon und wieder hin zum alten Verbündeten Österreich und zur antifranzösischen Koalition. An der letzten entscheidenden Schlacht gegen Napoleon, der Völkerschlacht von Leipzig im Oktober 1813, in der der Franzosenkaiser eine verheerende Niederlage erlitt, nahmen die Bayern zwar nicht teil. Sie standen jedoch auf Seite der siegreichen Allianz.

Auf dem Wiener Kongress, der 1814/15 die Grenzen Europas neu ordnete, musste Bayern die von Napoleon erhaltenen Gebiete Tirol und Salzburg an Österreich abtreten, wurde aber durch den Erwerb großer Teile Frankens und Schwabens sowie mit der erneuten Zuweisung der verloren gegangenen Rheinpfalz reichlich entschädigt. Außerdem konnte Max I. Joseph seinen Königstitel und das Land Bayern seine Souveränität behaupten. Napoleons endgültiger Untergang wurde am 18. Juni 1815 in der Schlacht bei Waterloo besiegelt.

Nach dem Tod König Max' I. Joseph am 13. Oktober 1825 wurde sein Sohn Ludwig bayerischer König und schrieb die Erfolgsgeschichte seines Herrschaftsgebiets gleich mit einer nicht unbeträchtlichen Neuerung weiter: Sieben Tage nach seinem Antritt, am 20. Oktober 1825, erließ der neue Monarch eine Anordnung, durch welche die bislang geltende Schreibweise „Baiern" durch „Bayern" abgelöst wurde. Der Wechsel ging auf des Königs Griechenlandliebe zurück, Ludwig wollte das „griechische Ypsilon" nun auch im Landesnamen „Bayern" sehen.

Die Vorfahren Herzog Max' in Bayern

Eine nicht unerhebliche Rolle beim Erhalt der bayerischen Eigenständigkeit in den Wirren des ausgehenden 18. und beginnenden 19. Jahrhunderts spielte einer der Vorfahren Herzog Max' in Bayern. Die Rede ist von Herzog Wilhelm aus der Linie Birkenfeld-Gelnhausen, dem Großvater von Herzog Max. Wilhelm leitete die Geschicke Bayerns im Interregnum zwischen den Kurfürsten Karl Theodor und Max IV. Joseph. Ihm war die geplante und von Karl Theodor beinahe geduldete Zerstückelung Bayerns stets ein Dorn im Auge gewesen, weshalb er sich zur Regierungszeit des Pfälzer Kurfürsten gegen die fortwährenden Ansprüche Österreichs auf Bayern aussprach und sogar bereit war, auf preußischer Seite für die bayerischen Interessen zu kämpfen. Durch seinen Einsatz für die Erhaltung Bayerns trug er dazu bei, dass mit ihm am 26. Februar 1799 die Linie der „Herzöge in Bayern" entstand, deren zweiter Chef sein Enkel Max werden sollte.

Herzog Wilhelm in Bayern, der Großvater

Herzog Max in Bayern stand von Geburt an bis zu seinem achten Lebensjahr unter dem Einfluss seines Großvaters, des Pfalzgrafen Wilhelm von Birkenfeld-Gelnhausen (1752–1837), der sich ab 1799 Herzog Wilhelm in Bayern titulieren durfte. Dieser Großvater war ein ehrgeiziger, cholerisch veranlagter Mann, der in jungen Jahren noch treu zu Kurfürst Karl Theodor, dem ersten pfälzischen Herrscher auf dem bayerischen Thron, stand und sich dessen Anweisungen fügte. Kein Wunder, war er doch als Kind an den Mannheimer Hof geschickt worden, wo sich schon bald Karl Theodor höchstpersönlich um seine Erziehung kümmerte. Auf dessen Wunsch hin trat Wilhelm sogar zum katholischen Glauben über. Erst ab 1780 kam es zu Spannungen: Karl Theodor stand den Ansprüchen Österreichs auf Bayern relativ offen gegenüber, während sich Wilhelm energisch dagegen wandte.

Verheiratet war Wilhelm seit 1770 mit Maria Anna Pfalzgräfin von Birkenfeld-Zweibrücken (1753–1824), der Schwester des späteren Kurfürsten Max IV. Joseph, der ab 1806 als erster bayerischer König regierte. Der schrieb zur anstehenden Vermählung an Wilhelm: „Ich bin entzückt, Sie von den Reizen meiner Schwester begeistert zu sehen! Das läßt mich hoffen, daß sie am Hochzeitstag gut bedient sein wird. Ich bin hoch erfreut, Sie glücklich zu wissen.“[1] Das Ehepaar bekam drei Kinder. Der erste Sohn starb gleich nach der Geburt 1782. Zwei Jahre später erblickte 1784 die Tochter Maria Elisabeth das Licht der Welt. Jetzt fehlte nur noch ein Stammhalter. Wie freute sich das Paar deshalb, als am 1. August 1786 als drittes Kind endlich Pius August – der spätere Vater von Herzog Max in Bayern – in Landshut das Licht der Welt erblickte. Sein Taufpate war kein geringerer als Papst Pius VI., nach dem der Stammhalter auch benannt wurde.

Mit dem Sieg der Französischen Revolution brachen über die deutschen Fürsten, so auch über Herzog Wilhelm, schwere Zeiten herein, zumal das Heilige Römische Reich Deutscher Nation in zahllose Fürstentümer zersplittert war. Die unaufhörlichen Tausch- und Annexionspläne Österreichs setzten Bayern unter Karl Theodor darüber hinaus zu. Kurz vor dem Tod des Kurfürsten 1799 eilte Wilhelm, der stets die Eigenständigkeit Bayerns verteidigt hatte und den österreichischen Bestrebungen auch hier keinen Raum lassen wollte, nach München und sorgte durch Vereidigung der Regierung und des Hofstaats für einen reibungslosen Übergang bis zum Eintreffen des neuen Kurfürsten. Bayern wurde durch sein energisches Handeln für seinen Schwager Max IV. Joseph bewahrt.

Wie unbeliebt Karl Theodor bei seinen bayerischen Untertanen war, lässt sich übrigens heute noch am versteckten Standort seines Sarkophags in der Fürstengruft der Münchner Theatinerkirche erkennen. Angeblich soll es in München bei der Nachricht von seinem Ableben zu spontanen Freudenbekundungen gekommen sein. Jubel gab es auch, als am 19. Februar 1799 dann endlich der neue Kurfürst feierlich in seiner Residenzstadt einzog. Mit dem Ausruf „Weils D´ nur grad da bist, Maxl!" wurde Max IV. Joseph von der Münchner Bevölkerung herzlich willkommen geheißen. Die Menschen waren froh, Karl Theodor endlich losgeworden zu sein und damit auch dessen fortwährende Pläne, Bayern an Österreich abzugeben.

Wilhelm, damals noch Pfalzgraf, erhoffte sich nach seiner Hilfeleistung nun eine Mitregentschaft in Kurbayern, was ihm und seiner unbedeutenden Linie Birkenfeld-Gelnhausen größeres Ansehen und gesteigerten Einfluss verschafft hätte. Doch er wurde enttäuscht. Auch wenn sein Schwager Max IV. Joseph dankbar für die Rettung Bayerns war, brachte Wilhelm diese Tat letztlich nichts ein. Zwar wurde er vom neuen Kurfürsten mit allerlei Missionen beauftragt, doch infolge etlicher unglücklicher Umstände und Intrigen – etwa bei Verhandlungsgesprächen in Wien, wo pro-österreichische Parteien seine Bemühungen im Interesse Bayerns sabotierten – war ihm wenig Erfolg beschieden. In den folgenden Jahren trübte sich das ursprünglich gute Einvernehmen zwischen Max IV. Joseph und Wilhelm. Dafür war vor allem auch der unheilvolle Einfluss des königlichen Ministers Maximilian Graf Montgelas verantwortlich, der sich als Gegner Wilhelms entpuppte. Dem Minister war Wilhelms „übermäßiger Eifer" und seine bisweilen eigenmächtige und energische Vorgehensweise zuwider.

So blieben Wilhelm, nachdem Max I. Joseph wenige Jahre später König von Bayern geworden war, letztlich nur drei Dinge: eine stattliche Rente, ein Wohnsitz in München im ehemaligen Malteser-Großprioratsgebäude, den er von Max Joseph zugestanden bekam, und der neu geschaffene Titel eines Herzogs in Bayern – mit der Berechtigung sich als „Königliche Hoheit" titulieren lassen zu dürfen; letztere Ehrenbezeichnung durfte er allerdings nicht an seine Nachkommen vererben. Zwar hatte Wilhelm im Jahr 1803 nach zähen Verhandlungen das Herzogtum Berg im östlichen Rheinland als Ersatz für Besitzungen, die ihm nach und nach genommen worden waren, erhalten. Doch nachdem sich Napoleon 1804 zum Kaiser der Franzosen erhoben und schnelle Siege errungen hatte, hatte Wilhelm dieses

Herzogtum schon wieder an den erfolgreichen Korsen abtreten müssen, der es seinem Marschall Murat übereignete. Zuletzt wurde Wilhelm von seinem königlichen Schwager Max I. Joseph nach Bamberg abgeschoben, wo er lediglich einen Wohnsitz in der fürstbischöflichen Residenz erhielt. Damit war er ein Fürst ohne Land und politisch kaltgestellt. Er war kein Mitglied des regierenden bayerischen Königshauses, sondern eben nur ein Herzog „in“ und nicht „von“ Bayern, schließlich stammte er lediglich aus einer Pfälzer Nebenlinie der Familie. Das wurmte ihn sein restliches Leben lang und verbittert zog er sich ins Private zurück. 1814 erwarb er das Kloster Banz, das er zu seiner Sommerresidenz machte. Nach all den Enttäuschungen und Rückschlägen wurde der Sitz zu seinem Refugium, in dem er sich wohl fühlte und das ihm keiner mehr nehmen konnte.

Vor familiären Schicksalsschlägen blieb der Herzog in Bayern jedoch nicht verschont. Die Ehen seiner beiden Kinder verliefen nicht glücklich. Maria Elisabeth war, auf Napoleons Anordnung hin, 1808 mit dem Lieblings-Marschall des Franzosenkaisers Louis-Alexandre Berthier, Fürst von Wagram und Herzog von Neuchâtel, verheiratet worden, schien ihrem Mann aber nicht treu gewesen zu sein. Als Napoleons Stern erlosch, war Berthier hin- und hergerissen zwischen dem immer machtloseren Kaiser der Franzosen und dem wieder erstarkenden ehemaligen Herrschergeschlecht der Bourbonen; für den Fall einer Rückkehr Napoleons an die Macht, wollte und konnte sich der Marschall wohl nicht zwischen den beiden „Dienstherren“ entscheiden. Berthiers labiles Wesen – er neigte zu Depressionen – hielt dieser Spannung offenbar nicht stand: Am 1. Juni 1815 beging er, angeblich beim Anblick der zum Kampf gegen Napoleon aufmarschierenden russischen Truppen, Selbstmord, indem er sich aus einem Fenster im zweiten Stock der Bamberger Residenz in die Tiefe stürzte. Gerüchte sprachen auch von Mord; demnach soll Berthier von sechs maskierten Männern aus dem Fenster geworfen worden sein. Maria Elisabeth überlebte ihren Mann um exakt 34 Jahre und starb am 1. Juni 1849 in Paris.

Herzog Pius August in Bayern, der Vater

Noch größere Sorgen bereitete Herzog Wilhelm jedoch sein Sohn Pius August (1786 – 1837). Wilhelm liebte ihn über alles und wollte seinen Stammhalter immer um sich haben. Dieses klammernde Verhalten war wohl dem mangelnden Kontakt Wilhelms zu seinem eigenen Vater, Pfalzgraf Johannes (1698 – 1780), zuzuschreiben. Dieser war zu Kindertagen Wilhelms ständig in kurpfälzischen Diensten unterwegs gewesen, sodass die Erziehung zunächst vor allem seiner Mutter und später Kurfürst Karl Theodor überlassen worden war. Die Entbehrung des eigenen Vaters in Kindheit und Jugend ließ Wilhelm seinen Sohn wohl umso enger an sich ketten. Er wollte Pius beschützen, seine Werte, sein Wissen und seine Erfahrungen an ihn weitergeben. Dabei bevormundete er seinen Sohn aber auch ununterbrochen.

Die Zeiten waren recht turbulent – Französische Revolution, kriegerische Auseinandersetzungen und unablässige politische Veränderungen –, was Wilhelm, ähnlich wie schon vor ihm Pfalzgraf Johannes, zu vielen Reisen zwang. Und Pius hatte seinen Vater auf diesen Reisen zu begleiten, sogar bis nach Petersburg. Fortwährend musste der Aufenthaltsort gewechselt werden: von Landshut nach Regensburg, Straubing und Düsseldorf. Ständig mussten neue Lehrer für seine Ausbildung gesucht werden. Diese Umtriebe sollen den jungen Pius, wie es heißt, ganz konfus gemacht haben. Die von übertriebenem Ehrgeiz des Vaters gesteuerte Erziehung soll so das genaue Gegenteil hervorgebracht, zu seiner Verwahrlosung beigetragen und in der Pubertät sowie im Erwachsenenalter zu höchst bedenklichen Verhaltensauffälligkeiten geführt haben. Es verwundert jedenfalls nicht, dass Pius bald durch aggressives Verhalten versuchte, aus der väterlichen Umklammerung auszubrechen, was der herrische und ehrgeizige Wilhelm jedoch zu verhindern wusste. Der Herzog in Bayern war „ein Mensch, der nie etwas leicht genommen hat, [...] der sich mit an Eigensinn grenzender Energie, mit seiner ganzen Persönlichkeit, immer voll für das eingesetzt hat, was er für das Richtige hielt, aber kaum Gespür für das tatsächlich Erreichbare hatte."[2] Das galt auch für die Erziehung seines Sohnes Pius, dessen Befreiungsversuche er immer wieder unterdrückte.

Natürlich musste Pius auch auf Veranlassung seines Vaters am 26. Mai 1807 in Brüssel die drei Jahre jüngere Amalie Luise Herzogin von Arenberg (1789 – 1823) ehelichen, nach seinen Wünschen wurde er diesbezüglich nicht gefragt. Am 10. April 1789 war Amalie Luise in Brüssel als einziges Kind von Herzog Ludwig Maria von Arenberg und dessen Ehefrau Anne Marie Adélaïde Julie de Mailly-Nesle zur Welt gekommen. Sie war eine außerordentlich vermögende Partie, von ihrem Wesen her aber das genaue Gegenteil ihres Mannes: zurückhaltend, freundlich und Pius ergeben. Daraus konnte nur eine nicht besonders glückliche, von etlichen Konflikten geprägte Ehe entstehen. Nach der Hochzeit zog das junge Paar nach Bamberg, der Wohnstatt Herzog Wilhelms in Bayern. Pius August war somit weiterhin seinem Vater ausgeliefert, bis er Jahre später die Fesseln auf höchst unschöne Weise sprengen sollte.

Herzog Max' Kindheit und Jugend

Die Geburt Herzog Max'

In Bamberg kam am 4. Dezember 1808 Maximilian Joseph, der spätere Herzog Max in Bayern, als einziger Sohn des Ehepaars Pius und Amalie zur Welt. Noch am selben Tag teilte Herzog Wilhelm, der stolze Großvater des Neugeborenen, seinem Schwager König Max I. Joseph von Bayern begeistert mit: „Zu meiner unbeschreiblichen Freude ist meine Frau Schwiegertochter Liebden soeben nach ein Uhr diesen Morgen von einem gesunden und wohlgestalteten Prinzen glücklich entbunden worden, welcher auch nach der gnädigen Zusage Eurer Königlichen Majestät Höchstihren Namen in der Heiligen Taufe erhalten wird.“[3] Nach der Geburt wurde keine Zeit verloren: Am Nachmittag des 4. Dezember um 15:00 Uhr fand bereits die Taufe des kleinen Max' statt und König Max I. Joseph war der Pate des Neugeborenen.

Durch dieses Kind, seinen Enkel, konnte Herzog Wilhelm wieder etwas zuversichtlicher in die Zukunft blicken, nachdem er von seinem mittlerweile 22-jährigen Sohn Pius August enttäuscht war, der im Laufe der Jahre so völlig aus der Art geschlagen war. Pius hatte sich so gar nicht nach den Vorstellungen des Vaters entwickelt, verkehrte in schlechten Kreisen und zeigte immer wieder ein äußerst aggressives Verhalten.

Überstrenge Erziehung

Über das Verhältnis von Herzog Pius zu seinem Sohn Max ist so gut wie nichts bekannt. Doch dass der Choleriker, der zu Aggressionsausbrüchen neigte, keinen positiven Einfluss auf den jungen Max haben konnte, war dem Großvater Herzog Wilhelm ebenso klar wie dem Taufpaten König Max I. Joseph. Zunächst beließen sie den kleinen Herzog aber bei seinen Eltern. Max entwickelte sich zu einem aufgeweckten, sensiblen Kind. Umso belastender muss es für ihn gewesen sein, dass seine ersten Lebensjahre von der problematischen Beziehung zum Vater überschattet waren, auch wenn die von ihm geliebte Mutter die bedrückende Situation einigermaßen zu lindern verstand.

Vieles ist aus Max' früher Kindheit nicht überliefert. Nur ein Vorfall, der den damals Sechsjährigen fast das Leben gekostet hätte, wurde bekannt – aber erst im Jahr 1827, als Max bereits 19 Jahre alt war und dem Bamberger Magistratsrat Sebastian Eichfelder eine prachtvolle goldene Dose schenkte, der folgender Brief beilag: „Mein Herr Magistrats Rath! Noch erinnere Ich mich, aus Meinen frühen Jugend Jahren, des wesentlichen Dienstes, welchen Sie Mir in dem Augenblick geleistet haben, wo Mir eine Gefahr drohte, die nicht von üblen Folgen hätte seyn können. Empfangen Sie hierfür auch noch schriftlich Meinen verbindlichsten Dank, und zur Erinnerung hiervon das hier mitgehende kleine Geschenk. Ich verbleibe Ihnen zu Erweisung angenehmen Gefälligkeiten stets bereitwillig. München den 1ten August 1827. Herzog Max" Im selben Jahr stand im Fränkischen Merkur Nr. 225 dann zu lesen, welchen besonderen Dienst der Magistratsrat geleistet hatte: „Bamberg, 12. August SE. Hoheit der Herzog Maximilian in Bayern haben geruhet, dem patriotischen Magistrats Rathe Sebastian Eichfelder dahier eine goldene, sehr schöne Dose mit einem huldvollen Dankschreiben zu überschicken, weil derselbe im denkwürdigen J. [Jahr] 1815 bei dem Einmarsche der russischen Kavallerie, ihn, den sechsjährigen Prinzen, der von seinem Hofmeister getrennt, unter die Pferde gerathen war, durch einen entschlossenen Sprung aus dem Fenster eines Gasthauses im Steinwege von augenscheinlicher Gefahr errettete."

Doch noch einer anderen Gefahr war der kleine Max ausgesetzt. Da sich sein Vater kaum um ihn kümmerte, schritt Großvater Wilhelm ein: Ab dem sechsten Lebensjahr seines Enkels bestimmte er den Kammerrat Otto aus Erfurt als Hofmeister für Max' Erziehung in der Residenz zu Bamberg, wo seine Eltern lebten. Derartige Hofmeister setzten ihren ganzen Ehrgeiz darein, junge Fürstensöhne in minutiös durchgeplanten Tagesabläufen durch in harschem Ton weitergegebene, oft unsinnige Befehle zu körperlichen und geistigen Leistungen anzutreiben, die ihre Schüler dazu noch häufig überforderten. Bei geringsten Verfehlungen wurde die ohnehin karg bemessene Freizeit gestrichen. Die völlig unpädagogische drakonische Strenge und der militärische Drill, mit denen auch Hofmeister Otto seinen Zögling traktierte, führten nun dazu, dass Max fortwährend stiller wurde und sich immer mehr in sich zurückzog. Daran änderten auch die kurzen Herbstferien nichts, die Max auf Schloss Banz verbringen durfte. Zumindest boten diese Tage aber eine Verschnaufpause, denn der junge Herzog hielt sich gerne im ehemaligen Benediktinerkloster Banz nördlich von Bamberg auf, wo auch sein Sinn für die Schönheit der Natur geweckt wurde.

Im „Königl. Erziehungsseminar für Studierende"

Gerade noch rechtzeitig wurde der neunjährige Max 1817 aus dem problematischen Erziehungsumfeld herausgenommen. Als die Mutter erkrankte, entließ Großvater Wilhelm den gestrengen Hofmeister Otto. Anschließend brachte er seinen Enkel mit Erlaubnis Königs Max I. Joseph nach München, auf dass ihm im „Königl. Erziehungsseminar für Studierende", dem sogenannten Hollandeum – aus dem 1824 das Ludwigsgymnasium hervorgehen sollte , eine ordentliche Ausbildung zuteilwerde. Hier konnte er in einem gesunden Umfeld aufwachsen. Das Institut war nach seinem Leiter, dem Benediktiner Dr. Benedict von Holland (1775 – 1853), einem Priester und renommierten Pädagogen, benannt und befand sich im säkularisierten ehemaligen Karmeliterkloster in der Karmelitergasse. Dorthin war das Erziehungsinstitut schon 1806 von seinem Gründungsort in der Neuhauser Gasse umgesiedelt worden, wo es auch – ab 1905 unter dem Namen Albertinum – bis zur Zerstörung durch alliierte Bomber im April 1944 verblieb. Das Hollandeum stand vorrangig den Söhnen adeliger, hochgestellter Persönlichkeiten offen, die dort eine fundierte Ausbildung und umfassende Erziehung erhalten sollten, um den späteren Anforderungen gerecht zu werden, die man an Fürsten stellte. Als Erziehungsprinzipien galten: breitgefächerte Bildung, Einfachheit der Lebensweise, körperliche Kräftigung, Ordnung, Pünktlichkeit, strenger Gehorsam, Aufgeschlossenheit für alles Gute und Schöne sowie Festigung religiöser Gesinnung.

„Ihr Enkel, mein lieber Bruder", teilte Max I. Joseph seinem Schwager Herzog Wilhelm mit, „ist hier in bester Gesundheit angekommen. Ich bin mit ihm sehr zufrieden und habe ihn von ganzem Herzen umarmt. Ich hoffe, daß Sie ihren Entschluß für ihn nicht bereuen werden und daß Sie hierher kommen, um sich von seinen Fortschritten zu überzeugen. Ich wäre glücklich, Sie mit meiner Schwester hier empfangen zu können."[4] Diese Worte klingen beinahe so, als wollte der König durch die herzliche Aufnahme von Herzog Wilhelms Enkel all jene Enttäuschungen wiedergutmachen, die er seinem Schwager in den vergangenen Jahren zugefügt hatte. Tatsächlich sah Herzog Wilhelm 1818 in München nach dem Rechten und besuchte seinen Enkel zum ersten Mal im Erziehungsinstitut. Als Max ihm während der Hoftafel „vorgeführt" wurde, zeigte der Junge angesichts des Wiedersehens mit seinem Großvater jedoch „keinerlei ‚Herzlichkeit oder kindliche Freude', nur ‚Furcht und Hochachtung gegenüber Wilhelm'"[5].

Acht Jahre, von 1817 bis 1825, wurde Max in München auf königliche Kosten im Hollandeum erzogen und blühte nach der vorausgegangenen Unterdrückung förmlich auf. Benedict von Holland erwies sich als der ideale Lehrer für den jungen Herzog, der nicht wie andere adelige Sprösslinge ausschließlich von Privatlehrern unterrichtet, sondern im Institut wie jeder andere Zögling behandelt werden sollte. Dazu gehörte, dass er dieselben Aufgaben und Pflichten wie alle anderen Schüler zu bewältigen hatte. Max nahm am allgemeinen Unterricht teil. Nur für einzelne Fächer – Französisch und Italienisch, Musik, Zeichnen, Deklamation und gymnastische Übungen – standen ihm zusätzlich eigene Lehrer zur Verfügung. Und noch ein Privileg wurde ihm zugestanden: Sein Zimmer lag unmittelbar neben der Wohnung des Direktors. Anfangs kam es einmal zu einer Meinungsverschiedenheit zwischen ihm und von Holland, die aber ein mehr als glückliches Ende fand: Max, der sich unangemessen verhalten hatte, fiel völlig verschüchtert vor seinem Erzieher und Vorgesetzten auf die Knie und bat um Verzeihung, um die erwarteten Schläge abzuwenden; so war er es wohl von seinem früheren Zuchtmeister Otto gewohnt. Von Holland dagegen richtete ihn mit den freundlichen Worten auf: „Prinz, Sie dürfen vor keinem Menschen knien, nur vor Gott!“ Von da an hatte von Holland die Zuneigung seines Schützlings gewonnen, die ihm lebenslang erhalten bleiben sollte.

Der Leiter des Instituts erkannte und förderte Max' Begabung für Musik, sein Interesse an Literatur und weckte auch seine Liebe zum Schreiben eigener Texte und Komödiespielen sowie seine Leidenschaft für den Zirkus. Bereits im Alter von etwa 14 Jahren verfasste Max eine erste schriftstellerische Arbeit: ein kleines Schauspiel in einem Akt mit elf Szenen, das den Titel „Die Dankbarkeit“ trug und bei dem sieben Schauspieler mitwirkten. Max zeigte auch selbst darstellerische Qualitäten, indem er etwa „bei einer Faschingspantomime als Arlequin in graziösester Weise tanzte“[6]. In der Institutsbibliothek hatte er zu lateinischen, griechischen und deutschen Klassikern unbegrenzten Zugang, konnte sich nach Herzenslust einlesen, Landkarten und Zeichnungen studieren und Einblick in die weite Welt gewinnen. Mit großem Interesse studierte er die klassischen Sprachen Griechisch und Latein und las die Werke Homers, Sophokles' und die Briefe des Plinius. Sein geistiger Horizont erweiterte sich Jahr für Jahr und jeder neu kennengelernte Aspekt der Welt weckte in ihm die Sehnsucht, die Länder der Erde später selbst auf Reisen zu erkunden. Max war ein wissbegieriger Schüler mit rascher Auffassungsgabe, der leicht lernte. Und auch wenn er die 3. Klasse wegen unzureichender Noten in Latein und Rechnen wiederholen musste, hatten seine Lehrer insgesamt eine sehr positive Meinung von ihrem Schüler. So etwa Professor Michael Permaneder, der ihn folgendermaßen beurteilte:

„Es vereinigen sich in diesem Prinzen die schönsten Vorzüge des Geistes und Herzens, ein durchdringender Verstand, ein reifes Urteil, eine lebendige Phantasie, bescheidener Freimut, tiefer Abscheu vor allem Unedlen und eine seltene Herzensgüte. Nie hat sich derselbe von dem Gesetze der Gleichheit, die die öffentliche Schule will, losgesprochen."[7]

An diesem Urteil änderte auch die Tatsache nichts, dass Max gemeinsam mit seinen Kameraden immer wieder zu Streichen aufgelegt war. So mussten z. B. einige Maurerlehrlinge, die beim Richtfest des Erweiterungsbaus des Instituts zugegen waren, Wassergüsse über sich ergehen lassen, die von den Zöglingen, darunter auch Max, vom ersten Stock des Neubaus aus auf sie hinuntergeschüttet wurden. Nicht nur wegen seiner Ader für derartige Späße fand Max während seiner Zeit am Hollandeum viele Freunde, zu denen auch in späteren Jahren die Verbindung nie abriss. Der junge Herzog, der nie seine adelige Herkunft hervorkehrte, war bei seinen Mitschülern aufgrund seiner ungezwungenen, fröhlichen Art sehr beliebt. Weder Stand noch Vermögen waren für die Wahl seiner Freunde ausschlaggebend, sondern ausschließlich Sympathie. In vornehmen Kreisen wurden sein leutseliges Wesen und seine nicht standesgemäßen Beziehungen zu Bürgerlichen allerdings höchst suspekt beäugt, was ihn wenig bekümmerte.

Obwohl Max sein Aufenthalt in München gefiel, genoss er – wie sicherlich jeder Schüler seit Anbeginn des Schulwesens – ganz besonders die Ferienzeit. Seine freien Tage verbrachte er gerne im landschaftlich schön gelegenen Nymphenburg vor den Toren der Stadt oder in Tegernsee in freier Natur. Wahrscheinlich bewunderte er in einem der beiden Schlösser zur Weihnachtszeit auch den erst 1809 in Bayern eingeführten Christbaum. Es war die protestantische Königin Karoline, die zweite Ehefrau von Max I. Joseph, die im Dezember 1809 im Hof der Münchner Residenz erstmals einen solchen geschmückten Christbaum aufstellen ließ, obwohl dieses heidnische Symbol von der katholischen Kirche zunächst vehement abgelehnt worden war.

Aggressionsausbrüche des Vaters

Max' Vater Herzog Pius in Bayern schien sich mit den Jahren aus der Umklammerung seines Vaters Wilhelm befreien zu können – doch zu einem hohen Preis. Er brach regelmäßig die gesellschaftlichen Normen, entsprach den Vorstellungen Wilhelms immer weniger, zog der höfischen Gesellschaft den Umgang mit Menschen aus dem Volk vor, reagierte häufig aufbrausend bis hin zur offenen Gewaltbereitschaft und neigte zu Eskapaden, die ganz und gar nicht herzoglich waren.

Am 21. Dezember 1819 teilte der österreichische Gesandte Freiherr von Hruby dem Fürsten Metternich mit: „Gerüchte über den Prinzen Pius, ein Prinz, in seiner Erziehung im höchsten Grade verwahrlost, bringt den größten Teil seiner Zeit in der niedrigsten Gesellschaft und an den unwürdigsten Orten zu. So befand er sich auch vor einiger Zeit mit Handwerkern und Leuten dieser Art in einer Kneipe, als es, wie man versichert, auf seinen Antrieb zu Schlägereien kam, wobei zwei Juden auf das grausamste misshandelt und gefährlich verwundet wurden. Furcht vor der verdienten Strafe gab ihm den Gedanken der Flucht ein, die er als Handwerksbursche verkleidet auch ausführte. Er wurde aber in Bayreuth erkannt, auf Befehl des Königs festgenommen und befindet sich jetzt unter Polizeiaufsicht."[8] Unter Wutausbrüchen weigerte sich Pius August, nach diesem Vorfall zu seinem Vater zurückzukehren.

Obwohl Adelige sich im 19. Jahrhundert so manches leisten konnten und ihre Launen relativ hemmungslos ausleben durften, war das Verhalten des Herzogs Pius doch des Üblen zu viel. Die Behörden mussten gegen ihn einschreiten, was auch der Vater nicht mehr verhindern konnte. Nun war der junge Pius also als Choleriker verschrien, der schon bei den nichtigsten Anlässen zu fatalen Aggressionsausbrüchen neigte und den man deshalb nicht ohne Grund für unberechenbar und gemeingefährlich hielt. Als sich aber sein leicht entflammbarer Zorn sogar gegen friedliche Bürger zu richten begann, über die er grundlos herfiel und sie brutal verprügelte, ersuchte Herzog Wilhelm persönlich den König, seinen Sohn einsperren zu lassen.

Max I. Joseph unternahm die nötigen Schritte: Zunächst hinderte man Pius daran, das Land zu verlassen und stellte ihn unter die Aufsicht des Generalkommissars von Walden, „da seine geistige Zerrüttung und die damit verbundene Neigung zu Ausschweifungen jeder Art eine solche Maßregel notwendig machten", wie der preußische Gesandte konstatierte. Pius' Verhalten empfand man als derart anormal, dass man ihn sogar der Geistesschwäche bezichtigte.

Inwieweit sein in München weilender elfjähriger Sohn Max von all diesen Ereignissen unterrichtet wurde, ist nicht bekannt. Details der Wesensveränderung Herzog Pius' wurden ihm sicher erspart. Allenfalls wurde ihm mitgeteilt, sein Vater sei ernstlich erkrankt.

Der Tod der Mutter – und der des Vaters

Neben der andauernden, wenn sich auch eher im Hintergrund abspielenden Belastung durch das Verhalten seines Vaters, hatte Max im Alter von kaum 14 Jahren einen einschneidenden Schicksalsschlag zu bewältigen. 1823 starb in Bamberg seine von ihm über alles geliebte Mutter im Alter von erst 34 Jahren nach langer Krankheit, an der sicher auch ihre bedrückende Ehe mitverantwortlich war. Max, der sie zuletzt nur mehr bei wenigen Kurzbesuchen in München erlebt hatte, war verzweifelt.

Der preußische Gesandte von Zastrow meldete nach Berlin: „Es hat diese Fürstin seit mehreren Jahren eine sehr unglückliche Existenz gehabt, da ihre Schwiegereltern es ihr beigemessen, dass ihr Gemahl sich solchen Ausschweifungen ergeben, die selbst auf seinen Verstand Einfluss gehabt und es notwendig gemacht haben, sich in Bayreuth gewissermaßen unter Aufsicht zu setzen. Ihr einziger Sohn, ein Prinz von 14 Jahren, dessen Erziehung der König von Bayern übernommen und der gute Hoffnungen von sich gibt, befindet sich seit mehreren Jahren hier in München im Gymnasium in Pension."[9]

Zum Tod der Mutter erhielt Max am 19. April 1823 von seinem Vater, dem er seine Trauer über den schweren Verlust brieflich mitgeteilt hatte, nur einen kurzes lapidares Schreiben: „Lieber Max! Ich danke Dir herzlich für Deinen Brief. Auch ich war sehr betroffen, als ich den Tod deiner Mutter erfuhr; ohngeachtet man schon lange ihrer Auflösung entgegensah. Vorzüglich Dich muß ihr Tod sehr nahe gegangen seyn; indem sie Dich so zärtlich liebte. Auch ich nehme den lebhaftesten Antheil an deinem Schmerz. Lebe wohl, lieber Max, sich verbleibe stets, Dein dich treu liebender Vater Pius."[10]

Demgegenüber lautete der Brief des Großvaters an seinen Enkel vom 10. April 1823 viel einfühlsamer: „Lieber Max! Dein gutes empfindsames Herz kennend, habe ich Deinen tiefen Schmerz vorgesehen und innig getheilt; er ist gerecht und ehret Dich. Möge Ergebung in den Willen Gottes Dir tröstend werden und die auf den tugendhaften Lebenswandel der verstorbenen und der exemplarischen Frömmigkeit in der sie geendet hat gegründete Überzeugung, daß sie die verdiente Glückseligkeit schon genießet.

Schon als die Annäherung ihrer letzten Augenblicke sich zeigte, habe ich für die Erfüllung Deines Wunsches gesorgt. Die Büste ist bereits in Arbeit und ihr Verfertiger, um sie noch mehr zu vervollkommnen anheute nach Banz zum Anschauen zweyer dort befindlicher sehr ähnlicher Porträts Deiner seel. Mutter abgegangen.

Übrigens, lieber Max, kannst Du zuverlässig, so lange Gott mich noch leben lässet, vertrauen, daß ich mir zur heiligsten Pflicht machen werde, Deinen jetzt erlittenen großen Verlust nach allen meinen Kräften zu ersezen und mich in der That zu erweisen als Deinen bereitwilligen treuen Freund und Vatter Wilhelm."[11]

Amalie Luise wurde in der Gruft des Schlosses Tegernsee, dem heutigen Kloster Tegernsee, beigesetzt. Herzog Pius zog sich nach dem Tod seiner Frau in das Alte Schloss der Eremitage in Bayreuth zurück. Wie es heißt, vollzog sich ab seiner Witwerschaft 1823 eine eigenartige Wandlung in seinem Wesen: Der zügellose, aufbrausende Adelige soll seine Tage als wohltätiger Eremit beschlossen haben. Er starb 1837 im Alter von 51 Jahren, nur sieben Monate nach dem Tod seines Vaters Wilhelm. Abschließend ist es, denkt man an Herzog Pius, „kaum möglich, sich ein Charakterbild dieses merkwürdigen

Mannes zu machen – zu widersprüchlich ist, was über ihn berichtet wird. Auch sein Porträt gibt viele Rätsel auf. Weder mit seinem Vater noch mit seinem Sohn ist in seinen aufgedunsenen Zügen und den – man möchte fast sagen – unguten Augen irgendeine Ähnlichkeit zu finden"[12]. Wenn man die Berichte über seine Aggressionsausbrüche „mit dem vergleicht, was in späteren Jahren über seine Wohltätigkeit und sein Einsamkeitsbedürfnis erzählt wird, so möchte man annehmen, dass mit der Zeit eine völlige Wandlung seines Wesens stattgefunden hat"[13].

Aufenthalt in der Maxburg

Im Todesjahr der Mutter erlebte der jugendliche Max Ende Oktober eine große Enttäuschung, als er sich von seinem verehrten Lehrer Benedict von Holland verabschieden musste. Auf königliche Anordnung hin, hatte er eine eigene Wohnung in der Herzog-Max-Burg, kurz Maxburg genannt, zu beziehen, um ins öffentliche Leben eingeführt zu werden. Auch von Holland war überrascht und tief gekränkt, dass ihm sein Schüler, der ihm viel bedeutete, so plötzlich entrissen wurde. In der Maxburg übernahm Freiherr von Freyberg, ein Hauptmann des Garde-Grenadier-Regiments, zu dem der nun 15-jährige Max bald Vertrauen empfand, die weitere Ausbildung. Vorrangig bestand diese darin, dem jungen Herzog das gewisse „savoir vivre" nahezubringen, ihn also mit jenen Umgangsformen vertraut zu machen, die ein Mann von Welt beherrschen sollte.

Die Maxburg, nach ihrem Erbauer Bayernherzog Wilhelm V. einst auch Wilhelminische Veste genannt, wurde um 1596 am heutigen Lenbachplatz errichtet. Das Renaissanceschloss mit seinen gelb-schwarzen Fassaden verglich man sogar mit den Uffizien in Florenz, da es etwas vom Zauber Italiens nach München brachte. Nachgeborenen Angehörigen des Hauses Wittelsbach diente die Maxburg lange Zeit als Wohnsitz, so zuletzt der Königinwitwe Karoline nach dem Tod von Max I. Joseph von Bayern. Im Zweiten Weltkrieg wurde das Gebäude fast komplett zerstört und 1957 durch einen Neubau ersetzt.

Vom historischen Vorgängerbau ist heute nur noch der Renaissanceturm erhalten.

Am 20. Januar 1824 wurde Max vom König zum Leutnant im Chevaulegers-Regiment „König" ernannt und am 12. März desselben Jahres zum Oberst-Inhaber des 9. Linien-Infanterie-Regiments. Nun genoss er neue Freiheiten, die ihn weiter aufblühen ließen. Dazu gehörte vor allem, dass er sich mehr als bisher seiner Leidenschaft für das Reiten widmen konnte und sich uneingeschränkter in der Öffentlichkeit bewegen durfte.

In den folgenden Jahren begann Max das Studium an den Universitäten von Landshut und München, wo er Vorlesungen in den Fächern Geschichte, Kirchengeschichte, deutsches Bundesrecht, Länder- und Völkerkunde, Deutsche Literatur, Geographie, Chemie, Physik und Malerei hörte. An Interesse und auch an Verständnis fehlte es dem Herzog nicht – ein Meisterstudent wurde aus Max dennoch keiner. Die Ferien verbrachte er, wie schon zur Institutszeit, außer in Nymphenburg und Tegernsee auch in Schloss Banz.

Nach dem Erreichen der Volljährigkeit am 4. Dezember 1826 trat Herzog Max 1827 in die Kammer der Reichsräte ein. Als erste Kammer bildete sie die vermittelnde Brücke zwischen König und Abgeordnetenkammer im Zweikammersystem des 1818 eingerichteten Parlaments des Königreichs Bayern. Vom Tag seines Beitritts an, besuchte Max die Sitzungen der Reichsrätekammer regelmäßig, solange es Gesundheit und Alter erlaubten.

Der Großvater Herzog Wilhelm war über die positive Entwicklung seines zum Erwachsenen gereiften Enkels derart beglückt, dass er sich 1834 entschloss, ihn anstelle des mittlerweile für geisteskrank erklärten Herzogs Pius als Oberhaupt der Familie der Herzöge in Bayern einzusetzen. Mit erst 26 Jahren wurde Max so Universalerbe und zweiter „Chef" des herzoglichen Hauses in Bayern. Ein höchst ungewöhnliches Ereignis, da sowohl der Großvater und auch sein Vater noch lebten. In der neuen Position verfügte Max über beträchtliche finanzielle Mittel: Herzog Wilhelm hatte ein stattliches Vermögen zusammengetragen und nannte umfangreiche Besitzungen sein Eigen. Außerdem stand dem jungen „Chef" nach dem Tod des Großvaters die volle jährliche Apanage von stolzen 250.000 Gulden zu, womit er sich ein sorgenfreies Leben leisten konnte. Sein Vater Pius, der wohl auf Anordnung Herzog Wilhelms auf alle seine Rechte als legitimer Nachfolger verzichtet hatte, wurde mit einer jährlichen Rente von 40.000 Gulden abgefunden. Der Großvater bestand für die Zeit nach der Niederlegung seines Status als Familienvorstand lediglich auf einen „Austrag".

Herzog Max und die Liebe

Herzog Max war noch im Kindesalter, da hatten sein Großvater Herzog Wilhelm und König Max I. Joseph bereits verabredet, wen er später einmal zu heiraten habe: Ursprünglich war die jüngste Tochter des bayerischen Königs, Maximiliane Josepha Karoline, als Braut für den jungen Herzog in Bayern vorgesehen. Doch nachdem sie 1821 im Alter von nur elf Jahren verstarb, wurde kurzerhand des Königs zweitjüngste Tochter Ludovika Wilhelmine (1808 – 1892), von allen Luise genannt, dazu bestimmt, den Platz der Schwester einzunehmen.

Max I. Joseph, der seine Töchter aus erster wie zweiter Ehe grundsätzlich möglichst standesgemäß an Königssöhne in ganz Mitteleuropa verheiratete, hatte für Ludovika einen anderen Plan. Das von seiner zweiten Gemahlin Friederike Karoline Wilhelmine von Baden (1776 – 1841) geborene Mädchen war das zwölfte Kind des Königs. Durch ihre Verlobung und spätere Verheiratung mit dem von ihm geschätzten jungen Herzog Max gedachte Max I. Joseph seine freundschaftliche Beziehung zu Herzog Wilhelm in Bayern aufzufrischen und wieder zu festigen, nachdem sich diese – beeinflusst vor allem durch die Abneigung des Ministers Montgelas gegenüber dem Bayernherzog – über Jahre hinweg getrübt hatte.

Für Wilhelm bedeutete die Hand der Königstochter für seinen „nur" herzoglichen Enkel eine Mehrung des Ansehens seiner Familie. Sowohl er als auch Max I. Joseph glaubten dazu, dass Maximilian und Ludovika sich durchaus gut leiden konnten. Schließlich kannten sie sich doch von klein auf und hatten als Kinder und Jugendliche durchaus herzlichen Umgang miteinander, wie der regelmäßige Briefverkehr der beiden belegt. So schrieb die elfjährige Ludovika etwa im Juli 1819 an Max: „Ich möchte, Du wärest auch hier und könntest mit uns spielen. Adieu lieber Max, es freut sich herzlich Dich wiederzusehen Deine Cousine Louise." Max sandte ihr gelegentlich sogar selbst verfasste heitere Stücke, über die sich Ludovika freute: „Dein Ballet, lieber Max, für welches ich Dir recht sehr danke, hat mich sehr lachen machen, und wenn Du wieder kommen kannst, so werde ich es aufführen.“ 1822 schrieb die 15-Jährige: „Nun lebe wohl, theurer Schawawi, und vergesse nicht Deine Louise.“ Und beim Tod von Max’ Mutter im Jahr 1823 kondolierte Ludovika ihm mit den Worten: „Liebes gutes Vetterchen! Wie sehr ich an Deinem Kummer Theil genommen habe, kannst Du wohl glauben, denn Du weisst ja, wie sehr ich Dich liebe!“ 1827 schien ihr Max sogar seine Zuneigung gestanden zu haben, worauf ihm Ludovika versicherte: „Es freut mich recht sehr, daß Du so viel Wert auf meine Zuneigung legst und da Du von mir begehrst, daß ich Dir meine Gesinnung ausspreche, kann ich dies Dir versichern, daß sie gewiß die freundschaftlichsten sind. […] Dein Glück wird gewiß immer mein sehnlichster Wunsch sein.“[14]

All diesen innigen Worten und der zwanglosen, vertrauten Kommunikation zum Trotz: An eine Heirat hatten die beiden nie gedacht.

Jugendliche Romanzen

Ludovika hatte nämlich einen ganz anderen Mann im Kopf – Prinz Miguel von Braganza (1802 – 1866), den zukünftigen König Michael I. von Portugal. Als Tochter eines Königs träumte sie davon, an seiner Seite den Rang der ersten Frau Portugals einzunehmen. Schließlich wollte sie nicht hinter ihren älteren Schwestern Elisabeth, Amalie und Maria Anna zurückstehen, die durch ihre Heirat bereits Königinnen geworden waren. König Friedrich Wilhelm IV. von Preußen war der Ehemann Elisabeths. Deren Zwillingsschwester Amalie war mit König Johann I. von Sachsen verheiratet und Maria Anna wiederum mit dessen Nachfolger König Friedrich August II. von Sachsen. Ludovika jedoch wurde die ersehnte Ehe mit Don Miguel aus politischen Gründen verwehrt. Zusätzlich zu ihrer Funktion als Freundschaftspfand zwischen der königlichen und der herzoglichen Linie der Wittelsbacher in Bayern sprach angeblich auch der Unwille von Max I. Joseph, seine Töchter außerhalb des deutschsprachigen Raums zu verheiraten, gegen die Verbindung mit dem portugiesischen Thronerben. Und so sollte sich Königstochter Ludovika nun mit einem einfachen Herzog in Bayern begnügen. Sie fühlte sich rangmäßig zurückgesetzt.

Dem jungen Max aber war eine Königstochter, auch wenn sie so hübsch wie Ludovika aussah, er sich mit ihr in Kindheit und beginnender Jugend gut verstanden hatte und die Ehe einen deutlichen Zuwachs an Bedeutung versprach, mittlerweile völlig gleichgültig, hatte er sich doch längst in ein bürgerliches Mädchen verliebt. Die Tochter eines Regimentskommandeurs in Bamberg hatte es ihm angetan, obwohl eine derartige Verbindung nicht standesgemäß war und daher auch niemals realisiert werden konnte.

Max entsprach mit seinen vorehelichen Liebesbeziehungen zu bürgerlichen Mädchen völlig den diesbezüglichen Ansichten im 19. Jahrhundert. Damals wurde in den privilegierten Schichten des Hochadels klar zwischen Sexualität und Ehe unterschieden. Vor allem junge Adelige befriedigten ihre erotischen Bedürfnisse vor dem Eintritt in den Stand der Ehe in der Regel in Beziehungen zu bürgerlichen Mädchen oder Künstlerinnen, was gesellschaftlich auf volle Akzeptanz traf, solange diese Liaisons unverbindlich blieben. Die rechtmäßige Verbindung mit ebenbürtigen adeligen Damen galt hingegen als „vernünftige Ordnung der Sittlichkeit", die von der Kirche geboten wurde. Die Fortführung außerehelicher Beziehungen nach der ordentlichen Heirat oder eine Neuaufnahme solcher Kontakte beeinträchtigten dazu kaum den Fortbestand der Ehe, wurden zumindest geduldet oder gar als selbstverständlich empfunden, auch wenn darüber nicht gesprochen wurde. Dieses vornehme Schweigegebot war wohl auch dafür verantwortlich, dass über die vorehelichen Liebesbeziehungen von Herzog Max zu dessen Lebzeiten keine Details oder gar Namen bekannt wurden.

Die ungeliebte Ehefrau

Ludovika und Max fielen auch aufgrund ihrer anderweitigen Liebeleien aus allen Wolken, als ihnen 1825 ohne Vorwarnung mitgeteilt wurde, dass sie heiraten sollten. Ob ihnen das gefiel, danach wurden zu dieser Zeit Prinzen und Prinzessinnen nicht gefragt. In ihrem Fall hatte allein die Entscheidung des Großvaters bzw. Vaters Geltung, die sich längst geeinigt hatten. Doch Max gestand Ludovika offen, er liebe sie nicht und heirate sie nur aus Angst vor seinem energischen Großvater, dessen Anordnungen er sich nicht zu widersetzen wage.

Zwei Jahre später wurde im Dezember 1827 die Verlobung bekannt gegeben. Am 9. September 1828 mussten sich Max und Ludovika, beide erst zwanzig Jahre alt, in der Stiftskirche St. Quirinus zu Tegernsee schließlich das erzwungene Ja-Wort geben. Die 228 Ehrengäste, darunter 15 königliche Persönlichkeiten, waren gerührt und das anwesende Volk jubelte. Sechzig mit Fackeln beleuchtete Schiffe bildeten einen Halbkreis um das am Seeufer gelegene Schloss Tegernsee. Miesbacher Musikanten spielten auf und Trachtengruppen stellten das Ehrenspalier. Die Braut aber verbiss sich ihre Tränen und der Bräutigam knirschte mit den Zähnen. Auch wenn er verheiratet war, das schwor sich Max, würde er tun und lassen, was er wollte.

So wurde der Hochzeitstag für beide zum Trauertag. Beim Werfen des Brautstraußes soll Ludovika angeblich einen Fluch gemurmelt haben: „Dieser Ehe und allem, was daraus hervorgeht, soll der Segen Gottes fehlen bis ans Ende!“ Dieser furchtbare Wunsch schien in den kommenden Jahren auf entsetzliche Weise tatsächlich in Erfüllung zu gehen, denn weder ihrem eigenen noch nahezu keinem der Leben ihrer zehn Kinder sollte Glück beschieden sein.

Die Hochzeitsnacht wurde offenbar zu einer Farce. Ludovika kauerte sich völlig erschöpft ins Bett und hoffte, dass sich auch Max zurückziehen würde. Als der sich jedoch anschickte, von seinen Rechten als Ehemann Gebrauch zu machen, stieß sie ihn empört zurück, sodass er taumelte und in einen zufällig offen stehenden Schrank stürzte. Blitzschnell schlug Ludovika die Türe zu, versperrte sie und ließ ihren stürmischen Bräutigam die Nacht über in diesem peinlichen Gefängnis verschmoren. Das konnte sich Max nicht bieten lassen. Er schwor sich, Ludovika schon noch zu zeigen, welche Rechte einem Ehemann zustünden, selbst wenn der seine Frau nicht liebte.

Herzog Max und seine Familie

Zehn eheliche Kinder

Die Hochzeitsreise führte durch das ganze Königreich Bayern, wobei sich das Paar etwas näher kam, ohne dass die Zuneigung jedoch nennenswert wuchs. Auch auf das erste Kind als sichtbaren Beweis der Verbindung, musste man bis in das Jahr 1831 warten. Die Folge der recht machohaften Einstellung Herzog Max', was den Vollzug seiner ehelichen Rechte anging, waren gleichwohl zehn Nachkommen, von denen acht das Kindesalter überlebten – ein Knabe starb bereits bei der Geburt, ein zweiter kurz danach.

Alle zwei bis drei Jahre brachte Ludovika ein Kind zur Welt. Die bis heute diskutierte Frage ist, ob sie ihrem Gatten trotz ihrer Abneigung den Zugang zum Schlafgemach freiwillig öffnete oder ob Max diesbezüglich seinen Willen durchzusetzen verstand. „Wenn er dann zu mir gekommen ist", äußerte Ludovika einmal, „hab' ich wohl gemeint, so, jetzt halt ich ihn. Aber – am anderen Morgen – huit, da war er wieder weg." Dieser Ausspruch deutet darauf hin, dass sie die Besuche ihres Gemahls nicht nur als unangenehme Pflicht verstand. Vielmehr schien sie zu hoffen, den – ebenso emotional wie durch räumliche Trennung – oft von ihr weit entfernten Max fester an sich zu binden, indem sie sich bereit erklärte, ihm immer wieder Kinder zu schenken. Doch auch ihr deutliches Bedürfnis nach Nähe zum Ehegatten konnte diesen nicht zum beständigen Bleiben veranlassen. Bei aller Distanz ließ es Max Ludovika gegenüber aber nie an Aufmerksamkeit fehlen, vorausgesetzt sie hielten sich am selben Ort auf. Wie es heißt, habe er seiner Frau jeden Morgen in ihren Gemächern im ersten Stock des von der Familie bewohnten Münchner Palais einen Besuch abgestattet und wäre einige Zeit plaudernd bei ihr gesessen.[15]

Die Ehe von Max und Ludovika entwickelte sich trotz der wachsenden Kinderschar und den immer wieder hoffnungsvoll getätigten

Versuchen der Annäherung zu keinem Miteinander, sondern zu einem grundsätzlichen Gegeneinander und allenfalls in den letzten Jahren zu einem erträglichen und friedlichen Nebeneinander. An eine Scheidung dachten beide, wie es heißt, angeblich zeitlebens dennoch nicht; scherzhaft fügten manche Beobachter hinzu: „An Scheidung nicht, aber an Mord." An ihrem ersten Hochzeitstag, so erzählte Ludovika später ihren Kindern, habe sie von morgens bis abends nur geweint. Erst nach dem 50. Jubiläum ihrer Ehe, der Goldenen Hochzeit, sei Max zu ihr gut gewesen. Und ihrer Tochter Elisabeth soll sie gestanden haben: „Wenn man verheiratet ist, fühlt man sich so verlassen." Auch um gegen diese Verlassenheit anzugehen, schätzte es Ludovika sehr, ihre einstige Erzieherin, die Gräfin Rottenhan, immer in ihrer Nähe zu haben. Die Gräfin war sogar durchgehend anwesend, wenn Max bei seiner Gattin erschien. Vergeblich suchte ihr der Ehemann klar zu machen, dass er die Intimität in diesen Situationen vermisste: „Ich schätze sie gewiß sehr. Aber schließlich habe ich sie doch nicht mitgeheiratet."[16] Echte Zweisamkeit konnte so nur schwer zustande kommen.

Während der häufigen Abwesenheit ihres Mannes ging Ludovika voll in ihrer Mutterrolle auf und widmete sich der Erziehung der ständig anwachsenden Schar von Nachkommen, wobei sie sich auch für deren Unterricht interessierte. Dem Erwerb einer standesgemäßen Bildung standen allerdings immer wieder die wohl dem Vater zuzuschreibenden recht freiheitsliebenden Charaktere der Kinder und ihr wenig vom höfischen Zeremoniell geprägtes Leben im Weg. Sie wurden zwar von allen möglichen Privatlehrern unterrichtet, aber so sehr sich diese auch bemühten, es fehlte den Sprösslingen von Herzog Max am nötigen Ernst: Das Gelernte blieb meist eher bruchstückhaft an ihnen hängen, weshalb ihre Allgemeinbildung äußerst oberflächlich war. Sie sprachen bayerischen Dialekt, während sie die in Hofkreisen so wichtige französische Konversation hingegen nur unzureichend meisterten; sie brachten kaum einen vernünftigen französischen Satz zustande, was ihre Mutter kaum erfreute.

Wenn Ludovika nicht gerade die Kinder oder ihre geliebten Hunde umhegte, las sie in Missionskalendern Wissenswertes über fremde Länder, strickte Strümpfe, befasste sich mit Sternenkunde oder mit ihrer Uhren-, Thermometer- und Barometersammlung. In späteren Jahren ließ sie sich abends, während sie strickte, von ihrer Hofdame den ganzen Gregorovius vorlesen, wobei sie häufig einschlief. Der Schriftsteller und Historiker Ferdinand Gregorovius verfasste zahlreiche historische Werke, die schnell zu Klassikern avancierten, wobei seine mittelalterliche Geschichte, an der er 18 Jahre arbeitete, am bekanntesten wurde. Gerne unternahm die Herzogin auch stundenlange Fußmärsche durch Wald und Wiesen. Als große Pflanzen- und Blumenfreundin kannte sie sich in der Welt der Flora aus und war Mitglied der bayerischen Gartenbaugesellschaft.

Ludovika war eine intelligente, aber nüchterne, ruhige und vergleichsweise temperamentlose Frau, die einen gewissen Standesdünkel pflegte und stets darauf bedacht war, mit ihrer Lebensführung keinen Anstoß beim Königshaus zu erregen. Immer wieder wurde sie von Selbstzweifeln und Minderwertigkeitsgefühlen heimgesucht, war es ihr doch nicht vergönnt gewesen, einen Königssohn zum Ehemann zu bekommen. Dennoch überschritt „[i]hre Offenheit […] bisweilen die damals üblichen Grenzen, wenn sie beispielsweise – wie Fürst Taxis zu berichten wusste – in späteren Jahren vor ihren Kindern über ihre Geburten in allen Einzelheiten berichtete."[17]

Trotz des problematischen Verhältnisses der Eltern zueinander wuchsen die Kinder von Ludovika und Max doch in einer ungezwungenen Atmosphäre auf. Es war geradezu ein Glück, dass der Vater so selten zu Hause war und sich die ehelichen Spannungen kaum vor den Kindern entluden. Herzog Max ging seiner Wege und vermied es tunlichst, längere Zeit mit seiner Frau zusammen zu sein. So brauchte er nicht unter ihrer vorwurfsvollen Art zu leiden. Ihr fehlte nämlich das Verständnis für sein freies Leben. Während er es liebte, unterwegs zu sein, neue Bekanntschaften zu schließen und sich mit gut gelaunten Menschen zu umgeben, die viel Spaß verstanden, war sie eher von verschlossenem Charakter und in sich gekehrt. Fand Max nach einer Nacht, die er im gemütlichen Freundeskreis bei Wein und Gesang verbracht hatte, endlich den Weg nach Hause, dann blickte er in Ludovikas vorwurfsvolles Gesicht, was ihn sofort wieder aus dem gemeinsamen Heim trieb.

Wenn Max seiner Frau auch nicht die Zuneigung und Geborgenheit zu geben vermochte, die sie sich so sehr wünschte, so konnte er ihr zumindest ein standesgemäßes Leben bieten, in dem es ihr an nichts fehlte. Anfangs empfand Ludovika sogar noch Freude an den Festen und Maskenbällen, die ihr Mann mit Vorliebe veranstaltete, hatte sie sich doch als junges Mädchen durchaus ins Ballvergnügen gestürzt. Aber je ungestümer sich Max gebärdete, desto mehr zog sie sich zurück. Sie besaß nun einmal nicht die überschäumende, lebensfrohe Art ihres Gatten und konnte nicht verstehen, weshalb es ihm z. B. Freude bereitete, aus heiterem Himmel die Anordnung zu geben, das von der Familie bewohnte Palais in der Münchner Ludwigstraße in einen Blumengarten zu verwandeln. Kam es zwischen Max und seiner Frau gelegentlich zu einer größeren Auseinandersetzung, folgte dennoch rasch eine Versöhnung, die nicht selten im Ehebett endete. Meist erblickte dann nach neun Monaten wieder ein Sohn oder eine Tochter das Licht der Welt.

Herzog Max kümmerte sich im Gegensatz zu Ludovika kaum um die Erziehung der Kinder. Etwaige Probleme, die sich im Laufe ihres Heranwachsens ergaben, überließ er völlig seiner Frau. Neben den zahlreichen und vielfaltigen Tätigkeiten, die er mit Begeisterung und Elan ausübte, blieb für die Familie eben nur wenig Zeit. Oft wussten die Kinder nicht einmal, dass Max sich im Haus aufhielt. Als ein Besucher die junge Sisi einmal nach ihrem Vater fragte, soll sie geantwortet haben: „Gesehen habe ich ihn noch nicht, aber pfeifen hab ich ihn gehört." Der ruhende Pol im Heim war einzig die Mutter, die wegen ihrer beständigen Anwesenheit und Aufmerksamkeit von den Kindern geschätzt und respektiert wurde. Noch in späteren Jahren hatten alle eine enge Beziehung zu ihr.

Bürgerliche „Gschpusis“ und herzogliche „Kuckuckskinder“

Ludovika machte ihrem Mann nicht nur wegen seines unbeschwerten Lebenswandels Vorwürfe, sondern kreidete ihm besonders an, dass er mehrere Liebschaften zu bürgerlichen Mädchen oder gar Bauerntöchtern pflegte. Den Herzog hielt dies allerdings nicht von derartigen Verbindungen ab.

So manches Gerücht entstand damals rund um Max' außereheliche Abenteuer. Eines davon rankt sich um die Tafernwirtschaft in Gmund am Tegernsee, wo der Herzog gern mit seinem Zitherlehrer und Freund Johann Petzmayer verkehrte und mit den anwesenden Bauern ins Gespräch kam. Mit dem Wirtsehepaar Johann und Maria Elisabeth Obermayer war er sogar befreundet. In Anerkennung der gastronomischen Leistungen des Hauses erlaubte der Herzog, dass die Gastwirtschaft den Namen „Herzog Maximilian in Bayern“ samt dem herzoglich bayerischen Wappen führen durfte. Als 1846 die erste Tochter des Ehepaars, Maximiliana, das Licht der Welt erblickte, gab er den Taufpaten. Sein Taufgeschenk war ein schönes Kaffeeservice. Natürlich war die Vaterschaft der neugeborenen Wirtstochter daraufhin Thema der damaligen Gerüchte im Ort. Der Ehe von Johann und Maria Obermayer habe dieses Gerede aber nicht geschadet; das Paar bekam noch sieben weitere Kinder. Das Kaffeeservice des Herzogs wurde übrigens von Generation zu Generation weitergegeben und landete 1982 auf Umwegen im Hausstand von Maximilianas Urenkelin, wo es samt der dazugehörigen Geschichte 2015 entdeckt wurde.[18] Der denkmalgeschützte Gmunder Gasthof, der vom Verfall bedroht war, wurde mittlerweile vom Herzoglich Bayerischen Brauhaus Tegernsee übernommen.

Von dieser ihm fälschlicherweise zugeschriebenen Vaterschaft abgesehen, soll Herzog Max aber doch einige uneheliche Kinder gehabt haben. So ist bekannt, dass er zwei seiner unehelichen Töchter ganz besonders liebte und zu ihnen regelmäßig Kontakt hielt. Sie durften sogar mit ihm zu Mittag speisen: Von halb zwölf bis halb zwei Uhr mittags sei der Herzog, wie es heißt, dann für alle anderen Familienmitglieder nicht zu sprechen gewesen. Auch wenn die Namen der beiden Mädchen nicht bekannt sind, scheinen die legitimen Kinder ihre Halbschwestern gekannt zu haben. Marie soll sie nach Herzog Max' Tod sogar ans Totenlager ihres Vaters geführt haben.

Auch ein außerehelicher Sohn wird Max in Bayern nachgesagt. So soll er der Vater des Münchner Gartenarchitekten Max Kolb (1829 – 1915) gewesen sein, der wiederum der Vater der bekannten Schriftstellerin Annette Kolb war. Um 1828 muss Herzog Max ein Verhältnis mit der Mutter Kolbs, Juliana Lorz, einer Zofe der Königin Therese von Bayern, gehabt haben. Als der gemeinsame Sohn 1829 zur Welt kam, war Max eben erst mit Ludovika zwangsverheiratet worden. Es ist gut vorstellbar, dass er in seiner Frustration nicht nur diesen Seitensprung wagte, sondern auch etliche weitere. Juliana wurde, nachdem sie mit dem Knaben niedergekommen war, mit dem Gärtner Dominicus Kolb verheiratet.

Interessant ist, dass Max Kolb in Schloss Possenhofen aufwuchs. Seine Schulzeit verbrachte er im Kloster Scheyern. Die Schulkosten sollen, wie es heißt, die Wittelsbacher übernommen haben. Danach erhielt er eine Ausbildung an den Botanischen Gärten in Berlin und Potsdam, von wo er sich nach Gent in Flandern begab. Von 1855 bis 1859 war er Jardinièr Principal in Paris und wirkte bei der Gestaltung des Bois de Boulogne und der Gartenanlagen für die Weltausstellung im Jahr 1855 mit. Nach seiner Rückkehr ins Königreich Bayern leitete er den Botanischen Garten und das Institut für Pflanzenphysiologie in München. Seine Dienstwohnung befand sich in der Sophienstraße 7. Bis 1890 gestaltete Max Kolb jährlich Blumenausstellungen im Glaspalast. Dazu war er schriftstellerisch tätig: So verfasste er eine „Theorie des Gartenbaues", die im Jahr 1877 erschien, die Schrift „Der Königliche Botanische Garten in München", das Buch „Die europäischen und überseeischen Alpenpflanzen" und eine Abhandlung über den „Schulgarten, dessen Nutzen und Einrichtung". Zusammen mit J. E. Weiss gab er außerdem die „Illustrierten Monatshefte für die Gesamt-Interessen des Gartenbaues" heraus. 1858 heiratete Max Kolb die Pianistin Sophie Danvin, eine Tochter des Malerehepaars Constance Amélie und Félix Danvin. Aus dieser Ehe gingen zahlreiche Kinder hervor. Sechs überlebten das Säuglingsalter, darunter Annette Kolb (1870 – 1967), die demnach eine Enkelin von Herzog Max in Bayern und Halb-Nichte der Kaiserin Elisabeth von Österreich war.

Wie viele uneheliche Kinder Herzog Max außer den beiden erwähnten Töchtern und dem namentlich bekannten Sohn Max Kolb wirklich gezeugt hat, ist nicht bekannt. Diesbezüglich ist der Gerüchteküche also Tür und Tor geöffnet. Wenn eine der Liaisons des Bayernherzogs allerdings Folgen hatte, sorgte Max stets gewissenhaft für den Unterhalt des Kindes und fand auch die Mutter großzügig ab.

Herzog Max und die bayerischen Könige

Insgesamt vier der bayerischen Könige sah Herzog Max in seinem Leben über einen Zeitraum von achtzig Jahren kommen und gehen. Es waren dies König Maximilian I. Joseph – er regierte von 1806 bis 1825 –, dessen Sohn König Ludwig I., der von 1825 bis 1848 den bayerischen Thron inne hatte, wiederum dessen Sohn König Maximilian II. mit einer Regierungszeit von 1848 bis 1864 und zuletzt der Sohn Max' II. und Urenkel des ersten bayerischen Königs: Ludwig II., der 1864 seine Herrschaft antrat, die im Jahr 1886 so tragisch endete. Zwei Jahre nach dem Tod König Ludwigs II. starb auch Herzog Max im November des Jahres 1888.

König Max I. Joseph (1756–1825)

Die grundsätzlich enge und gute – und nach einigen Jahren der Entzweiung auch wiederhergestellte – Beziehung, die der Großvater von Herzog Max in Bayern, der energische Herzog Wilhelm, zu seinem Schwager Max I. Joseph pflegte, kam der Verbindung des Enkels zum ersten bayerischen König zugute. Ohne zu zögern, hatte der König den Posten des Taufpaten des kleinen Max angetreten und freute sich aufrichtig, seinen Namen an den neugeborenen Bayernherzog weiterzugeben. Seither liebte er Max wie seinen eigenen Sohn und förderte ihn in den kommenden Jahren auf vielfältige Weise. Er holte den kaum Neunjährigen von 1817 bis 1824 erst, wie schon erwähnt, nach München in das „Kgl. Erziehungsseminar für Studierende" und räumte dem herangewachsenen 16-Jährigen anschließend in der sogenannten Maxburg eine eigene Wohnung ein. Dazu stellte er ihm den Kämmerer und Hauptmann des Grenadier-Garde-Regiments Freiherrn von Freyberg zur Seite, der ihm eine kultivierte Lebens- und Denkungsart sowie umfassende Weltschau vermittelte, wie sie einem jungen Mann von hohem Stand geziemte.

Bald erhielt Max seine beiden militärischen Positionen – Leutnant im Chevaulegers-Regiment „König" und Oberstinhaber des 9. Linien-Infanterieregiments – auf Wirken des Königs. Und dieser verlor seinen Schutzbefohlenen bis zu seinem Tod nicht aus den Augen, auch wenn die beiden nicht besonders häufig in persönlichen Kontakt traten. Max I. Joseph war für den jungen Herzog in Bayern eine viel zu hohe Respektsperson, weshalb er ihm mit Verehrung, aber zugleich auch mit Scheu begegnete. Noch vor seinem Tod im Oktober 1825 hatte der König mit Herzog Wilhelm die Hochzeit von Max mit seiner königlichen Tochter Ludovika vereinbart, den Platz als Max' späterer Schwiegervater konnte er jedoch nicht mehr einnehmen. Er erlebte weder die Verlobung noch die Hochzeit der beiden – auch nicht, dass die 1828 geschlossene Ehe eine unglückliche werden sollte.

Während Max im Oktober 1825 auf Schloss Banz weilte, traf die Nachricht vom Tod König Max' I. Joseph ein, was den damals 17-Jährigen sehr betrübte. Ihm war bewusst, wie sehr sein Lebensweg bisher durch diesen Monarchen beeinflusst worden war. Er eilte sofort nach Nymphenburg, um der trauernden Königin Karoline sein tiefstes Beileid auszudrücken und den Thronfolger Ludwig I. zu begrüßen.

König Ludwig I. (1786–1868)

Der erstgeborene Sohn und Nachfolger von Max I. Joseph, Ludwig I., suchte wenige Jahre nach seiner Thronbesteigung für die Neugestaltung der nach ihm benannten Ludwigstraße kapitalkräftige Personen, die diesen Straßenzug mit dem Bau von repräsentativen Gebäuden in eine Prachtstraße verwandeln sollten. In Herzog Max fand er diesbezüglich einen äußerst vermögenden und kunstsinnigen Partner. Der König durfte mit seinem Projekt nämlich weder die Staatskasse belangen noch wollte er das Vorhaben auf eigene Rechnung realisieren. Sicherlich empfand es Ludwig I. zumindest als eigenartig, dass ein einfacher Herzog in Bayern über mehr Kapital verfügte als er, der er doch König von Bayern war. Vielleicht war dies auch der Grund, weshalb er den Herzog, der zudem sein Schwager war, zunächst spitzfindig darauf hinwies, dass er – Max – nicht aus der königlichen Linie stamme, weshalb ihm nur die Titel „Herzog“ und „Hoheit“ zustünden, nicht aber die Titel „Prinz“ und „Königliche Hoheit“. Diese gebührten nämlich nur „Nachkommen aus der Königlichen Linie“, also etwa Ludovika, der Halbschwester Ludwigs I. und Max' Frau. Andere Sticheleien des Königs bezogen sich auf die Begleiter von Max. So sei etwa Leutnant von Heusler vom 1. Artillerie-Regiment nicht „tafelfähig“, dürfe ihn deshalb also zu bestimmten Anlässen nicht begleiten.

Gleichwohl verlieh Ludwig I. seinem Schwager gleich nach seinem Regierungsantritt den Hubertusorden und ernannte ihn 1830 zum Oberstinhaber des 3. Chevaulegers-Regiments. 1834 übertrug er ihm die Stelle eines Kreiskommandanten der Landwehr des damaligen Isarkreises. In dieser Position setzte Max, unbekümmert wie er war, die Inspektion seiner Truppe oftmals sonntags zwischen zehn und elf Uhr in der Münchner Ludwigstraße an. Das gefiel der Geistlichkeit überhaupt nicht, da im Norden dieser Straße die Ludwigskirche und im Süden die Theatinerkirche lagen. Die lautstarken Paraden störten nach Meinung der kirchlichen Würdenträger angeblich den Kirchgang und die sonntäglichen Gottesdienste empfindlich. Als sich der Erzbischof von München diesbezüglich sogar beim König beschwerte, wollte Ludwig I. die Truppenparaden am späten Sonntagvormittag untersagen. Da reichte Max seinen Abschied ein, den der König jedoch nicht annahm; Max hatte in seiner Stellung als Kreiskommandant der Landwehr des damaligen Isarkreises zu verbleiben.

Ungeachtet solcher anfänglicher Unstimmigkeiten, amüsierte sich Ludwig I. mit den Jahren aber köstlich über diesen „Herrn Schwager“ mit seinen skurrilen Einfällen und versponnenen Festen. Im März 1845 verlieh er ihm und seinen ehelichen ebenbürtigen Nachkommen beiderlei Geschlechts den Titel eines Herzogs in Bayern, der bis dato nur dem ersten Träger dieser Ehrenbezeichnung, Großvater Wilhelm, zugestanden hatte und erst ab diesem Zeitpunkt erblich wurde. Auch die Anrede „Königliche Hoheit“ verweigerte Ludwig Max nicht länger. Und in einem Distichon pries der leidenschaftlich dichtende König den „Herzog Maxischen Garten in Bogenhausen“, also den von Herzog Max erworbenen und nach ihm benannten Herzogpark.

1848 riefen revolutionäre Umtriebe in Bayern große Unruhe hervor und König Ludwig I. geriet in ernste Bedrängnis: Vor allem sein skandalöses Verhältnis zur Tänzerin Lola Montez beschwor den Zorn des Volkes herauf und sollte den Regenten im März desselben Jahres vorzeitig vom bayerischen Thron stürzen. In dieser riskanten Lage bot sich Herzog Max an, Ludwig und seiner Familie in seinem Palais in der Ludwigstraße Zuflucht zu gewähren. Hier sei Schutz gewiss, konnte dem König versichert werden, da sich die Rebellen nicht in das Haus des beliebten volkstümlichen und volksnahen Wittelsbachers wagen würden.

König Maximilian II. (1811–1864)

Die frischgebackene Königin Marie von Bayern, Gemahlin von Maximilian II., dem ältesten Sohn Ludwigs I., war zur Zeit der anhaltenden Unruhen 1848 in München mit Prinz Otto, dem jüngeren Bruder des späteren Königs Ludwig II., schwanger und stand unmittelbar vor der Geburt. Als auch nach der Abdankung Ludwigs I. noch Gerüchte einer baldigen Revolution umgingen, boten Herzog Max in Bayern und seine Frau Ludovika der hochschwangeren Königin an, sie nach Possenhofen an den Starnberger See zu holen, um sie dort vor den Aufregungen in der Residenzstadt abzuschirmen. Doch Marie wollte in München bleiben. Am 27. April 1848 brachte sie Otto, den späteren König Otto I., verfrüht zur Welt. König Maximilian II., der seinem Vater erst vor wenigen Wochen auf den Thron gefolgt war, vergaß Herzog Max sein freundliches Angebot nicht.

Nachdem Ludwig I. am 20. März 1848 zugunsten seines erstgeborenen Sohns Maximilian freiwillig abgedankt hatte, war dieser über die Amtsnachfolge nicht besonders erfreut. Die Last der Krone schien ihm bedrohlich, die Bürde der unerwartet auf ihn zukommenden Regierungsverantwortung als viel zu drückend. Die Fundamente der

Monarchie zeigten tiefe Risse und Europa befand sich im Umbruch. Der 37-Jährige fühlte sich nicht zum Herrscher geboren, viel lieber wäre er Professor geworden. Erst nach und nach wurde er mit den Aufgaben eines Regenten vertraut.

Was Herzog Max am neuen König gefiel, war sein Einsatz für die Pflege des bayerischen Brauchtums, wodurch er den Nationalstolz heben wollte. Maximilian II. durchwanderte sein Königreich und gab sich am Wirtshaustisch leutselig. Er ging gerne Bergsteigen und schätzte das einfache Leben auf dem Land. Durch das Tragen von Trachtenanzügen wollte er sich ausdrücklich zu dieser Tradition der bayerischen Bevölkerung bekennen. Volksfesten stand er stets wohlwollend gegenüber, dienten sie doch der Stärkung bayerischen Zusammengehörigkeitsgefühls. Er regte auch die Sammlung alpenländischer Sagen an und unterstützte, wie dies auch Herzog Max tat, finanziell und ideell die Pflege der Volksmusik und brauchtumsfördernde Projekte, so etwa die Herausgabe eines bayerischen Wörterbuchs. Auch wenn Maximilian II. den bayerischen Dialekt nie so recht beherrschte, gefielen Herzog Max doch die königlichen Bemühungen um die Verbreitung heimischen Brauchtums – obwohl der Monarch nie die große Volksnähe und Popularität des Herzogs erreichte.

Dass der König seinem herzoglichen Verwandten wohlgesonnen war, zeigt z. B. sein Besuch in Max' Besitz Unterwittelsbach. Wie sich der Aichacher Stadtpfarrer Konrad Danhauser erinnerte, reiste König Maximilian II. am 9. September 1857 über Aichach nach Schrobenhausen. Er besichtigte die Burgstätte Oberwittelsbach und die Kirche. „Sodann begaben sich dieselben (König Max II., Stadtpfarrer Danhauser und Bürgermeister Kapfhamer u. a.) zu Fuß nach Wittelsbach und besichtigten dort die sehr schöne Schloßkapelle Se. Königl. Hoheit des Herrn Herzogs Maximilian in Bayern, und versprach, in Bälde eine von Sr. Heiligkeit, dem jetzt regierenden Papste Pius IX. geweihte Wachskerze für diese Kapelle übersenden zu lassen. König Max II. ist der erste Regent aus dem Hause Wittelsbach, welcher seit 1208 [...] diese Burgstätte wieder betrat."[19]

Nicht nur König Max II., auch seine Gemahlin Marie hatte wie Herzog Max Freude an alpenländischer volkstümlicher Musik. So fand Marie bei den Teeabenden in der Münchner Residenz Gefallen am Zitherspiel des „ungeheuer virtuosen Petzmayer" und dessen Schülerin Elise Pauli. Herzog Max in Bayern widmete der Königin zwei von ihm selbst komponierte Zitherstücke: „Die Marienpolka" und die „Marienquadrille".

König Ludwig II. (1845–1886)

Die enge Beziehung des Kronprinzen zu den Kindern von Herzog Max

Eine enge oder gar herzliche Beziehung Ludwigs II. zu Herzog Max ist nicht bekannt. Das majestätische Bewusstsein des Königs war zu ausgeprägt, als dass er sich mit einem einfachen Herzog in Bayern auf besondere Weise abgegeben hätte. Max, der dies spürte, versuchte deshalb auch nicht, sich Ludwig II. anzunähern.

Lange vor seiner Zeit als bayerischer Regent, kam Ludwig hingegen als Kind gerne zu Besuch ins Schloss Possenhofen. Zu seinen Spielkameraden gehörten die kleine Helene, Néné genannt, Sisi, die spätere Kaiserin Elisabeth von Österreich, Marie, Mathilde, der Spatz, und Ludwigs spätere Verlobte Sophie, aber auch deren Brüder Ludwig, alias Louis, Karl Theodor, der Gackel gerufen wurde, und Max Emanuel, dessen Spitzname Mapperl war. Mit ihnen tobten Ludwig und sein Bruder Otto oft recht ausgelassen umher. Vor allem im Spiel mit den Töchtern des Herzogs vergaß Ludwig jede Schüchternheit. „Ein Wunder", nannte es die Königin Marie, was die Prinzessinnen alles aus ihrem älteren Sohn hervorzauberten.

Vor allem Sisi stand ihrem Vetter Ludwig nahe, der ihr seinerseits immer wieder den Hof machte, sie mehrmals auf die Roseninsel einlud und mit Blumenbouquets überraschte. Ebenso fühlte der zukünftige König eine geradezu glühende Zuneigung zu Karl Theodor, der immerhin sechs Jahre älter war als er. Im April 1863, etwa ein Jahr bevor er seinem verstorbenen Vater auf den Thron folgen sollte, vertraute Ludwig seiner einstigen Erzieherin Sibylle von Leonrod an, er habe in Karl Theodor einen „treuen, wahren und geliebten Freund […] der einem Halt gibt in den Stürmen des Lebens und mit dem man alles teilen kann." Mit der Zeit wurde die Beziehung der beiden derart eng, dass Karl Theodor an den König schrieb: „Denn es ist mir oft so, als wenn ich durch eine unsichtbare Macht an Dich und an Dein Leben gefesselt wäre." Der Herzogssohn wünschte sich für Ludwig: „Du möchtest nicht König sein, weil ich Dich dann als Freund so ganz ohne alle Rücksicht lieben dürfte." Im Gegenzug gestand Ludwig II., dass er „keinen Menschen der Welt […] ober mir erkenne, keiner kann mir gebieten, aber wenn er [Karl Theodor] regieren wollte, so würde ich den Thron verlassen, die Krone ihm sofort übertragen, ihm dienen, mit Freude ihm in Allem gehorchen, sonst keinem Menschen der ganzen Erde … o Gott, keinem Menschen der Erde kann er theurer sein als mir … an seinen Tod zu denken, ist mir unerträglich, Wahnsinn würde mich erfassen"[20].

Diese enge Beziehung aus Jugendtagen sollte schier unwahrscheinlich schnell wieder abkühlen, vor allem als die Verlobung Ludwigs II. mit Sophie, einer der Schwestern Karl Theodors, Ende des Jahres 1867 unerwartet aufgelöst wurde. Dazu war es auf folgende Weise gekommen:

Der Verlobungsskandal 1867

Im Januar 1867, Ludwig II. war 22 Jahre alt, verlobte er sich vollkommen überraschend mit seiner zwei Jahre jüngeren Cousine Sophie Charlotte, der jüngsten Tochter Herzog Max'. Der Öffentlichkeit wurde die Verlobung am 22. Januar desselben Jahres mitgeteilt. Bereits im Februar begann es zu kriseln: Der junge König verließ einen Hofball vorzeitig, weil ihn die Aufführung eines Dramas von Schiller mehr interessierte – und das, ohne sich von seiner Braut zu verabschieden. Von da an sah sich das Paar immer seltener und des Königs Heiratsabsichten begannen zunehmend zu schwinden. Für die Vermählung wurde dennoch ein Tag im August 1867 festgesetzt. Ludwig verschob das Datum allerdings erst auf den 12. Oktober und schließlich auf den 28. November.

Die Brauteltern waren über das permanente Hinauszögern empört. Herzog Max wollte diesem unwürdigen Spiel als Brautvater ein Ende bereiten und stellte seinem Schwiegersohn in spe Anfang Oktober ein Ultimatum: Wenn die Hochzeit nicht bis Ende November stattgefunden haben sollte, würde er – Max — die Verlobung als gelöst betrachten. Ludwig empfand diesen Ton, den sein herzoglicher Untertan anschlug, als Frechheit und soll getobt haben. Vor allem aber hatte er nun selbst einen Grund, von seinem Heiratsversprechen zurückzutreten, das er längst bereute. „Geliebte Elsa!", teilte er seiner Braut mit, „Dein grausamer Vater reißt uns auseinander. Ewig Dein Heinrich."[21] Am 7. Oktober 1867 folgte dann der Abschiedsbrief, mit dem er die Verlobung, die 259 Tage gehalten hatte, beendete.

Die Auflösung einer Verlobung war in Adelskreisen ein sehr ernster Vorgang – erst recht, wenn der Regent involviert war. Die verschmähte Braut galt danach als mit einem Makel behaftet. Dass die Ablehnung in diesem Fall mit nicht allzu viel Gram auf Seiten Sophies verbunden war, da diese ihre Zuneigung dem bürgerlichen Fotografen Edgar Hanfstaengl zugewandt hatte, war Herzog Max und Herzogin Ludovika nicht bekannt. Sophies Eltern waren über Ludwigs Verhalten wütend; ebenso ihre ältere Schwester Elisabeth, die natürlich keine Ahnung von Sophies Liebschaft mit Hanfstaengl hatte, sonst hätte sie mit Sicherheit anders reagiert. Am 19. Oktober 1867 schrieb sie aus Schönbrunn an ihre Mutter nach Possenhofen: „Wie sehr ich über den König empört bin und der Kaiser auch, kannst Du Dir vorstellen. Es gibt keinen Ausdruck für ein solches Benehmen. Ich begreife nur nicht, wie er sich wieder kann sehen lassen in München, nach allem, was vorgefallen. Ich bin nur froh, daß Sophie es so nimmt, glücklich hätte sie weiß Gott mit so einem Mann nicht werden können."[22]

Nach der geplatzten Verlobung legte sich die Aufregung in der herzoglichen Familie jedoch früher, als sich der König das erhoffen konnte: Im Mai 1868 unternahm Ludwig II. von Schloss Berg aus einen seiner rasanten Ausritte um den Starnberger See. Plötzlich wurde er in hohem Bogen von seinem Pferd abgeworfen und landete, zum Glück unverletzt, im Straßengraben; nur seine Kleider waren verdreckt. Das Pferd galoppierte davon. Ludwig hielt daraufhin einen Bauern, der zufällig mit seinem Ochsenkarren des Weges kam, an. Devot erklärte sich dieser bereit, den König mit seinem Fuhrwerk heimzufahren. Kaum saß Ludwig auf dem Karren, als ihm die Possenhofener Familie in zwei eleganten Equipagen entgegenkam. Der Bauer hielt am Wegesrand und Ludwig, im Stroh sitzend, grüßte seine Verwandten. Eine zweifellos komische Situation. Auch wenn die Possenhofener das Missgeschick des Königs bedauerten – eine gewisse Schadenfreude gegenüber dem einstigen Bräutigam Sophies konnten sie dann doch nicht unterdrücken. Der König durfte trotzdem in eine der Equipagen umsteigen und wurde etwas standesgemäßer nach Hause gefahren.

Nur noch ein einziges Mal, ein Jahr nach der Entlobung, ließ sich Ludwig II. in Possenhofen blicken und das ausgerechnet unmittelbar vor Sophies Hochzeit. Die Eltern hatten mittlerweile den Herzog von Alençon, einen Enkel des französischen Bürgerkönigs Louis Philipp, als neuen Bräutigam für sie bestimmt, wobei sich besonders die Mutter Ludovika als Vermittlerin der neuen Verbindung hervorgetan hatte. Als höchst peinlich empfand es Sophies Familie, dass Ludwig seinen Besuch auf den Tag vor der Hochzeit, die am 28. September 1868 stattfand, legte und sich ungeniert über eine Stunde mit allen Anwesenden unterhielt, zu denen auch Sophie zählte. Zumindest traf der König nicht auf den Zukünftigen seiner ehemaligen Braut, den Herzog von Alençon. Dass Ludwig II. auf Wunsch der russischen Zarin Maria Alexandrowna, die ihrer Cousine Herzogin Ludovika einen Besuch abstatten und dort auch den bayerischen König sehen wollte, in Possenhofen erschien, minderte die unangenehme Situation kaum.[23] Seither unterblieben Ludwigs Kontakte zu Herzog Max und seiner Frau, während er sich mit der von ihm nach wie vor verehrten Kaiserin Elisabeth immer wieder traf.

Der Tod König Ludwigs II.

Vier Tage nach seiner Entmündigung und Festsetzung in Schloss Berg durch eine Kommission der bayerischen Regierung wurde Ludwig II. am 13. Juni 1886 tot im Starnberger See aufgefunden. Der Tod des Königs rief in der Familie von Herzog Max unterschiedliche Reaktionen hervor. Ludwigs ehemalige Verlobte Sophie kam zwei Wochen nach dem tragischen Ereignis am 27. Juni 1886 in Begleitung ihrer Tochter Louise und ihres Sohns Emmanuel nach Bayern. Nach Aussage Marie Valeries, der jüngeren Tochter von Kaiserin Elisabeth, sah ihre Tante Sophie „elend" aus. Sie schien „von den schrecklichen Ereignissen mehr erschüttert" zu sein, „als sie zeigen mag". Sie habe den Toten „heiss beweint" und in aller Stille Abschied von ihrem einstigen Verlobten genommen. Dabei wurde sie von ihrer 28-jährigen Nichte Marie Louise Gräfin Wallersee-Larisch, der Tochter ihres ältesten Bruders Louis, begleitet, die Folgendes überlieferte: Sophie habe am Sarg einen wundervollen Kranz mit purpurner Schleife niedergelegt, sei dann auf die Knie gefallen und habe „herzbrechend" geweint. Dann habe sie ihre Nichte angeblickt und mit einem „unbeschreiblichen Weh in der Stimme" gefragt: „Marie, glaubst du, daß er mir vergeben hat?"[24] Wenn diese Äußerung Sophies der Wahrheit entspricht, stellt sich die Frage, wofür sie Vergebung erhoffte? Etwa für ihre verbotene Beziehung zu dem Fotografen Edgar Hanfstaengl, die sich während ihrer Verlobung mit Ludwig II. entsponnen hatte?

Von Herzog Max sind keine Äußerungen zur Königskatstrophe bekannt. Vermutlich hielt er, wie auch seine Frau Ludovika, den verstorbenen König für verrückt, auch wegen seines unerhörten Verhaltens rund um die Heiratspläne mit Herzogstochter Sophie. Ludovika ergriff Partei für Prinzregent Luitpold, der zunächst anstelle des entmündigten Ludwigs die Regierungsverantwortung im Königreich übernahm und sie nach dessen Tod weiter stellvertretend für Ludwigs jüngeren Bruder Otto ausübte, da dieser aufgrund einer geistigen Erkrankung seinen rechtmäßigen Platz auf dem bayerischen Thron nicht einnehmen konnte. Herzogin Ludovika meinte angesichts der kritischen Situation, man müsse sogar hoffen, dass Ludwig II. verrückt war, „um ihn nicht der so entsetzlichen und traurig vernachlässigten Verantwortung anklagen zu müssen, sein blühendes Land und fast unglaublich treues Volk so heruntergebracht zu haben." Sisi war empört über die Ansicht ihrer Mutter, die von ihrem Lieblingsbruder Karl Theodor geteilt wurde, der äußerte: „Es könne kein Zweifel über den vollständigen Irrsinn des Königs sein."[25] Die österreichische Kaiserin schob die Schuld am Tod Ludwigs II. dagegen allein Prinzregent Luitpold zu und wollte sich nie mehr in Bayern aufhalten, wo so etwas Furchtbares geschehen konnte.

Prinzregent Luitpold von Bayern (1821 – 1912) wurde auch in der Bevölkerung zunächst als „Königsmörder" beschimpft. Noch lange Zeit fanden sich an Hauswänden Parolen wie „König Ludwig steh' auf und regier'! Prinzregent leg' dich nieder und krepier'!" Im Wittelsbacherpark in Garmisch wurde eine Prinzregentenbüste zertrümmert und in die Loisach geworfen. Auch in der Münchner Nymphenburger Straße wurde eine Luitpoldbüste vom Sockel gerissen. Erst mit den Jahren akzeptierte man die Regentschaft des Stellvertreters, der sich charakterlich durch Bescheidenheit, Gewissenhaftigkeit und Pflichttreue auszeichnete und das Land tadellos führte, und lernte den nicht zur Herrschaft geborenen Landesvater respektvoll schätzen. Luitpold wurde auch durch sein leutseliges Verhalten und seine Volkstümlichkeit in der Bevölkerung zunehmend beliebter. Schließlich gelang es ihm sogar, die Prinzregentenzeit als eine Epoche in der Volkserinnerung zu verankern, in der das Land prosperierte und „München leuchtete".

Herzog Max und die Politik

Ein Wittelsbacher ohne politisches Amt

Politisch trat Herzog Max nie besonders hervor, auch wenn er die großen politischen Ereignisse stets mit größtem Interesse verfolgte – aber immer nur als stiller Beobachter. Er war zwar Mitglied der Wittelsbacher Familie, jedoch ohne bestimmte Aufgabe, da er kein regierender Fürst war, der die Last der Krone und die Verantwortung für ein Land zu tragen hatte.

Im Alter von 18 Jahren war er 1827 Mitglied in der Kammer der Reichsräte geworden. Damit gehörte er zum bayerischen Parlament, der Ständeversammlung, das aus der ersten Kammer der Reichsräte und der zweiten Kammer der Abgeordneten bestand. Die Mitgliedschaft in der ersten Kammer war in erster Linie den volljährigen Prinzen des königlichen Hauses vorbehalten und somit erblich. Daneben standen die Sitze noch den Inhabern kirchlicher und staatlicher Ämter offen oder wurden verdienten Personen vom König auf Lebenszeit verliehen. Als Reichsrat durfte Herzog Max u. a. an der Gesetzgebung des Landes, der Prüfung des Staatshaushalts und der Steuergesetzgebung mitwirken. Wie es heißt, nahm er pflichtgemäß an den Sitzungen der Reichsratskammer teil, ohne sich dort jedoch in nennenswerter Weise zu profilieren. Nur einige Male erregte er durch seine Stellungnahme den Unwillen des Königs. Reichsräte waren üblicherweise konservativ und königstreu eingestellt. Mit welchen Beiträgen sich der doch recht ungewöhnlich denkende und handelnde Adelige Max „aufmüpfig" verhielt, ist allerdings nicht bekannt.

Auch seine militärischen Posten füllten den Herzog nicht aus. Vom Leutnant im Chevaulegers-Regiment „König" stieg der damals erst 16-Jährige im Jahr 1824 bekanntermaßen schnell zum Oberst-Inhaber des 9. Linien-Infanterie-Regiments auf. 1832 wurde er zum „Kommandanten der Bürgerwehr des Isarkreises" ernannt und war damit auch Befehlshaber der Landwehr und Kommandant der Gebirgsschützen. Elf Jahre nach seiner Ernennung zum Generalmajor (1837), folgte 1848 die Beförderung zum Generalleutnant und schließlich 1857 zum General der Kavallerie. Doch dies waren in seinen Augen nur leere Titel.

Herzog Max hatte das große Glück, frei von Zwängen und Traditionen leben zu können. Ohne weitreichende Verpflichtungen konnte er als Nachfolger und vor allem Alleinerbe seines reichen Großvaters Wilhelm durchs Leben gehen, ganz wie es ihm gefiel. Als wohlhabender Privatier entwickelte er sich zu einem Genie der Muße, zeigte sich dabei aber nie als bequemer Müßiggänger. Herzog Max strotzte nur so vor Energie. Ventile für seinen Tatendrang und sein überschäumendes Temperament fand er nicht nur in zahlreichen, von ihm organisierten gesellschaftlichen Veranstaltungen, mit denen er die ganze Hofgesellschaft einschließlich des Königs begeisterte, er fand sie auch in der Pflege von Literatur und Musik oder in angeregten Gesprächen in Gesellschaft von Künstlern und Gelehrten. Neben seinen schriftstellerischen Arbeiten wandte er sein Interesse insbesondere dem Volkslied und dem Zitherspiel zu.

Revolution in Bayern 1848

Die Affäre des Sechzigjährigen Königs Ludwig I. mit der erst 25-jährigen Tänzerin Lola Montez (1821 – 1861), die Ende 1846 seine Geliebte wurde und die er mit Geld und Ehren überhäufte, löste einen Skandal aus. Die gebürtige Irin, die bereits eine bewegte Vergangenheit aufzuweisen hatte, als sie nach München kam, erhielt eine luxuriöse Villa in der Barer-Straße in München und beträchtliche finanzielle Unterstützung. Bei der Münchner Bevölkerung war sie höchst unbeliebt. Man empörte sich, wenn sie Zigarren rauchend und mit einer Reitgerte in der Hand durch die Stadt fuhr und so manchen Passanten ohrfeigte, weil er die „Gräfin von Landsfeld", zu der sie von Ludwig I. ernannt worden war, nicht sofort untertänigst gegrüßt hatte. Als sie auch noch Einfluss auf die Regierungsgeschäfte nahm, kam es zu Protesten, die im Februar 1848 in eine bayerische Revolution zu münden drohten. Inmitten der aufgeheizten Stimmung rund um die Märzrevolution, die den gesamten Deutschen Bund erschütterte, schienen auch die Münchner entschlossen, die Residenz zu stürmen, weshalb die königliche Familie im Max-Palais Schutz vor den Übergriffen der Rebellen suchte. Wie bereits erläutert, hatte Herzog Max sein Domizil an der Ludwigstraße bereitwillig als sicheres Heim angeboten und König Ludwig I. wusste, dass die aufgebrachten Revolutionäre am ehesten das Haus dieses volkstümlichen Wittelsbachers verschonen würden. Max' damals 14-jährige Tochter Helene „soll während der Wirren einen [...] Versuch gemacht haben, die Aufständischen zu beruhigen, und zwar mit dem Zuruf: ‚Brüder gegen Brüder!', ein Satz, der sie als würdige Tochter ihres Vaters Max auswies"[26].

Am 2. März 1848 protestierte Herzog Max in einem Brief an Innenminister Fürst Ludwig von Öttingen-Wallerstein gegen die Ausrufung der Republik in Paris. Dem noch regierenden König Ludwig I. stellte er sich am 9. März als Kreiswehrkommandant mit seinen Bürgerwehr- und Landwehr-Truppen sowie den ihm unterstehenden Gebirgsschützen zur Verfügung und bot an, gegen alle inneren und äußeren Feinde militärisch vorzugehen. Doch das Angebot wurde vom König nicht angenommen. Die weiteren Unruhen samt der bald folgenden Abdankung Ludwigs rührten nicht nur Herzog Max zu Tränen: „Bald weinten alle, auch der König selbst"[27], hieß es.

Am 20. März 1848 dankte Ludwig I. ab und erklärte, „nachdem er dreiundzwanzig Jahre regiert habe, wie er es für richtig fand, könne er sich an keine neue Methode gewöhnen, wohl aber an einen Nachfolger."[28] Und dieser Nachfolger war sein ältester Sohn, der als König Maximilian II. bis 1864 die Geschicke Bayern lenken sollte.

Sisis Hochzeit mit dem Kaiser von Österreich 1854

Am 24. April 1854 fand in Wien die Heirat von Sisi, der Lieblingstochter von Herzog Max, und Kaiser Franz Joseph I. von Österreich-Ungarn (1830–1916) statt. Dies erhöhte auf der politischen Bühne das Ansehen des Bayernherzogs und seiner Familie erheblich, regierte Kaiser Franz Joseph doch den nach Russland zweitgrößten Staat Europas, ein Vielvölkerreich mit fast 41 Millionen Einwohnern – auch wenn die politische Lage damals recht unruhig war. Die Unterdrückung der Revolution von 1848 lag erst fünf Jahre zurück. Zusätzlich zu den Anfang 1853 beginnenden Anti-Habsburg-Ausschreitungen in Italien wäre Franz Joseph zu dieser Zeit fast einem ungarischen Attentat zum Opfer gefallen. Daneben wuchsen die internationalen Spannungen und mündeten nur wenige Monate später im Krimkrieg, der auch Österreich betraf, obwohl es nicht zu den direkten Kriegsteilnehmern zählte.

Die Hochzeit des österreichischen Kaisers mit der bayerischen Herzogstochter erregte europaweit einiges Aufsehen. Nicht nur die damals 16-jährige Elisabeth entsprach infolge ihrer unkonventionellen Erziehung nicht den Erwartungen, die man von Seiten der Wiener Hofgesellschaft an eine Kaiserin stellte, auch ihr Vater war dem starren Kaiserhof suspekt. Herzöge „in“ und nicht „von“ Bayern waren letztlich nur die armen Verwandten des Wittelsbachischen Herrscherhauses. Sie verfügten über keinen ordentlichen Fürstensitz, über keine wichtigen Herrschafts- und Repräsentationsaufgaben und waren auf das Wohlwollen des bayerischen Königs angewiesen, der streng auf Rangunterschiede achtete. Wenn etwa vor dem Herzog-Max-Palais auf königlichen Befehl zwei Wachoffiziere postiert wurden, geschah dies nicht aus Respekt vor Herzog Max, sondern sollte allein den Rang seiner Frau Ludovika unterstreichen, die schließlich die Tochter eines Königs war. Empörend für die Hautevolee war auch, dass Herzog Max den adeligen Kreisen distanziert gegenüberstand und ein recht freizügiges Leben führte, das so gar nicht zu den Zwängen des Hofzeremoniells und der höfischen Tradition passen wollte. Er war als liberal bekannt und legte wenig Wert auf aristokratische Umgangsformen. Viel lieber verkehrte er in der bayerischen Landbevölkerung. Originalität und Esprit bedeuteten ihm mehr als Reichtum und Abstammung, und danach wählte er auch seinen Freundeskreis, der aus geistreichen, zudem trinkfesten Künstlern, Gelehrten und Bürgerlichen bestand. Die wenigen Adeligen, denen er sich zuwandte, durften dies als besondere Ehre betrachten.

Es verwundert nicht, dass Herzog Max keinen Kontakt zur Mutter des Kaisers Franz Joseph, zur Erzherzogin Sophie, einer älteren Schwester seiner Frau Ludovika, aufbauen konnte. Bei jedem Wort seiner Schwägerin spürte er die kaum verhohlene Verachtung ihm und seiner Familie gegenüber. Ihre herablassende Art trieb ihn in die Flucht. Doch seine einst ungezwungene, freiheitsliebende Tochter Sisi hatte als Kaiserin eines der größten und mächtigsten Staaten Europas nun am österreichischen Hof auszuharren und den dort gehegten Erwartungen gerecht zu werden. Auch wenn sie ihm Leid tat – helfen konnte er ihr nicht und so überließ er sie ihrem Schicksal und zog sich von der kaiserlichen Verwandtschaft zurück. Sympathisch war ihm lediglich sein Schwiegersohn Franz Joseph. Dass Sisi mit ihm verheiratet war, erfüllt ihn mit Stolz, wie etwa folgende Anekdote belegt, die damals sogar in der Zeitung zu lesen war: „Im Eisenbahnwagen trifft Herzog Max mit einem reichen Frankfurter Bankier zusammen, der dem ihm unbekannten Reisegefährten von dem Glück seiner in Wien verheirateten Tochter vorschwärmt und ihn schließlich in ihr Haus einlädt. Dankend lehnt der Herzog mit dem Bemerken ab, daß er ebenfalls eine ‚gut verheiratete Tochter' in Wien habe, zu der er jetzt reise. ‚So', platzt der Bankier heraus, ‚und an wen ist denn ihre Tochter verheiratet?' Lächelnd versetzt der Angeredete: ‚An den Kaiser von Österreich.'"[29]

Bruderkrieg 1866 und Frankreichkrieg 1870/71

An diesen beiden für Bayern einschneidenden Kriegen war Herzog Max in Bayern, obwohl seit 1857 General der Kavallerie, nicht aktiv beteiligt. Mit bereits 58 bzw. 62 Jahren erlebte er den Deutschen Krieg von 1866, auch Bruderkrieg genannt, und den Frankreichkrieg 1870/71 als außenstehender Beobachter. Sein jüngster Sohn Max Emanuel hingegen, der sich für das Militär begeisterte und 1865 zum

Sekondeleutnant im 2. Ulanen-Regiment „König“ ernannt worden war, nahm an beiden Kriegen teil.

In der kriegerischen Auseinandersetzung zwischen Österreich und Preußen um die Vorherrschaft im Deutschen Bund band Bayern die Bündnispflicht an die Donaumonarchie und Max Emanuel kam in den Gefechten bei Hünfeld und Hammelburg gegen Preußens Armeen zum Einsatz. Kriegsentscheidend wurde die Schlacht bei Königgrätz: Preußen siegte, der Deutsche Bund löste sich bald darauf auf und Bayern schloss neue Schutz- und Trutzbündnisse mit der erfolgreichen Macht im Norden. Im Deutsch-Französischen Krieg von 1870 bis 1871 kämpfte Max Emanuel, der ab 1867 im 3. Chevaulegers-Regiment „Herzog Karl Theodor“ diente, folgerichtig auf der preußischen Seite bei Wörth, Beaumont, Orleans und nahm an der Belagerung von Paris teil. Dem Sieg des Norddeutschen Bundes samt seiner süddeutschen Verbündeten folgte die Proklamation des vereinigten deutschen Kaiserreichs im Spiegelsaal von Schloss Versailles. Die Erhebung des ranghöchsten deutschen Fürsten, König Wilhelms I. von Preußen, zum deutschen Kaiser war für den bayerischen König Ludwig II. allerdings eine Zumutung.

Max Emanuels Karriere im bayerischen Militär gipfelte 1889 in seinr Ernennung zum Generalleutnant. Auch sein Bruder Karl Theodor hatte beide Kriege als Soldat Bayerns erlebt, wenngleich er „den hohen Blutzoll, den die Kämpfe forderten, verabscheute“ und einer militärischen Laufbahn höchst distanziert gegenüberstand. Diese Haltung war auch der Grund, weshalb ihm, im Gegensatz zu seinem Bruder, nie eine eigene Truppe der bayerischen Armee anvertraut worden war. Karl Theodor wollte vielmehr der leidenden Menschheit helfen, weshalb sein Entschluss, Medizin zu studieren und den Beruf des Augenarztes zu ergreifen, nur konsequent war.

Herzog Max verfolgte die Umgestaltungen in deutschen Landen, die beide Kriege mit sich brachten, mit großem Interesse. „Mit tiefer Betrübnis sah er die Mißgeschicke seines Schwiegersohnes, des Kaisers Franz Joseph von Österreich, an dem er mit ganzer Seele hing, in den Kriegen von 1859 und 1866; doch Deutschlands Einigung nach dem großen Kriege 1870/71 und dessen Bündnis mit Österreich begrüßte er mit Freuden und für Kaiser Wilhelm I. hegte er nicht geringe Verehrung."[30] Die Bewunderung, die der Herzog für den „Heldenkaiser Wilhelm I." hegte, war insbesondere König Ludwig II., der die Preußen bekanntlich hasste, ein Dorn im Auge. Im Gegensatz zum König, der Bayerns Eigenständigkeit durch die Reichsgründung bedroht sah, fürchtete Herzog Max keinen Verlust der bayerischen Volksidentität. Auch wenn Bayern unter Preußens Vorherrschaft käme, so würden aus Bayern deshalb keine Preußen. Weshalb sollte man kein redlicher Bayer und zugleich ein guter Deutscher sein können? Das süddeutsche Königreich würde auch im großen Reich in der Lage sein, weiterhin seine Positionen zu vertreten. Ludwigs II. Bündnistreue zu Preußen im Krieg gegen Frankreich und seine Zustimmung zur Kaiserproklamation Wilhelms nach dem Sieg wurden von Herzog Max daher begrüßt.

Interesse für Weltgeschichte und historische Gestalten

Mit zunehmendem Alter widmete Herzog Max seine Aufmerksamkeit mehr als in früheren Jahren weltgeschichtlichen Ereignissen und Umwälzungen. Dabei wanderte sein Blick auch immer öfter auf historische Wendepunkte und Persönlichkeiten, die mit ihrem Handeln Geschichte geschrieben hatten. Zunehmend wurde er sich der Bedeutung bewusst, die eine fundierte historische Bildung für jeden Menschen hat, denn wer die Vergangenheit nicht kennt, kann die Gegenwart nicht verstehen – und ohne Gegenwart gibt es keine Zukunft.

Geschichtliches Wissen eignete er sich durch regelmäßige Zeitungslektüre, aber auch durch das Studium einschlägiger historischer Werke an, die ihm in seiner riesigen Bibliothek reichlich zur Verfügung standen. Vor allem interessierten ihn die weitreichenden Veränderungen, die durch die Reformation im 16. Jahrhundert und die Französische Revolution von 1789 bis 1799 auf religiösem, sozialem und kulturhistorischem Gebiet hervorgerufen worden waren. Außerdem studierte er die Geschichte des französischen Sonnenkönigs Ludwig XIV. und befasste sich mit dem Fall des Hauses Stuart, einer der britischen Herrscherdynastien. Besonders verehrte er den Historiker Ferdinand Gregorovius, dessen Bücher nicht nur ihn, sondern auch seine Frau Ludovika begeisterten, darunter vor allem die „Geschichte der Stadt Rom im Mittelalter" (1859 – 1872) sowie die „Geschichte des römischen Kaisers Hadrian und seiner Zeit" (1851) und „Lucretia Borgia und ihre Zeit" (1874). „Er brannte förmlich darnach, den Autor kennen zu lernen, doch dessen hochfahrendes Wesen stieß ihn ganz ab."[31]

Die Lektüre geschichtlicher Werke regte den Herzog mehrfach zu eigenen Aufsätzen an, die er meist anonym in verschiedenen Zeitungen publizierte. Er wollte sich damit aber nicht nur an erwachsene Leser wenden, sondern sein historisches Wissen auch jungen Menschen vermitteln, wie er dies etwa in seinem 1870 erschienener Band „Historische Erzählungen für die reifere Jugend" erfolgreich versuchte: In den darin enthaltenen Beiträgen stellte er historische Persönlichkeiten vor – darunter Gustav Adolf, Friedrich II. von Preußen oder Kaiser Leopold I. – zusammen mit bedeutsamen Ereignissen der damaligen Zeit wie „Die Eroberung Mexikos durch Cortez" oder „Das Schicksal des unglücklichen Kaisers Maximilian von Mexiko". Die historischen Beiträge, Skizzen und Aufsätze Herzog Max' harren heute noch einer Sammelveröffentlichung und würden einen umfangreichen Band ergeben.

Schlösser und Hofmarken Herzog Max' in Bayern

Herzog Max war als Erbe seines Großvaters Herzog Wilhelm nicht nur mit finanziellen Mitteln reich gesegnet. Auch der Land- und Schlossbesitz, der ihm vermacht worden war, konnte sich sehen lassen: So erbte er von Herzog Wilhelm in Bayern vor allem Schloss Banz, das schönste schlossähnliche Barockkloster Frankens, außerdem von seiner Mutter ausgedehnte Besitzungen in Frankreich, die er jedoch bald verkaufte. Seine Heimat stand Herzog Max in Sachen Grundbesitz eindeutig näher und mit dem Erlös aus der Veräußerung seines französischen Erbguts erwarb er andere Ländereien und drei Schlösser in Bayern. Zudem erbte auch seine Gemahlin Ludovika einige Schlösser, so etwa Schloss Tegernsee und Schloss Biederstein.

Um einen Eindruck davon zu erhalten, über welche Schlösser und Hofmarken Herzog Max verfügte, sollen im Folgenden alle jene geerbten, selbst erbauten und erworbenen Schlösser und Hofmarken vorgestellt, aber auch deren wechselhafte Bestimmung bis in die Gegenwart skizziert werden.

Geerbte Schlösser

Kloster, später Schloss Banz

Die um 1070 auf dem Platz der einstigen Burg Banz gegründete Benediktinerabtei war bis zur Säkularisation 1802/3 das älteste Kloster über dem oberen Maintal. In der zweiten Hälfte des 18. Jahrhunderts genoss es als Stätte der katholischen Aufklärung und aufgrund seiner gelehrten Mönche reichsweit einen hervorragenden Ruf. Fast wäre es im Zuge der Säkularisation untergegangen, hätte nicht Herzog Wilhelm in Bayern den heruntergekommenen Komplex 1814 erworben.

Max' Großvater baute den Abt- und Konventstrakt zum Wohnraum um und nutzte Banz als Sommerresidenz. Hier verfolgte er eine seiner Leidenschaften, die Paläontologie, sammelte gemeinsam mit Gelehrten wie Carl von Theodori Fossilien aus dem dortigen Jura und brachte die Fundstücke im ehemaligen Klosterbau unter. Aus dieser Zeit stammt auch die Wandlung des Namens vom „Kloster" zum „Schloss" Banz. 1837 erbte Herzog Max in Bayern das Schloss, bewohnte es aber nur selten, da er sich mit seiner Familie vorrangig in München und Possenhofen aufhielt.

Nachdem 1918 die Monarchie in Bayern endete, wurde Banz von 1920 bis 1925 von Trappisten gepachtet. Nur die Ländereien blieben zunächst im Besitz der Wittelsbacher, gingen aber durch die Eheschließung von Sophie in Bayern mit dem Erbprinzen Alois von Liechtenstein in das Eigentum des Hauses Liechtenstein über. 1933 wurde das Schloss von der „Gemeinschaft von den heiligen Engeln" erworben, einer 1926 von einem Missionsbischof gegründeten Vereinigung, die sich um die katholische Seelsorge von Deutschen kümmerte, die im Ausland lebten. 1935 löste das Naziregime die Gemeinschaft auf und nutzte den Bau als Lazarett.

Seit 1978 ist das einstige Kloster im Besitz der Hans-Seidel-Stiftung und dient vorrangig als Tagungsstätte. Außerdem beherbergt es die sogenannte Petrefaktensammlung, eine der ältesten paläontologischen Sammlungen in Bayern, sowie eine Ausstellung zur Geschichte des Klosters Banz. Auch die Orientalische Sammlung Herzog Max' in Bayern ist hier aufbewahrt, also jene zahlreichen Andenken, die er von seiner Orientreise im Jahr 1838 mitgebracht hatte.

Schloss Tegernsee

Das von den Benediktinern am Ostufer des Tegernsees um 746 gegründete Kloster, die wichtigste Abtei des Ordens in Oberbayern, hielt der Säkularisation im Jahr 1803 nicht stand. 1817 erwarb König Max I. Josef den Bau als Privatbesitz, ließ ihn zum Schloss umbauen und nutzte dieses als Sommerresidenz. 1818 erweitert er den Besitz durch den Ankauf von Kreuth samt dem darüber gelegenen Kurort Wildbad Kreuth mit seinen Heilquellen und dem Erwerb des herrlichen Naturparadieses Siebenhütten. 1821 kam noch der ehemalige Klosterlehenshof Kaltenbrunn hinzu. Seither gehören diese Besitzungen dem Haus Wittelsbach. Die regelmäßigen Aufenthalte der Wittelsbacher im Schloss, im Tegernseer Tal und in der Gemeinde Kreuth verliehen der Gegend neuen Glanz und bedeuteten langfristig einen enormen wirtschaftlichen Aufschwung für das Tal.

Nach dem Tod Max' I. Joseph war seine zweite Frau Königin Karoline bis 1841 die Besitzerin von Schloss und Ländereien; ihr folgte Prinz Karl von Bayern nach, der jüngere Sohn des Königs aus erster Ehe. Nach dessen Tod 1875 waren Herzogin Ludovika und damit auch ihr Mann Herzog Max in Bayern die Eigentümer. 1876 übergab Ludovika Schloss Tegernsee mit allen Besitzungen an ihren Sohn Karl Theodor, der 1895 die dort gelegene Mönchsgruft zur Gruft der Wittelsbacher in Bayern umbaute.

Von 1909 bis 1958 durfte sich Herzog Ludwig Wilhelm in Bayern, der ältere Sohn aus der zweiten Ehe Karl Theodors, Schlossherr nennen. Derzeitiger Besitzer ist Herzog Maximilian in Bayern. Das Schloss und die Fürstengruft der Wittelsbacher sind für die Öffentlichkeit gegenwärtig nicht zugänglich.

Schloss Biederstein

1803 erwarb König Max I. Joseph von Bayern das kleine Schlösschen Biederstein in Schwabing, damals noch vor den Toren Münchens gelegen, und schenkte es seiner Frau Karoline. 1804 wurde es umgestaltet. 1825 wurden zu beiden Seiten Erweiterungsbauten angefügt. Nach dem Tod des bayerischen Monarchen ging Biederstein lange Zeit durch dieselben Hände wie Schloss Tegernsee: Königin Karoline nutzte die Schlossanlage zunächst als Witwensitz. Nach ihrem Tod 1841 fiel sie an Prinz Karl von Bayern. Ludovika in Bayern erbte das Schlösschen nach dem Ableben des Prinzen 1875, überschrieb es aber bereits im September 1876 notariell ihrem jüngsten Sohn Max Emanuel. Unter den zahlreichen Gästen, die seinerzeit in Biederstein empfangen wurden, war am 25. Juni 1892 sogar Fürst Otto von Bismarck.

Das Schlösschen bestand aus zwei Gebäudeteilen, die beide nicht mehr erhalten sind: 1934 wurde das Neue Schloss, ein Bau im klassizistischen Stil, abgerissen. Das Alte Schloss, ein schlichter zweigeschossiger Bau mit Walmdach, wurde im Zweiten Weltkrieg zerstört. 1945 wurden die Ruinen abgetragen, bevor 1955 an dieser Stelle eine Studentenwohnsiedlung inmitten der Reste der ehemaligen Schlossparkanlage entstand. Vom Schloss Biederstein selbst sind heute nur zwei steinerne klassizistische Torpfeiler mit neubarocken schmiedeeisernen Torflügeln und eine gemauerte Torpfeiler-Einfahrt zu sehen.

Das Münchner Stadtschloss

Herzog-Max-Palais

Eines von König Ludwigs I. prestigeträchtigsten Bau- bzw. Umgestaltungsvorhaben betraf die Münchner Ludwigstraße, die er zu einem einheitlichen Prachtboulevard mit stattlichen Häusern im Stil der Neurenaissance umformen wollte, ohne aber eigene finanzielle Mittel dafür einzusetzen. 1827 konnte der König seinen Vetter und Schwager in spe, den reichen Herzog Max in Bayern, für seinen Plan gewinnen. Dieser erklärte sich bereit, für sich und seine zukünftige Gemahlin Ludovika ein standesgemäßes Palais an der Ludwigstraße 13 zu errichten. Die Außen- und Innengestaltung inklusive der Möbelentwürfe sollte der weit über Bayerns Grenzen hinaus bekannte Baumeister Leo von Klenze (1784 – 1864) übernehmen. Im Frühjahr 1828 wurde der Grundstein gelegt, im Herbst heirateten Max und Ludovika.

Das Palais bestand aus einem dreiflügeligen Bau mit drei Stockwerken und einem sich westlich daran anschließenden vierflügeligen und zweigeschossigen Wirtschaftsgebäude, an das sich wiederum im Westen ein kleiner Park anschloss. Bedeutende Künstler wie der Maler Wilhelm von Kaulbach (1805 – 1874) und der Bildhauer Ludwig von Schwanthaler (1802 – 1848) arbeiteten unter Klenzes Regie an den Ausmalungen und Dekorationen des Palais. Herzog Max äußerte zahlreiche Sonderwünsche. So legte er Wert auf einen herrschaftlichen Balkon, von dem aus er gemeinsam mit der Familie und hohen

Gästen als Generalleutnant und Kreiskommandant des Isarkreises die prächtigen Militärparaden auf der Ludwigstraße erleben konnte. Auch ein „Café chantant" für Konzerte musste ganz im Pariser Stil eingerichtet werden. Der von Ludwig von Schwanthaler im gelben Salon geschaffene 44 Meter lange Bacchus-Fries erregte besonderes Aufsehen. Den Ballsaal schmückte der Mythenzyklus „Amor und Psyche" von Wilhelm von Kaulbach. Höchst modern war die Einrichtung von Badezimmern und Toiletten gestaltet. Nicht nur die herrschaftlichen Gemächer präsentierten sich komfortabel, sondern auch die Unterkünfte des Personals.

Im Oktober 1831 war das Herzog Max-Palais, der schönste Prachtbau der Ludwigstraße, mit seinen riesigen Zimmerfluchten und Festsälen bezugsbereit für das herzogliche Paar samt erstgeborenem Sohn Ludwig Wilhelm. Im Erdgeschoss lagen links vom Vestibül, der Eingangshalle, die Gemächer des Herzogs. Eine Geheimtreppe führte zu den Räumen im ersten Stockwerk, die Ludovika bewohnte. Dort kam am 24. Dezember 1837 als viertes Kind des Herzogspaars Elisabeth zur Welt, die Sisi gerufen wurde und einst die Gemahlin des österreichischen Kaisers werden sollte. Die Räume der Herzogskinder befanden sich im zweiten Geschoss. Zur Eröffnung des Max-Palais wurde ein rauschender Ball veranstaltet. Ein ebensolches Fest fand auch am 28. Dezember 1853 anlässlich der bevorstehenden Hochzeit Sisis mit Kaiser Franz Josef I. von Österreich statt.

Herzog Max vererbte das Münchner Stadtschloss seinem Sohn Karl Theodor. Nach dessen Tod übernahm 1909 Max' Enkel Ludwig Wilhelm das Palais, allerdings ohne sich häufig darin aufzuhalten. Nach dem ersten Weltkrieg wurden Teile des Gebäudes vermietet.

Mehr als hundert Jahre hatte das prächtige Max-Palais Bestand. Doch 1937 musste Ludwig Wilhelm in Bayern den Bau auf Anordnung Adolf Hitlers verkaufen, der anstelle dieses klassizistischen Juwels großklotzige Bauten im typischen Stil der von der nationalsozialistischen Ideologie gepeinigten 1930er Jahre plante. Ausgerechnet am Tag des 100. Geburtstags der Kaiserin Elisabeth wurde mit dem

Abriss begonnen. Zum Glück waren Kaulbachs Fresken und Schwanthalers Bacchus-Fries zuvor abgenommen und sicher aufbewahrt worden. Auch das wertvolle Parkett wurde ausgebaut und blieb zum Teil erhalten. Im April 1938 war das Palais trotz heftiger Proteste verschwunden. An seiner Stelle sollte ein Neubau der Reichsbank entstehen, die Arbeiten mussten 1941 aber infolge von Bombardierungen eingestellt werden.

Nach Kriegsende erstand 1948 bis 1951 ein Zweckbau für die Landeszentralbank, in dem heute die Münchner Filiale der Deutschen Bundesbank residiert. Eine graue Plakette an der Fassade erinnert daran, dass an dieser Stätte Kaiserin Elisabeth geboren wurde und aufwuchs. Eine Gedenktafel für Herzog Max in Bayern sucht man dagegen vergeblich. Das Bankgebäude, in dem leider nur mehr ein kläglicher Rest des Bacchus-Frieses und des Parketts aus dem herzoglichen Palais eingebaut wurden, steht für Besichtigungen nicht offen.

Der Herzogpark

Herzog Max erwarb um die Zeit des Baus seines Palais auch den später nach ihm benannten Herzogpark, ein 1,3 Millionen Quadratmeter großes Areal ungekünstelter Natur nördlich der Bogenhausener Brücke und zwischen Isar und rechtem Isarhang gelegen. Graf Montgelas hatte die Parkfläche 1808 durch den Gartenarchitekten Friedrich Ludwig von Sckell (1750 – 1823) anlegen lassen.

Der Herzog gelangte über eine alte Holzbrücke rasch in seinen Bogenhausener Garten, wo auch die ganze restliche Familie sommers wie winters gern Spaziergänge in der großteils noch völlig unberührten Auenlandschaft am Fluss unternahm. Den Wegesrand säumten Eschen, Weiden und Pappeln und auf den Wiesen blühten Blumen aller Art. Mitten in der reichen Vegetation gab es auch noch einen Weiher und ein Schweizerhaus. Von einer Gärtnerei im Park wurde das Max-Palais an der Ludwigsstraße regelmäßig mit Blumen versorgt. König Ludwig I. von Bayern widmete dem Herzogpark sogar ein eigenes kleines Gedicht.

Zwölf Jahre nach dem Tod Herzog Max' konnten seine Nachkommen diesen Park nicht mehr halten. Im Jahr 1900 ging das Gelände an eine Terraingesellschaft, die es in Bauland aufteilte und es zu einem der heute vornehmsten und teuersten Stadtteile Münchens werden ließ: Herzogpark, ein Teil Bogenhausens, wo noch heute viele elegante Villen stehen. Thomas Mann, der seit 1913 dort wohnte, schrieb über den Herzogpark: „Das ist kein Wald und kein Park, das ist ein Zaubergarten, nicht mehr und nicht weniger."

Neuerwerbungen

Schloss Possenhofen am Starnberger See

1834 kaufte Herzog Max Schloss Possenhofen von Graf Desiderius Basselet von La Rosée und gestaltete es zu seinem Sommer- und Lieblingssitz um. Er ließ das alte, von Herzog Wilhelm IV. von Bayern 1536 erbaute Schloss mit seinen vier Ecktürmchen renovieren. Die den Bau umgebende Ringmauer mit Graben wurde beseitigt und nach Nordwesten hin durch einen Kapellentrakt mit einem Neubau verbunden. Dieser entstand vorrangig aus praktischen Erwägungen, um für die große Familie des Herzogs und seine Hofhaltung Raum zu schaffen.

Im Gegensatz zu dem pompösen Münchner Palais in der Ludwigstraße hatte Max in das kleine Schloss mit dem romantischen Park am Ufer des Starnberger Sees nicht viel investiert. Es war in seiner Ausstattung einfach geblieben, hatte aber mit seinem bescheidenen Komfort einen eigenen Reiz für die ganze Familie. Hier fühlten sich alle wohl und auch Ludovika und Max gerieten hier weit weniger in Streit als in München.

Nach dem Tod der Eltern erbte Karl Theodor das Schloss, das bis 1920 in seinem Besitz blieb. Danach wurde es als Kinderheim genutzt. Etwa 1943/44 wurde sein Sohn Herzog Ludwig Wilhelm gezwungen, Possenhofen an die Nationalsozialisten zu verkaufen, die daraus zunächst ein Schulungszentrum machen wollten. Stattdessen wurden darin ein Lazarett und später ein Müttererholungsheim eingerichtet. 1948 funktionierte es der bayerische Staat zu einer Flüchtlingsunterkunft um. Da Ludwig Wilhelm von einem angebotenen Rückkaufsrecht keinen Gebrauch machte – er zog sich ins Tegernseer Tal zurück –, wurde Schloss Possenhofen 1951 privat verkauft und verwahrloste zunächst zur Werkstatt. Erst 1984 wurden darin 27 komfortable und teure Eigentumswohnungen eingerichtet, weshalb eine Besichtigung der Schlossanlage heute nicht mehr gestattet ist.

Schloss Garatshausen am Starnberger See

Urkundlich erwähnt wurde Garatshausen bereits 742, als Landfried vom Stamm der Agilolfinger anlässlich der Gründung des Klosters Benediktbeuren die Gemarkung „Kararshusa“ dem Kloster stiftete. 1550 errichtete Kaspar Weyler das noch heute stehende Schloss Garatshausen mit einem südlich davon gelegenen Brauhaus. 1699 ging der Besitz an die Familie Schrenkh, von der es 1742 Maria Anna Freifrau von Vieregg erbte, die es wiederum 1760 an Johann Kaspar Reichsgraf Basselet von La Rosée veräußerte – derselbe kaufte 1778 auch das Schloss Possenhofen.

1834 erwarb dann Herzog Max neben Possenhofen auch Schloss Garatshausen von Graf Basselet von La Rosée. Da in Possenhofen genügend Platz für die herzogliche Familie war, stand Garatshausen zunächst über dreißig Jahre lang leer. 1867 überließ Max das Schloss seinem ältesten Sohn Ludwig Wilhelm. In den Jahren 1868/69 stellte dieser es seiner Schwester Sisi für ihre Sommeraufenthalte am Starnberger See zur Verfügung, bevor er es vier Jahre später an eine weitere seiner Schwestern veräußerte: Marie Sophie, Ex-Königin von Neapel und beider Sizilien, die als „Heldin von Gaeta“ im Kampf gegen Garibaldi europaweit bekannt geworden war, kaufte Ludwig Wilhelm Garatshausen 1871 ab.

Die älteste der Töchter von Herzog Max, Helene, die mit dem Erbprinzen Maximilian von Thurn und Taxis verheiratet war, wurde die nächste Schlossbesitzerin. Als sie verwitwet war, hielt sie sich des Öfteren in Garatshausen auf und veranlasste den Bau der Kapelle und des „Neuen Schlosses” im Westen. Durch Helene gelangte der bislang herzoglich wittelsbachische Besitz schließlich an die Fürsten von Thurn und Taxis, die das ursprüngliche Schlossgebäude bis heute als Sommersitz nutzen. 1951 verkauften die Thurn und Taxis das „Neue Schloss" Garatshausen an den Landkreis Starnberg, der darin ein Kreisaltenheim einrichtete. Während das „Alte Schloss" unzugänglich ist, steht ein Teil des unmittelbar am See gelegenen Parks, der zum Seniorenwohnheim gehört, allen Besuchern offen.

Schloss Unterwittelsbach bei Aichach

Die Wasserburganlage Unterwittelsbach bei Aichach wird bereits im 12. Jahrhundert erwähnt: Im November 1115 benannten sich nämlich die Grafen von Scheyern, die Vorfahren der Wittelsbacher, erstmals nach ihrer Burg Wittelsbach.

Diese Burganlage, dreieinhalb Kilometer von Aichach am Rande des Paartals gelegen, kam vermutlich über das Erbe der mächtigen Kühbacher Grafen in den Besitz der Scheyerner, später Wittelsbacher, denen es von hier aus gelang, zu einem der führenden deutschen Adelsgeschlechter aufzusteigen. 1180 wird Otto von Wittelsbach als erster dieses Namens unter dem Titel Herzog von Bayern genannt.

Im 14. und 15. Jahrhundert war die Burg im Besitz der Familie von Sandizell und von 1533 bis 1781 gehörte sie dem Reichsstift Sankt Ulrich und Afra in Augsburg. Und auch wenn sich Unterwittelsbach diese lange Zeit nicht in Händen des Hauses befand, das bis ins Jahr 1918 als Herzöge, Kurfürsten und Könige das Land Bayern regieren sollte, lagen dort doch die Wurzeln der Wittelsbacher.

Vielleicht dachte Herzog Max an dieses historische Erbe, als er 1838 das heute unter Denkmalschutz stehende Schlösschen Unterwittelsbach vom Regierungspräsidenten Ritter Arnold von Link erwerben wollte. Er plante, den Bau als Jagdschloss zu nutzen, und wollte sich wohl auch im Kernland seiner Vorfahren auf einem historisch bedeutsamen Platz niederlassen. Doch Link verkaufte das Schlösschen zunächst an eine Neu-Ulmer und Ulmer Geschäftsgenossenschaft, von der es Herzog Max am 31. Oktober 1838 schließlich zum

Preis von 56.500 Gulden erstehen konnte. Er ließ den auch heute noch von einem Wassergraben umgebenen Bau unverändert, lediglich die alte, baufällige kleine Schlosskapelle wurde abgetragen und durch ein Gotteshaus in neugotischem Stil ersetzt.

1850 vererbte Max das Schloss an seinen Sohn Karl Theodor, von dem es 1909 an dessen Sohn Herzog Ludwig Wilhelm in Bayern ging. Bis 1955 blieb das Schloss in Familienbesitz, wurde aber ab 1940 als Notunterkunft für Flüchtlinge und Heimatvertriebene genutzt. 1955 erwarb es der Fürst zu Fürstenberg als Wohnsitz für seine frisch verheiratete Tochter. 1972 kaufte eine Familie aus München Unterwittelsbach, nur um es bereits 1977 wieder zu veräußern. Von 1977 bis 1999 diente das Schloss als Haupthaus einer Einrichtung zur Erziehungshilfe für Jugendliche.

1999 erstand es die Stadt Aichach schließlich für knapp zwei Millionen Mark und machte es nach einer Restaurierung wieder der Öffentlichkeit zugänglich. Heute beherbergt es ein „Sisi-Museum“, das alljährlich eine Sonderausstellung zeigt. Daneben ziehen verschiedene kulturelle Veranstaltungen – Konzerte, Theatervorstellungen, Vorträge, Künstler- und Antiquitätenmärkte – Besucher an.

Brauerei und Klostergut in Kühbach

1838 erweiterte Herzog Max für 210.000 Gulden seinen Besitz rund um Schloss Unterwittelsbach um die Brauerei Kühbach bei Aichach – dazu die vereinigte Hofmark Rapperzell und Motzenhofen – und 1839 noch um das dazugehörige Klosteranwesen für 43.000 Gulden. 1841 ließ er das Klosterbrauhaus Kühbach samt Ökonomiegebäuden von Grund auf neu errichten. Als das bereits vollendete Gewölbe infolge eines Konstruktionsfehlers einzustürzen drohte, musste alles wieder abgetragen und ein Maurermeister aus München hinzugezogen werden, mit dessen Hilfe der Bau vollendet werden konnte. Bei der feierlichen Grundsteinlegung des Klosterbrauhauses am 22. Mai 1841, an der mehrere Kühbacher und Aichacher Honoratioren teilnahmen, wurde eine kupferne Büchse eingemauert, die eine

Urkunde, die Baupläne, ein Goldstück mit eingeprägtem Bildnis des Herzogs, einige seiner volkstümlichen musikalischen Kompositionen und ein Bockglas enthielt.

Über zwanzig Jahre lang verblieb das „Klostergut zu Kühbach" im Besitz Herzog Max'. Nach einem Brand im Januar 1860, bei dem die Wohn- und Wirtschaftsgebäude größtenteils ein Raub der Flammen wurden und neu aufgebaut werden mussten, verkaufte der Herzog das Klostergut 1862 an den Freiherrn Joseph Anton von Beck-Peccoz, dessen Nachfahren es bis heute besitzen.

Die Hofmark Motzenhofen und Rapperzell

Zu den Gebietserwerbungen des Herzogs, die den Besitz in Nähe seines Jagdschlosses Unterwittelsbach vermehren sollten, gehörte auch die vereinigte Hofmark Motzenhofen und Rapperzell. Unter einer Hofmark verstand man einen Komplex von Grundstücken und Gebäuden, die von einem Edelmannssitz abhängig waren. Herzog Max in Bayern, der Hofmarksherr von Motzenhofen-Rapperzell, wurde durch den Kauf zur Obrigkeit aller dort ansässigen Einwohner und besaß die niedere Gerichtsbarkeit über seine Leute. Die vereinigte Hofmark Motzenhofen-Rapperzell umfasste rund siebzig Anwesen.

Zusammen mit umfangreichen Ländereien in der Umgebung gehörten dem Herzog nun große Flächen im Nordosten des heute als Wittelsbacher Land bezeichneten Gebiets, wozu auch achthundert Hektar Wald zählten.

Die Propstei Holzkirchen bei Würzburg

Die Säkularisation von 1802/3 brachte dem wechselhaften, über tausendjährigen Bestand der Benediktinerpropstei in Holzkirchen westlich von Würzburg in Unterfranken ein jähes Ende. Balthasar Neumann, der wohl größte süddeutsche Baumeister des Barock und Rokoko, hatte der Propstei Anfang des 18. Jahrhunderts noch ihre großartige Zentralkirche errichtet. Ab 1802 wechselten die Besitzer des ehemaligen Klosters ständig, da das Gut nicht mit Erfolg bewirtschaftet werden konnte. So ging es von den Grafen Löwenstein-Wertheim-Freudenberg an Prinz Wilhelm von Nassau-Oranien, dann weiter an Napoleon und seinen Marschall Duroc, an den Großherzog Ferdinand von Würzburg, an Prinz Leopold von Sachsen-Coburg und schließlich an Herzog Max in Bayern, der sich aber wenig um diesen Besitz kümmerte und sich bald wieder, wie seine zahlreichen Vorgänger, von dem einstigen Klostergut samt den Wäldern trennte.

Bis nach dem Zweiten Weltkrieg war die Propstei Eigentum der Grafen Castell. Doch der Verfall des Klosters schritt voran. Nachdem 1965 die Anlage an die Gemeinde Holzkirchen gegangen war, wurde sie restauriert. Heute ist sie wieder eine echte Sehenswürdigkeit des unterfränkischen Lands und beherbergt ein Seminar- und Tagungszentrum von überregionaler Bedeutung.

Herzog Max, der Gesellige

Herzog Max konnte es sich leisten, in seinem Münchner Palais großartige Feste zu geben, denn seine Geldschatullen waren aufgrund des beachtlichen großelterlichen und elterlichen Erbes stets reichlich gefüllt. Ständig von neuen Ideen angetrieben, drängte es diesen unruhigen Geist fortwährend nach Abwechslung und bisher ungekannten Zerstreuungen. Zu seinem Glück erfreute er sich einer unglaublich stabilen Gesundheit – eine wesentliche Voraussetzung für ein unbeschwertes Leben in der damaligen Zeit. Bis ins hohe Alter konnte er beinahe alles tun und lassen, was ihm beliebte.

Bei den festlichen Zusammenkünften und ebenso künstlerischen wie feuchtfröhlichen Runden genoss er es stets, im Zentrum des Freundeskreises zu stehen. Bisweilen erinnerte sein Verhalten sogar an das einer histrionischen Persönlichkeit, d. h. Herzog Max zeigte ausgeprägte Emotionalität, gab sich egozentrisch oder theatralisch und fiel durch ein gesteigertes Bedürfnis nach Aufmerksamkeit, Bestätigung, Anerkennung und Lob auf. Stets war er auf unmittelbare Bedürfnisbefriedigung aus, während seine Frustrationstoleranz gering ausgeprägt war. Oft konnten schon geringfügige Anlässe bei ihm zu Aggressionsausbrüchen führen; dann konnte er, wie es heißt, „fuchsteufelswild“ werden. Manche erinnerte sein aufbrausendes Verhalten auch an entsprechende Aggressionsausbrüche seines Vaters Pius, obwohl Max niemals dessen Gewaltbereitschaft aufwies.

Feste im Münchner Herzog-Max-Palais

Sein Palais an der Ludwigstraße 13 bezog Max zusammen mit seiner Gemahlin Ludovika 1831. Architektonisches Stilelement, wertvolle Innenausstattung und vor allem Symbol für die unbändige Lebenslust des Herzogs war der 44 Meter lange Bacchus-Fries, gestaltet von Ludwig von Schwantaler, mit äußerst freizügigen Szenen als Ausdruck sinnlicher Lust am puren Dasein. In diesem Fries hatte der Künstler das antike Leben derart offenherzig und lebendig dargestellt, dass sich die Betrachter darüber ihre Mäuler zerrissen. Bacchus, der Gott des Weines, des Rausches, der ungezähmten, wilden Lebens- und Sinnenfreuden, umgeben von ständig betrunkenen Satyrn und rasenden Mänaden – wie die zügellosen Frauen in seinem Gefolge heißen –, ist kein Kind von Traurigkeit. Er feiert, den Sagen nach, bekanntlich tagelang exzessive Feste mit wilder Musik, ekstatischen Tänzen, ausgelassenen Spielen und Theateraufführungen. Für Max scheint er jedenfalls ein nachahmenswertes Vorbild gewesen zu sein.

In nur wenigen Jahren machte Max sein Palais zum gesellschaftlichen Mittelpunkt Münchens. Geschichten über die dort stattfindenden Ballfeste, Konzertabende und Zirkusvorstellungen wurden regelmäßig zum Stadtgespräch. Seine Empfänge waren legendär. „Es war ein Festtag für mich", erinnert sich Luise von Kobell-Eisenhart (1828 – 1901), die Tochter des Dichters Franz von Kobell, „wenn ich mit den Eltern zu einem Ball bei dem Herzog Max fahren durfte. An der Türe seines schmucken Empfangszimmers bewillkommnete der hohe Fürst mit verbindlichem Gruß jeden Gast; den Frauen und Mädchen reichte er je einen Blumenstrauß. Im Tanzsaale spendeten Springbrunnen unter herrlichen Blattpflanzen Kühlung. Das Orchester schmetterte hinter grünem Buschwerk seine Einladung zum Tanze hervor. Wie wurde ihr Folge geleistet! Alt und Jung tanzte, plauderte und lachte. Beim Souper trieb der Champagner auch seine geistigen Blüten, denn mancher Gast war ein Meister der Rede, und dafür, daß sich dieselbe in froher Tonart bewegte, war reichlich gesorgt."[32]

Die fantasievollen Veranstaltungen und prunkvollen Feste des Herzogs brachten frischen Wind ins einförmige Münchner Hofleben und zählten zu den originellsten der ganzen Stadt. Bei einem brachte „der lustige Herzog Max", so eine Schilderung Hyacinth Hollands, seines Zeichens Kunst- und Literaturhistoriker, beispielsweise „700 Tänzer und Tänzerinnen zu einem Maskenfest aufs Parkett seines Palais und die Stimmung war glänzend bis in die frühen Morgenstunden. Er selbst führte eine Quadrille von ungarischen Bauern und Bäuerinnen an […] Zwölf Offiziere stellten Grenadiere mit Riesenköpfen dar, die sich plötzlich in Aragonesen verwandelten und deren Tänze vorführten.“[33]

Der Zirkus

Besonderes Aufsehen erregte der hauseigene Zirkus im Hof des Palais, an dem Herzog Max ganz besondere Freude hatte. Seine enorme Begeisterung für das bunte Zirkustreiben wurde in Max’ Jugend durch seinen Lehrer Benedict von Holland geweckt, der den damals Zwölfjährigen in den Jahren 1820/21 mehrmals auf Besuch in die Wohnung seines Bruders, des Kreis- und Stadtgerichtsdirektors Dr. Christoph Holland, Vater Hyacinth Hollands, mitgenommen hatte. Diese Wohnung lag an der Münchner Glockenstraße 7: „Von dort konnte man auf den Dultplatz, den heutigen Maximiliansplatz, hinunterschauen, wo während der zweimal im Jahr je vierzehn Tage lang stattfindenden Dulten […] oben offene Zirkuszelte und Kunstreiterbuden aufgestellt waren, deren Vorführungen Max von den Fenstern der Wohnung Dr. Hollands aus verfolgen konnte.“[34]

Diese Eindrücke prägten den jungen Herzog offenbar derart, dass er sich später in seinem Palais einen eigenen Zirkus einrichtete. Er befand sich an der nordwestlichen Ecke des ummauerten Gartens an der Fürstenstraße und war ein zeltgedeckter runder Bau. Nachdem die Arena, das mit Logen und Sperrsitzen ausgestattete sogenannte Hippodrom, 1831 fertiggestellt worden war, wurden der Münchner Adel und alle Freunde zu einer Galavorstellung eingeladen, als deren „Star“ kein Geringerer als Max selbst auftrat. Wann immer ihm in den folgenden Jahren danach war, ließ er auch spontan Gäste von der Straße zu der ein oder anderen Vorführung ins Palais bitten. Dieses bunt zusammengewürfelte, bürgerliche Publikum erlebte dann seinen Herzog in der ungewohnten Rolle des Artisten.

Im Mittelpunkt standen die Reiterkunststücke hoch zu Pferde. Max ritt auf den Prachtexemplaren seines Stalls die Spanische Schule und führte auf besonders gelehrigen Tieren außergewöhnlich kunstvolle Dressuren vor. „Wenn ma koane Prinzn waarn, wär ma Kunstreiter wordn", soll er einmal gesagt haben. Seine Tochter Sisi, die bekanntlich zu einer hervorragenden Reiterin heranwuchs, war von dem Zirkusspektakel besonders fasziniert und durfte bisweilen selbst in der Manege reiten, während Max über ihre Künste staunte. Sicher war ihr erster und wichtigster Reitlehrer ihr Vater Herzog Max selbst, der sich als „hervorragender Reiter und Pferdepsychologe" hervortat, als „ein Dresseur, der es mit den besten Leuten seines Fachs aufnahm"[35], wie Max' Schwiegertochter Herzogin Marie José einmal konstatierte.

Heiterkeit erzeugten bei den Zuschauern auch lustige Reiterpantomimen mit Titeln wie „Der abfahrende Doktor oder Braut oder Pferd", „Kapitän Cook" und „Ibrahim oder ein Tag in Algier". Dazu wurden Reiterquadrillen vorgeführt – eine Spezialform des Formationsreitens – und riesige Spektakelstücke mit wilden Pferden und Jagd- und Parforceritten sorgten für Spannung. Die Knalleffekte bei Soldatenspektakeln mit Belagerungen, etwa die Pulverturm-Explosion bei der „Einnahme von Szigeth" oder „Der Fall von Missolunghi" wurden über die ganze Stadt München vernommen und rissen die Leute aus den Betten. Außerdem traten Clowns und Balletttänzer des Hoftheaters auf. Mitunter soll Max sogar selbst als Clown seine Späße gemacht haben.

Immer toller trieb es der Herzog. „So wurden", nach Auskunft Hyacinth Hollands, „beispielsweise Festwagen mit Apollo auf dem Parnaß und den neun Musen hereingezogen oder ein lichter Tannenwald mit der Göttin Diana und ihrem leichtgeschürzten Jagdgefolge, wobei die veilchenlockigen Damen plötzlich mit wohlklingenden Männerstimmen den ‚Jäger aus der Churpfalz' intonierten, welchen der herzogliche Wagenlenker als Endymion im echtesten anachronistischen Postillon-Kostüm als Pistonbläser begleitete. König Ludwig brach in das fröhlichste Lachen aus über diesen ‚Herrn Schwager'."[36]

Erst Anfang der 1840er Jahre wurden die Zirkusvorstellungen nach und nach eingestellt. Herzog Max gab den Platz als Reitschule der Allgemeinheit zur Verfügung und wandte sich ab 1844 anderen Geselligkeiten wie Herrenabenden im kleinen Kreis zu.

Das Haustheater

Auch ein eigenes weiß-blau gestreiftes Haustheater, das einem Zelt nachempfunden war, hatte Herzog Max in seinem Palais einrichten lassen. Wo es genau untergebracht war, ist nicht mehr bekannt. Hier wurden nicht nur die Stücke aus seiner eigenen Feder aufgeführt, sondern auch die der befreundeten Dichter. Dabei traten immer wieder auch Mitglieder des Hoftheaterensembles auf. In einem Bericht des Münchner Tagblatts vom 3. März 1834 heißt es: „Auf dem Haustheater seiner Hoheit des Herrn Herzog Max finden von Zeit zu Zeit dramatische Vorstellungen statt.“[37] Und am 14. März 1839 wurde berichtet: „Im Palaste seiner Hoheit des Herrn Herzog Max fand die zweite theatralische Vorstellung in französischer Sprache statt, bei welcher die sämtliche königliche Familie und eine große Anzahl hoher Herrschaften gegenwärtig war. Nach der erst spät beendeten Vorstellung begann das Souper, das sich bis nach Mitternacht hinzog.“[38] Gelegentlich führten auch Hofballetttänzer Grotesktänze auf.

In den 1840er Jahren stellte der Herzog die Theaterveranstaltungen, wie auch schon die Spektakel im eigenen Zirkus, ein, bedauerte dies später aber wie etwa in einem Brief an den Schriftsteller Josef Friedrich Lentner vom 5. März 1849 zu lesen ist: „Ihre dramatische Szene der ‚Ju-Schroa', hat mir so wohlgefallen, daß ich bedauere, dieselbe nicht auf meiner Privatbühne, die ich habe eingehen lassen, aufführen lassen zu können.“[39]

Gaudium an Fasching und Konzerte zur Fastenzeit

Besonders zur Faschingszeit sprühte die Fantasie des Herzogs. Es fanden aufwendige Kostümbälle und Maskenquadrillen in den mit Blumen übersäten Festsälen des Palais statt, die bis in die frühen Morgenstunden dauerten. Bis zu siebenhundert Tanzpaare vergnügten sich auf dem Parkett und oft führte Max selbst die Quadrille an. Dabei wurden die Gäste mit erlesenen Köstlichkeiten verwöhnt und Münchner Bier oder köstlichste Weine flossen in Strömen. Mitunter wurden „große Pappschachteln in Form von Tassen, Zuckerdosen und Kaffeekannen hereingefahren, denen Rokokodamen und -herren als Porzellanfiguren entstiegen und Tänze ihrer Zeit tanzten“[40]. Und natürlich liebte der Herzog als leidenschaftlicher Tänzer vor allem den „Frassä“, wie der französische Kontrasttanz Française in München genannt wurde. Dabei handelt es sich um einen mit der Quadrille verwandten Tanz, bei dem sich zwei oder vier Paare gegenüber stehen und in sechs Touren reizvolle Figuren ausführen. Solche Tänze waren im 19. Jahrhundert große Mode. Max komponierte auch selbst Musik für den „Münchner Frassä“, so etwa die „Hubertusquadrille“.

Nicht weniger eifrig wurde gedichtet. Zu allen möglichen Gelegenheiten widmete man sich gegenseitig mehr oder minder gelungene Verse. Bisweilen spielte die herzogliche Familie sogar selbstverfasste Stücke, die im kleinen Theater des Palais zur Aufführung kamen. Zur Zitherbegleitung ließ der Hausherr außerdem Schnaderhüpfl und Couplets aus seiner eigenen Feder hören, an denen ein Johann Nestroy seine helle Freude gehabt hätte.

„Zur Fastenzeit“, so Luise von Kobell-Eisenhart, „erließ der Herzog Einladungen zu seinen Konzerten. Man traf dort die gleiche Gesellschaft wie auf den Bällen. Wieder waren die Räume in entzückende Gärten verwandelt. Nirgends ein Gedränge, da eine Bank unter Rosen, dort ein Stuhl unter grünem Bux oder Kamelienflor. Bald trug ein Mozart'sches Quartett für Streichinstrumente die Gedanken aufwärts, bald zauberte des Herzogs eigenes Zitherspiel oder das Petzmayers den Zuhörer in die Gebirgswelt und in deren frisches Tun und Treiben. In den Pausen nahmen Herren und Damen Erfrischungen zu sich, wandelten in heiterer Unterhaltung auf und ab, nirgends eine Dissonanz, selbst in der Luft nicht, denn sie war nicht heiß, nicht kühl, sondern mit ihrem Blumenduft recht dazu angetan, die Musik mit vollen Zügen genießen zu lassen. Gepriesen sei der Schöpfer solch edler Lebensgenüsse!“[41]

„König Artus Tafelrunde“

Von 1843 an hatte der Herzog wöchentlich einmal seine eigene „Tafelrunde“ mit 14 „Rittern“, wie er sie nannte, bei sich im grünen Salon zu Gast. Er selbst stand natürlich als „König Artus“ dieser Runde vor, bei der Gesang, Poesie und Scherzreden den Mittelpunkt bildeten. Auch belebende Gespräche kamen nicht zu kurz. Herrschten zu Beginn nur Heiterkeit und Frohsinn, wurden mit fortschreitendem Abend durchaus auch ernste und geistreiche Themen behandelt, ohne dass der Humor jedoch völlig verbannt worden wäre.

Während die ursprünglichen Ritter der Tafelrunde seit dem späten 12. Jahrhundert in zahlreichen mittelalterlichen Texten nach dem heiligen Gral suchten – der Schale bzw. dem Becher, den Jesus Christus der Legende nach beim letzten Abendmahl mit seinen Jüngern geteilt haben und in dem bei der folgenden Kreuzigung sein Blut aufgefangen worden sein soll; das Gefäß soll deshalb Unsterblichkeit bringen –, strebten die Ritter des Bayernherzogs Max nicht nach so edlen und frommen Dingen. Wenn die Satzung bestimmte, dass „Ebentheuer“ – Abenteuer – gesucht und „Ungeheuer bekämpft“ werden müssten, dann waren damit ausschließlich „lukullische Fehdezüge“ gemeint: Bei diesen Festen flossen vorzügliche alkoholische Getränke in großen Mengen, um nach mittelalterlichem Vorbild „Scharpfrennen“ – Turniere mit scharfen Waffen – zu bewältigen. Es galt, edle Tropfen zu bezwingen und im Kampf trockene Kehle gegen verlockenden Wein diesen Widersacher zu „vernichten“ wie etwa „die Gräfenberger, Hochheimer, Niersteiner, Rüdesheimer, auch etwelch' Franzmänner und Welsche, die Burgunder, die Herrn von Guyenne, von Pontae, Haut-Brion, Champagne, und andere Söhne des Bacchus, die auf Deutschlands und Frankreichs besonnten Rebenhängen gezeugt worden waren“[42]. Dies war natürlich nur mit einer gewissen Trinkfreude und -festigkeit zu bewältigen.

Während des kompromisslosen Kampfs gegen die zahlreichen „Ungeheuer“, durften sich die Gäste bei der „Birsch auf wilde Sauwen, Edelhirtzen und Hindinnen wie auch auf wild Gevögel“ ein köstliches

Mahl munden lassen, wobei es auch „Auerochsen, Schildkröten und bös' Gemuschel"[43] mithilfe von Messer und Gabel zu vertilgen galt.

In dieser dem Witz und dem Vergnügen gewidmeten Gesellschaft erhielten die Teilnehmer – darunter Adelige, Künstler, Musiker, Politiker, Juristen, Forscher, Großkaufleute, Theologen – besondere Namen: Graf Franz von Pocci, der das Amt des „Kanzlers" innehatte, trieb als „Popo von Ammerland" seine Späße. „Truchseß" war der Advokat und spätere Parlamentarier von Schauß, scherzhaft „Bomsen von Schaustein" tituliert. „Schenk Dietrich von Zell" hieß der aus wohlhabender Familie stammende Joseph von Schilcher, bei dem Herzog Max einige Male zur Jagd in Dietramszell geladen war. Als „Jäger und Falkenmeister" fungierte Hubert von Zinnenberg, Graf Max von Arco-Zinneberg gab den „Marschalk Hausl von der Hackenbüchs". Der Hofmarschall des Herzogs, Baron von Heusler, trat als „Pfaff Pater Innocenz von St. Blasii" auf und der Architekt Fritz von Gärtner als „Meistersänger Kuno von Stein". Franz von Kobell war „Erster Kammerere Kraft von Oberappelstein". All dies verrät einen ausgeprägten Sinn des Herzogs für Albernheiten und Nonsens, den seine Kameraden offenbar mit Freude teilten. Später kamen noch etliche andere zur „Tafelrunde" hinzu, darunter der Generalstabsarzt Dr. von Lotzbeck und Kaspar Braun, der Begründer der bekannten „Fliegenden Blätter", sowie Professor Dr. Holland von der philosophischen Fakultät der Münchner Universität.

Bei den Treffen hatte man in Straßentoilette zu erscheinen. Jeder Ritter musste „[e]in Kreuzlein mit dem Wahlspruch tragen: In dieser Rund' zählt keine Stund' . [...] Die Geladenen wurden Schlag 7 Uhr mit Wagen abgeholt und auf gleiche Weise heimbefördert." Die Tafelrunde tagte im „grünen Salon mit den goldenen Flügeltüren"[44]. Begrüßt wurden die Gäste von „König Arthus", alias Herzog Max, mit den Worten:

Vergeßt in meiner Halle,
Was euch das Herz betrübt;

Vergeßt der Leiden alle,
Die euch das Leben gibt.

Denkt nur an Freud' und Wonne,
Versenkt den Gram im Wein,
Der perlet aus der Tonne,
Gereift im Sonnenschein.

„Zuerst führte der Herzog seine Gäste ‚auf Reisen', indem er prächtig beleuchtete Stereoskopbilder und Photographien ferner Länder schauen ließ. Nach dem Mahl entspann sich eine lebhafte Unterhaltung bei Bier und Zigarren, wobei die neuesten illustrierten Zeitschriften, Bücher und Musikalien von Hand zu Hand wanderten. Ernste Gespräche wechselten mit heiteren Scherzreden, Deklamationen und Klavier- und Gesangs- oder Zithervorträgen; zuweilen spielte der Herzog selbst mit Petzmayer Zitherduette oder sang Schnaderhüpfel. Zuletzt wurde Champagner gereicht."[45]

Die Speisen wurden „auf silbernen Tellern" serviert und getrunken wurde „aus silbernen Humpen"[46]. Ein riesiges Kelchglas bildete den „Gral" der ritterlichen Runde, der mit vier Flaschen vorzüglichstem Wein gefüllt war und von dem jeder nach einem besonderen Zeremoniell kosten durfte. Bewirtet wurde die Gesellschaft nicht nur im grünen Salon, sondern auch im „Café chantant". Natürlich durfte geraucht werden, schließlich genoss der Herzog selbst gerne den ein oder anderen Zigarillo oder zündete sich seine Pfeife an. Wenn sich Max gegen Mitternacht zurückzog, verabschiedete er sich stets mit der Aufforderung, jeder möge so lange bleiben, wie es ihm gefalle. Und das ließen sich die Gäste nicht zweimal sagen.

Manche verglichen die Tafelrunde des Herzogs mit den späteren „Symposien" von König Maximilian II., bei denen die Teilnehmer allerdings „Nordlichter" waren, also aus dem Norden der deutschen Lande kamen, während Max meist nur „Eingeborene", also Bayern in seiner Tafelrunde begrüßte.

Veranstaltungen „Alt-England"

Auch bei den Treffen der Vereinigung „Alt-England" – die Herrengesellschaft war 1819 u. a. von dem Architekturmaler Wilhelm Gail gegründet worden – standen Geselligkeit und Humor im Mittelpunkt. Hier trafen sich viele bekannte Persönlichkeiten aus hohem Adel und gehobenem Bürgertum, darunter Grafen, Herzöge, Freiherren, Minister und Männer aus Wissenschaft und Kunst. Auch Herzog Max erschien gern im Versammlungslokal dem „Englischen Kaffeehaus", das etwa an der Stelle des heutigen Bernheimer-Hauses am Lenbachplatz stand.

1845 wurde Max offiziell Mitglied bei „Alt-England", durfte sich nun, wie alle Mitglieder, „Lord" nennen und erhielt bei seinem Eintritt auch ein eigenes Mitglieder-Wappen. Hier machte er die Bekanntschaft mit „ Alt-Englands" Hausdichter, Franz von Kobell, der dem „Lord Maximilian in Bayern" folgende Verse widmete:

Schenkt ein vom allerbesten Wein,
Den fröhlichsten, den schenket ein
Und schwingt das Glas für Weiß und Blau.
Das ist die schönste Farbenschau,
Und grüßend es erklingen laßt
Dem liebsten Wirth, dem liebsten Gast,
Dess' Name freudig stets genannt,
Dem Herzog Max im Bayerland![47]

Bald entstand zwischen Kobell und dem Herzog eine enge Freundschaft, die bis zu Kobells Tod 1882 halten sollte.

In der Vereinigung „Alt-England" gab es viele heitere Bräuche. Wer etwa besonders gelungene humorvolle Gedichte oder Leberreime vortrug – eine Art improvisiertes Scherzgedicht im Wechselspiel zweier Sprecher; ersterer eröffnete stets mit denselben Worten „Die Leber stammt (ist) von einem Hecht und nicht von" und vervollständigte den Vers mit einem beliebigen anderen Tier, worauf sein Gegenüber eine zweite Zeile mit Reim und Pointe spontan ergänzen musste –, aber auch mit einem wissenschaftlichen Vortrag glänzte, der wurde mit einem „Goldenen Nagel" ausgezeichnet, der als eine Art Pour le Mérite-Orden galt. Auch Herzog Max verdiente sich diese Auszeichnung mit so manchem Beitrag. Überliefert ist folgender Leberreim: Auf die ihm vorgetragene erste Verszeile „Die Leber ist von einem Hecht und nicht von einem Zobel" antwortete Max schlagfertig: „Zum Trinken tauge ich, zum Dichten taugt der Kobell."

Wie sehr Max an der Vereinigung „Alt-England" hing, zeigt auch dieser Leberreim aus dem Jahr 1857, den er den Mitgliedern widmete: „Die Leber ist vom Hecht und nicht von einem Lachs / Es vergißt euch nimmer euer alter Max." Und in der Tat vergaß der Herzog auch in späteren ruhigeren Jahren diese Gesellschaft nicht, deren Herren sich auch wiederum gern von ihm einladen ließen. Am 3. Dezember 1881, dem Vorabend von Max' 73. Geburtstag, dichtete Kobell noch folgende Verse auf den spendablen Freund:

Wär' unser Herr Herzog nicht geboren,
So säßen wir heute gewiß nicht hier
Und wären die Schampusflaschen verloren,
Die seiner Tafel liebliche Zier [...]
Drum hat ein glücklicher Stern gewacht,
Als der Storch den kleinen Prinzen gebracht,
Den wir freudig als Herzog verehren
Und der uns manch schönes Symposium schuf[48]

Gleichwohl verlor Herzog Max mit zunehmendem Alter nicht nur die Freude an seinem Zirkus im Münchner Palais. Auch das nach Pariser Vorbild eingerichtete „Café chantant" spielte nur noch im Fasching eine Rolle. Statt ausgelassen als Gastgeber oder Mitglied einer fröhlichen Gesellschaft auf diversen Festen zu tanzen, zu dichten oder zu räsonieren, widmete er sich nun vermehrt der Lektüre von Memoiren und geschichtlichen Werken. An seinen Freund Kobell schrieb der nunmehr schon Sechzigjährige Herzog 1868: „Auch ich denke gar oft der Stunden, die wir fröhlich beisammen verlebten. Das waren glücklichere Zeiten als die gegenwärtigen, wo man Haß und Verleumdung in so hohem Grade noch nicht kannte als heutigen Tags."[49]

Vielleicht war Max' allmählicher Rückzug aus dem öffentlichen Leben auch ein Zeichen beginnender Resignation und depressiver Zustände, die sich bei ihm mit fortschreitendem Alter auch immer häufiger Bahn brachen. Die Anfänge derartiger melancholischer Stimmungsschwankungen zeigen sich oft darin, dass die Betroffenen weniger Interesse an ihrer Umwelt haben, sich isolieren und die Lust an Aktivitäten verlieren, die ihnen bislang Spaß bereiteten. Eine solche Wandlung des Wesens vom fröhlichen offenen Gemüt hin zu Zurückgezogenheit und Schwermut bzw. ein solches Hervortreten von Melancholie wurde nicht nur von Herzog Max berichtet, es scheint auch bei einigen seiner Töchter des Öfteren aufgetreten zu sein, so etwa bei Sisi und Sophie, von denen je Phasen von Ennui und Depressionen bekannt sind.

Wie zwei seiner engsten Freunde, Franz Graf Pocci und Franz von Kobell, befasste sich auch Herzog Max mehr und mehr mit der Endlichkeit des Lebens, mit dem Tod. Pocci schuf an die hundert Totentanz-Bilder, in denen er den Tod als in seiner Gerechtigkeit unerbittlich darstellt: Hoch oder niedrig, arm oder reich, alt oder jung – vor ihm sind die Menschen alle gleich! Besonders bekannt wurde Poccis „Totentanz in Bildern und Sprüchen" von 1862, anhand dessen er die ständige Bedrohung des Lebens durch den Tod als Teilelement eben jenes Lebens verdeutlicht. Die Lebenszeit verrinnt mit jedem Tag unaufhaltsam wie der Sand im Stundenglas. Dieses sprichwörtliche *Memento mori* (lat. „Bedenke, dass du sterblich bist.") bzw. *Venit hora* (lat. „Die Stunde [des Todes] kommt.") hallte auch in Herzog Max' Gedanken wider und wühlte ihn besonders an den offenen Gräbern seiner früh verstorbenen Freunde auf. Im 19. Jahrhundert war die Lebenserwartung der Menschen bekanntlich kurz. Noch um das Jahr 1875 kam der durchschnittliche hart arbeitende, sich mehr schlecht als recht ernährende und unter verheerenden hygienischen wie medizinischen Bedingungen lebende Mann im Deutschen Reich über eine Lebenszeit von gut 35 Jahren nicht hinaus; Frauen durften durchschnittlich auch mit kaum mehr als 38 Jahren rechnen.

Franz von Kobell befasste sich in seiner „Geschichte vom Brandner Kasper" mit dem ewigen Drama um Leben und Tod. Hier vermag es der alte Brandner Kasper, der dickköpfig an seinem Leben festhält, die Allmacht des als „Boandlkramer" personifizierten Tods und die der himmlischen Schicksalsmächte mit seiner Schlitzohrigkeit zu brechen. Zuletzt siegt aber doch die Aussicht auf die Freuden der paradiesischen Ewigkeit gegen den schier unbändigen Lebenswillen des Alten.

Angesicht des Tods sehnt sich der Mensch danach, seinem Leben einen tieferen Sinn zu verleihen, d. h. sich nicht nur hemmungs- und gedankenlos den vielen Genüssen des Lebens hinzugeben, was besonders für Adelige, die sich das Vergnügen auch leisten konnten, stets verlockend war. Pocci mahnte die Vergänglichkeit allen irdischen Vermögens und Tands an und forderte die Besinnung auf die Menschlichkeit, den einzig wahren „Schmuck", den der Erdenbürger über die Schwelle des Grabs mitnehmen kann:

> Sei menschlich immer — und nie schäme dich's zu sein;
> Das Erste ist der Mensch — das And're Zutat
> An Ehrenflitter, der nur diesseits gilt.
> Die Menschlichkeit nimmst Du in jene Räume,
> Wo unbekleidet sich die Seel' entpuppt. (…)[50]

Fast sieht es so aus, als ob Pocci, für den „wahrer Adel" darin besteht, sich der Verantwortung für die Gemeinschaft bewusst zu sein und danach auch zu handeln, allen Adeligen, so auch Herzog Max zurief, er möge statt mit Schwertern mit des „Geistes Waffen" kämpfen:

> Mit edlem Beispiel geht voran, der Ehre Banner
> Hochschwingend, daß die and'ren gern auch folgen!

> ‚Hie sind wir' rufet, wenn es gilt zu wahren
> Das Vaterland und jede fromme Sitte!
> ‚Hie sind wir' rufet, wenn die Wissenschaften
> Und Künste suchen treuer Pflege Schutz;
> ‚Hie sind wir' auf den Feldern, in den Wäldern,
> In Schlössern und in Städten Schutz und Trutz! (…)[51]

Diesen Mahnungen und Rufen folgte Herzog Max in Bayern, indem er von seinen ehemals rauschenden Festen abließ und sich mehr und mehr der Förderung kultureller Bestrebungen wie Volksmusik, Dichtung oder auch Brauchtumspflege widmete, sich in kleinen geselligen Runden philosophischen Betrachtungen und sogar in völliger Zurückgezogenheit selbstgesetzten geistigen Aufgaben hingab.

Sommerresidenz Schloss Possenhofen

Idylle am Starnberger See

Während Herzog Max den Großteil seines Lebens Freude an aufwendigen Festen hatte, die er am liebsten in seinem Münchner Stadtpalais zelebrierte und die besonders in den Wintermonaten mit kurzen, trüben Tagen und dafür umso längeren Nächten Gäste und Gastgeber begeisterten, zog es seine Frau und mehr noch die Kinder vor allem zum ländlichen Schloss Possenhofen. Sie warteten zu Beginn des Frühlings sehnsüchtig darauf, dass es wärmer wurde und man endlich in die bescheidene, aber dennoch märchenhafte Sommerresidenz am Starnberger See mit ihren vier Ecktürmen, den von Efeu überwucherten Fassaden und der kleinen Schlosskapelle übersiedeln konnte. Possenhofen, umgeben von seinem parkähnlichen Garten mit schier endlosen Wiesen, strahlte eine rustikale Atmosphäre aus und war viel heimeliger und gemütlicher als das Stadtpalais. Hier erwartete die Familie ein ungebundenes Landleben. Hier konnte man sich gehen lassen, weil das Leben jenseits des steifen höfischen Protokolls verlief. „Possi" wurde das Schlösschen von allen liebevoll genannt.

Über die Schönheit der Landschaft geriet sogar der Historiker Michael Dirrigl in poetisches Schwärmen: „Mit diesem Stück Erde verbanden sich unvergessliche Natureindrücke: wenn im Frühling aus lindgrünem Wiesenrain das erste Blütengold brach, dem firnenen Berglicht nah, das – hinter Wolkenschatten – endlose Fernen und Höhen durchwandert. Die Berge, eine Allmacht des Großen, gewaltig im Frühlicht wie in einsinkender Dämmerung, zugesellt der dunklen Wälderwoge. Nachdenklichkeit sah Blüh und Blätterfall, den großen herbstlichen Schatten im Nebelzug, das Nordreich des finsteren Albenzaubers voll Sagen und Mären, den grauen Dämmerungshimmel in der Stimmung des Vorschöpfungstages. Solche Landschaft befreit von aller Enge und Nähe, sie flößt ihren Menschen Unverlierbares ein, nicht zuletzt an Menschlichkeit und Heimatliebe."[52] Wer in dieser malerischen Umgebung des Starnberger Sees aufwuchs, der wurde für sein Leben geprägt.

Als Sisi Kaiserin von Österreich wurde, sprach man am Habsburger Hof abfällig von der „bayerischen Bettelwirtschaft" am Starnberger See. Da half es auch nichts, dass Elisabeths Hofdame, Gräfin Marie Festetics dies als Verleumdung bezeichnete. Sie war der Ansicht: „Das Haus ist einfach, aber gut geführt, sauber, nett, gute Küche, ich fand keinen Prunk. Es ist alles wohltuend altmodisch, aber vornehm und nichts von einer Bettelwirtschaft, wie meine Colleginnen von einst und jetzt vorerzählten."[53]

Possenhofen war das Reich Ludovikas, die infolge der häufigen Abwesenheit ihres Gemahls als allein erziehende Mutter von acht Kindern, die sie liebevoll „Mimi" nannten, zurechtkommen musste. Ihr Wirkungskreis bezog sich auf das Haus. Für Politik interessierte sie sich wenig. Dem Wiener Hof gegenüber hatte sie eine gewisse Scheu und auch mit dem Münchner Hof wollte sie wenig zu tun haben – wahrscheinlich auch eine Folge ihrer eigenen Auffassung, auf der gesellschaftlichen Leiter mit der Heirat eines simplen Herzogs abwärts gestiegen zu sein.

Ihr vorrangiges Ziel war es, ihre Töchter später einmal mit respektablen Männern aus dem hohen Adel, am liebsten gleich mit Königen oder Kaisern, zu verheiraten. Ihre beiden wichtigsten Erziehungsprinzipien lauteten: „Surtout ne pas monter l'imagination!" – aus dem Französischen übersetzt: „Auf keinen Fall die Phantasie hochkommen lassen!" – und „Il faut que les princesses apprennent a s'ennuyer avec grace." – „Es ist wichtig, dass die Prinzessinnen lernen, sich mit Grazie zu langweilen." Sie und die Gouvernanten versuchten daher, wenn auch meist erfolglos, zu verhindern, dass die Herzogstöchter mit Bauernbuben über die Felder jagten, auf Bäume kletterten oder wilde Ausritte hoch zu Pferde vollführten.

Traumreich der Herzogskinder

In Possenhofen verliefen die Tage insbesondere für die Kinder erheblich aufregender als im feinen Stadtpalais in München. Hier erlebten sie Natur pur. Auch wenn es die Mutter im Fall der Mädchen nicht gern sah, konnten sie durch den Park mit seinen herrlichen Rosengärten toben und im unmittelbar an die Wiesen und das Schloss anrainenden Starnberger See schwimmen und angeln. Vor allem aber gab es jede Menge Tiere, darunter Kühe, Pferde, Schafe, Hühner, ja auch Rehe und Hirsche und in den Salons tummelten sich Hunde und Katzen. Sisi kümmerte sich um ein Reh, ein Lamm sowie um ein paar Kaninchen. Sie besaß sogar eine kleine Perlhühner-Zucht.

In einer solchen zum ungezähmten Spaß im Freien reizenden Umgebung fiel den Kleinen natürlich das Lernen erheblich schwerer und die Lehrer und Erzieher hatten ihr liebes Kreuz mit den herzoglichen Sprösslingen. Vor allem Sisi soll fortwährend unruhig gewesen sein. Sie hatte, wie es hieß, den „Zappel", der sich nur beim Herumtoben oder bei langen Ausritten etwas legte. Der Vater verstand es zusätzlich, die Erziehungsversuche seiner Frau immer wieder erfolgreich zu untergraben, wenn er nach manchmal wochenlanger Abwesenheit überraschend auftauchte, zur Verzweiflung der Lehrkräfte in den Unterricht hineinplatzte und die Kinder kurzerhand entführte.

Stürmisch wurde er von ihnen begrüßt, ließ er ihnen doch den Alltag für ein paar Stunden zum Paradies werden. Dann kam Leben ins Haus, denn Max wollte, dass seine Kinder „hüpfen und springen wie die Gämsen" und bei jedem ihrer Schritte „die Leichtigkeit des Flugs der Schmetterlinge"[54] nachahmen. Wie ein Magnet zog er die Kleinen an sich, alles blieb stehen und liegen.

Ausgelassen sauste die Bande mit ihm aus dem Schloss hinaus ins Freie durch den idyllischen Park bis hinunter zum Starnberger See. Beiseite geschoben war jetzt der Unterricht und vergessen waren die fortwährenden mütterlichen Ermahnungen, sich doch anständig zu benehmen. Stattdessen spielte die Schar Fangen und Verstecken oder stürzte sich schreiend und lachend ins kühle Nass des Sees, wo um die

Wette geschwommen oder eine Kahnfahrt unternommen wurde. Danach sattelten sie die Pferde und galoppierten mit dem Vater halsbrecherisch über Wiesen und Felder, begleitet von ihren Hunden, die auch Max sehr liebte. Vor allem Sisi, die von den Einwohnern der Dörfer am Starnberger See ihrer langen Haare wegen nur „Zopf-Liesl" genannt wurde, zeigte sich dabei außerordentlich mutig und der Vater hatte eine wahre Freude an ihr. Da er die steife Haltung im Damensattel als unnatürlich empfand, ließ er für seine Töchter sogar eigene Sättel anfertigen, auf denen sie ihre Beine zur rechten oder linken Seite herabhängen lassen konnten.

Nach dem Herumtoben gab es stets Erfrischungspausen, während der die Kinder gebannt den abenteuerlichen Geschichten des Vaters von seinen letzten Reisen lauschten, bevor er dann ebenso plötzlich, wie er gekommen war, wieder für Tage oder sogar Monate verschwand.

Zu Besuch nach Possenhofen kamen auch die beiden Königskinder, Ludwig, der spätere König Ludwig II., und sein jüngerer Bruder Otto. Beim Spiel, so erzählt eine Legende, soll den Kindern in der Umgebung des Schlosses einmal eine „Zigeunerin" begegnet sein, die ihnen die Zukunft aus der Hand las. Kronprinz Ludwig ermahnte sie, sich vom Wasser fernzuhalten. Sisi warnte sie, sie solle sich vor Eisen hüten, und Sophie wurde geweissagt, sich vor Feuer in Acht zu nehmen. Eine beunruhigende Anekdote, wenn man bedenkt, dass Ludwig tatsächlich den Tod im Wasser des Starnberger Sees fand, Sisi von einem Attentäter erstochen wurde und Sophie bei einer Wohltätigkeitsveranstaltung das Opfer eines verheerenden Brands wurde.

Doch solch schauerliche Ereignisse verdunkelten das Leben der Kinder auf dem Land nur selten. Im Großen und Ganzen wuchsen sie in Possenhofen frei und ungebunden auf und genossen eine heitere und sorglose Jugend. Noch in späteren Jahren kehrten sie alle gerne hierher zurück, vor allem dann, wenn sie ein Kummer bedrückte, den nur die tröstenden Worte der Mutter Ludovika etwas lindern konnten.

Herzog Wilhelm in Bayern:
Der Großvater von Herzog Max stammte aus der nicht regierenden Nebenlinie Zweibrücken-Birkenfeld-Gelnhausen. Durch ihn wurde die Linie der Herzöge in Bayern 1799 begründet, als Kurfürst Max IV. Josef, der spätere König Max I. Joseph von Bayern, ihm diesen neu geschaffenen Titel verlieh.

Herzogin Amalie Luise in Bayern, geborene Prinzessin und Herzogin von Arenberg. Die Mutter Herzog Max' in Bayern starb im Alter von nur 34 Jahren.

Der junge Herzog Pius August in Bayern. Er heiratete Amalie von Arenberg im Jahr 1807. Die Ehe wurde durch seine psychischen Auffälligkeiten erheblich belastet. Nach dem Tod seiner Gattin lebte Pius zurückgezogen in Bayreuth und auf Schloss Seehof bei Bamberg.

Der junge Herzog Maximilian Joseph in Bayern. Sein Lehrer Prof. Michael Permaneder urteilte über den aufgeweckten Schüler: »Es vereinigen sich in diesem Prinzen die schönsten Vorzüge des Geistes und des Herzens, ein durchdringender Verstand, ein reifes Urteil, eine lebendige Phantasie, bescheidener Freimut, tiefe Abscheu vor allem Unedlen und eine seltene Herzensgüte.«

Eine der prägendsten Figuren im Leben des jungen Max' war sein Erzieher und späterer Freund Dr. Benedict von Holland. Im von ihm geleiteten »Königl. Erziehungsseminar für Studierende«, Hollandeum genannt, blühte der wissbegierige herzogliche Spross auf und legte mit seiner offenen Art den Grundstock für so mache lebenslange Freundschaft zu seinen einstigen Mitschülern.

Die Maxburg am Münchner Lenbachplatz: 1823 verließ der junge Herzog das Hollandeum und seinen Erzieher Dr. Benedict von Holland. Auf königliche Anordnung bezog er eine Wohnung in der Maxburg, um in die Gesellschaft und ins öffentliche Leben eingeführt zu werden. Freiherr von Freyberg übernahm Max' weitere Ausbildung.

Porträt Herzog Max' um 1825: Nach dem Erreichen der Volljährigkeit am 4. Dezember 1826 trat Max in die Kammer der Reichsräte ein.

Max in Bayern und Ludovika, geborene Prinzessin von Bayern, als frisch vermähltes Ehepaar am Tegernsee. Aus dieser im Jahr 1828 geschlossenen Verbindung gingen zehn Kinder hervor, von denen acht das Erwachsenenalter erreichten.

Herzogin Ludovika in Bayern mit ihren ersten drei Kindern: Ludwig Wilhelm, Helene und Elisabeth (Sisi) in der Wiege. Ihr oblag die Erziehung der stetig wachsenden Kinderschar, da Herzog Max häufig auf Reisen war.

König Max I. Joseph, der erste Regent des von Napoleon zum Königreich erhobenen Bayern, war Herzog Max' Förderer und dem vielversprechenden jungen Adligen zeitlebens sehr gewogen.

König Ludwig I. von Bayern im Krönungsornat. Er regte Herzog Max zum Bau seines Palais in der Münchner Ludwigstraße an.

König Maximilian II. von Bayern, der 1848 den Thron bestieg, war ein Förderer von Kunst und Wissenschaft und bereits seit 1830 Ehrenmitglied der Bayerischen Akademie der Wissenschaften. Seine Liebe zur Volkskultur teilte er mit Herzog Max in Bayern.

König Ludwig II. von B
verlobte sich Anfang d
Jahres 1867 mit Sophie
der Töchter Herzog Ma
skandalöse Entlobung
noch im selben Jahr. M
seiner Cousine Sisi, ein
weiteren Herzogstocht
verband ihn eine leben
Freundschaft.

Kloster Banz: Herzog Wilhelm in Bayern erwarb 1814 das ehemalige Benediktinerkloster, baute es um und nutze es als Sommerresidenz. Sein Enkel Max bewahrte dort seine Orientalische Sammlung auf, die, museal aufbereitet, noch heute in Banz besichtigt werden kann.

Klosterkirche Tegernsee: 1895 begann Herzog Karl Theodor in Bayern mit dem Umbau der ehemaligen Mönchsgruft zur Familiengruft der Wittelsbacher in Bayern. Auch Herzog Max und seine Gemahlin Herzogin Ludovika sind hier in Schloss Tegernsee bestattet.

Das prachtvolle Herzog-Max-Palais ließ der adelige Bauherr und Namensgeber von 1828 bis 1831 von Leo von Klenze in der Ludwigstraße zu München errichten. Der herzoglichen Familie diente es als repräsentative Stadtwohnung. Hier wurde u.a. Sisi, die spätere Kaiserin von Österreich, geboren.

Den 44 Meter langen Bacchus-Fries – hier ein Teilstück der Südseite – schuf Ludwig von Schwanthaler. Er schmückte das »Große Eß-Zimmer« des Herzog-Max-Palais knapp unter der Decke. Der Fries erregte mit seinen freizügigen Darstellungen der Eskapaden des Gottes des Weins, der Musen und der Sinnenfreuden einiges Aufsehen.

Herzog Max als Kunstreiter bei einer der Vorstellungen in seinem Zirkus im Herzog-Max-Palais. Als hervorragender Reiter trat er nicht nur regelmäßig bei den von ihm veranstalteten Spektakeln auf, er bildete auch seine Tochter Sisi zu einer exzellenten Reiterin aus.

Schloss Possenhofen bei Pöcking am Starnberger See wurde 1834 von Herzog Max in Bayern erworben. Fortan war es der wohl beliebteste Aufenthaltssort der herzoglichen Familie, v.a. in den Frühjahrs- und Sommermonaten.

Schloss Unterwittelsbach, rechts die alte Burgkapelle: Bis 1850 hielt sich Herzog Max gern und häufig in seinem als Jagdschloss genutzten Besitz auf. Auf dieser kolorierten Lithografie von 1841 ist im Türrahmen des Schlosses die vierjährige Sisi mit ihrer Mutter Herzogin Ludovika abgebildet. Die siebenjährige Helene und der zehnjährige Ludwig Wilhelm sehen oben aus den Fenstern. Herzog Max findet sich im Kahn auf dem Schlossweiher.

Jagdschloss Unterwittelsbach

Herzog Max lud seine Freunde nicht nur ins bevorzugte Münchner Palais ein, in den Sommermonaten begrüßte er sie auch gerne auf seiner „Burg", wie er das im Aichacher Land gelegene idyllische Schlösschen Unterwittelsbach nannte, das er 1838 erworben hatte. In diesem von einem riesigen Jagdrevier umgebenen Refugium konnte er sich fernab von Familie und jedwedem konventionellen Zwang ungestört seinen Neigungen hingeben. Er schätzte auch den lockeren Umgang mit der einheimischen Bevölkerung.

Sein ehemaliger Erzieher Benedict von Holland schwärmte anlässlich eines fünftägigen Besuchs von diesem „freundlichen Landsitz, der alle Lieblichkeit stillen Landlebens gewährt". Ihn begeisterte des Herzogs „Geistes- und Herzensbildung" und seine dem „einfachen, natürlichen, frohen Lebensgenuß hingegebene Lebensweise"[55].

Herzog Max im Wittelsbacher Land

War sich Herzog Max, als er Schloss Unterwittelsbach erwarb, eigentlich voll und ganz im Klaren darüber, dass er sich damit in eine Gegend begab, in der vor über 725 Jahren die Urzelle der Wittelsbacher gelegen und wo eines der wichtigsten Kapitel der bayerischen Geschichte begonnen hatte? Man kann wohl davon ausgehen, dass er zumindest in Teilen um die Bedeutung des Orts für seine Familie wusste. Denn dort, auf einer idyllisch im Wald gelegenen Anhöhe südöstlich von Unterwittelsbach, stand um 1100 die Stammburg der Wittelsbacher.

Im Jahr 1113 war Graf Otto V. von Scheyern (1083/84 – 1156) – nach abweichender Zählart Otto IV. – auf den Burghügel gezogen und hatte bis 1115 eine stolze Feste errichtet. 1116 gab er seinem Geschlecht den Namen Wittelsbach in Anlehnung an seinen neuen Stammsitz. Seinem ältesten Sohn, dem Pfalzgrafen Otto VI. (~1117 – 1183), übertrug der Stauferkaiser Friedrich 1180 schließlich das Herzogtum Bayern, worauf sich dieser erste unter dem Namen Wittelsbach geborene Herzog nunmehr Otto I. von Bayern nennen durfte.

Wie die damalige Burganlage aussah, ist heute nicht mehr genau nachvollziehbar, denn sie wurde bereits um 1209 wieder zerstört. Der Grund dafür war der Mord, den der Burgherr Pfalzgraf Otto VIII. (vor 1180 – 1209) von Wittelsbach ein Jahr zuvor in Bamberg an König Philipp von Schwaben aus dem Geschlecht der Staufer beging: Otto, ein Neffe – und Namensvetter – Herzog Ottos I., erschlug Philipp mit seinem Schwert, die Gründe für diesen ersten deutschen Königsmord liegen allerdings bis heute im Dunkeln. Der Königsmörder wurde jedenfalls geköpft und sein abgetrenntes Haupt in die Donau geworfen. Seine Burg wurde geschleift. Übrig blieben nur noch einige Mauerreste.

Von da an mieden die Wittelsbacher den Ort Oberwittelsbach. Ihr Aufstieg wurde durch den Meuchelmord jedoch nicht behindert. Auf dem Gipfel der Macht befand sich das Adelshaus 1314, als Ludwig der Bayer (1282/1286 – 1347), ein Ururenkel des ersten wittelsbachischen Bayernherzogs, zum deutschen König gewählt und 1328 sogar in Rom als Ludwig IV. zum Kaiser des Heiligen Römischen Reichs gekrönt wurde. Bei seinem Tod 1347 hatte Bayern seine größte Ausdehnung erreicht: Das Land der Wittelsbacher umfasste Gebiete im heutigen Holland und Belgien, die Mark Brandenburg und nicht zuletzt das Stammland, das Herzogtum Bayern, das sich bis nach Tirol erstreckte.

Doch was war in all den Jahren mit dem Burgstall in Oberwittelsbach geschehen? 1418 wurde an der Stelle, wo die ehemalige Burg gestanden hatte, eine Kirche erbaut, womöglich sogar aus den Steinen der zerstörten Anlage. Angeblich geschah dies, um die einstige, mehr als zweihundert Jahre zurückliegende Mordtat zu sühnen. Rund weitere vier Jahrhunderte später wurde 1834 vor der alten Kirche ein Nationaldenkmal errichtet. Von 1978 bis 1980 erfolgten schließlich Grabungen auf dem Oberwittelsbacher Schlossplatz. Es gelang, einige der freigelegten Fundamente etwas aufzumauern, sodass ein paar Mauerzüge wieder sichtbar wurden.

Die Wittelsbacher – zumindest jene der regierenden bayerischen Linie – blieben der Stätte ihrer einstigen Schmach konsequent fern, bis am 9. September 1857 der bayerische König Maximilian II. über Aichach nach Schrobenhausen reiste und dabei auch den Burgplatz Oberwittelsbach mit Kirche besichtigte. Als er den Ort betrat, an dem seine Vorfahren in den frühen Jahren des Hauses gewirkt hatten, soll er gerührt geäußert haben: „Also hier steh ich auf dem Boden meiner Ahnen.“ Allein Herzog Max in Bayern hatte vor dem Regenten bereits die altehrwürdige Stätte besucht, nachdem er 1838 das nahegelegene Schloss Unterwittelsbach erworben hatte.

Nach dem Besuch von Oberwittelsbach begab sich König Max II. zu Fuß nach Unterwittelsbach, wo er auch dieses Schloss besichtigte. Besonders beeindruckte ihn die neben dem Schloss gelegene kleine Kapelle, die um das Jahr 1530 errichtet worden und der Jungfrau Maria, dem heiligen Ulrich und der heiligen Afra geweiht war. Als Herzog Max zuvor nach Unterwittelsbach gekommen war, hatte er sie dem Verfall nahe vorgefunden. Ab 1840/41 ließ er die Kapelle deshalb, soweit dies möglich war, renovieren, den baufälligen Teil jedoch abtragen, im gotischen Stil neu errichten und von seinem Hofmaler Heinrich von Mayr ausgestalten. 13 Gipsfiguren seiner Wittelsbacher Ahnen, gestaltet von Schwanthaler, stehen in der Kapelle – eine 14. Statue stellt Herzog Max selbst dar. Als besonderer Schatz gelten die Reliquien, die der Herzog 1838 von seiner Reise ins Heilige Land mitgebracht hatte: sein schön geschnitzter Pilgerstab, Dornenzweige aus Palästina, angebliche Stücke der Krippe Jesu in Bethlehem, ein Kreuz und geweihte Erde vom Ölberg in Jerusalem, zwei Rosenkränze, gefertigt aus der Frucht der Bäume auf dem Ölberg, dazu ein Zweig dieser Bäume und Blatt und Rinde von jenem Baum, unter dem Maria auf der Flucht nach Ägypten geruht haben soll. Herzogin Ludovika stiftete der Kapelle dazu einen schönen Kelch und kostbare Kreuz-partikel. Am 27. September 1841 wurde das erneuerte kleine

Gotteshaus mit Wasser aus dem Fluss Jordan geweiht, das der Herzog ebenfalls aus dem Orient nach Bayern gebracht hatte. König Maximilian II. war von der neugotischen Kapelle mit ihren orientalischen Elementen derart begeistert, dass er Herzog Max versprach, ihr eine von Papst Pius IX. geweihte Wachskerze zu stiften.

Gegen Ende des 19. Jahrhunderts verfiel die Schlosskapelle leider immer mehr und war sogar vom Abriss bedroht. Zum Glück konnte sie von 1978 bis 1981 für eine halbe Million Mark renoviert werden und ist seither wieder zugänglich.

Tageslauf in Unterwittelsbach

Dr. von Holland schildert in seinen Erinnerungen, wie ein Tag auf der „Burg" von Herzog Max üblicherweise verlief: Vormittags widmete sich Max der Lektüre, dem Schreiben und dem Zitherspiel. Er unternahm Spaziergänge im Garten und Ausflüge zu Pferd oder im Wagen, die ihn in die nahe Umgebung führten. Nach dem Mittagessen, das Punkt zwölf Uhr auf dem Tisch zu stehen hatte, wurde der Nachmittag mit denselben Aktivitäten gefüllt, die schon den Vormittag versüßt hatten. Die Abende verbrachte Max dann in Aichach oder Kühbach in fröhlicher Gesellschaft der dortigen Beamten und Geistlichen. Dazu gehörte auch das Kegeln in Wirtshäusern, an dem Max großen Gefallen fand und das durch ihn sogar zu einem hoffähigen Vergnügen wurde.

Rasch fand der gesellige Herzog auch in Unterwittelsbach Freunde. Dazu gehörte der Stadtprediger Ignaz Himmel, der jedoch schon im Juli 1838 verstarb. Herzog Max ließ ihm von Ludwig Schwanthaler ein Grabmonument aus Alabaster verfertigten, das Himmels Brustbild in Lebensgröße zeigt und sich heute im Aichacher Heimatmuseum befindet. Auch Stadtpfarrer Konrad Danhauser zählte zu den lebenslangen Freunden des Herzogs. Zu dessen fünfzigjährigem Priesterjubiläum 1881 sandte Max seinem „alten Freund Danhauser"[56], mit dem er manche gelungene Feierstunde verlebt hatte, ein herzliches Glückwunschtelegramm. Der Geistliche durfte im Schloss auch übernachten und las dann am nächsten Tag in der kleinen Schlosskapelle im Beisein des Herzogs die Messe.

Es mutet fast seltsam an, dass gerade Prediger und Pfarrer zu engen Freunden des so lebenslustigen und nicht gerade nach religiösen Prinzipien lebenden Herzogs wurden. Gleichwohl glaubte Max an Gott, besuchte regelmäßig Gottesdienste und befasste sich häufig mit der Endlichkeit des Lebens. Auch zum Aichacher Stadtgerichtsdirektor und Landrichter Johann Michael Geyer hatte Max ein freundschaftliches Verhältnis bis zu dessen unerwarteten Tod im Jahr 1850, der Max tief erschütterte.

Herzog Max, ein verantwortungsbewusster Jäger

Herzog Max war wie viele seiner Wittelsbacher Vorfahren und wie die meisten seiner Standesgenossen auch passionierter Jäger. Sein Unterwittelsbacher Jagdrevier hatte eine kilometerweite Ausdehnung: Es reichte von Aichach über Kühbach, Allenberg, Rapperzell und Maria Beinberg bis Schrobenhausen, Autenzell und Strobenried und bot eine höchst abwechslungsreiche und beeindruckende Landschaft mit Wäldern und Wiesen, Höhen und Tälern. Hier auf die Jagd zu gehen, war für jeden Waidmann ein besonderes Erlebnis.

Herzog Max hatte aber nicht nur Interesse an der Pirsch auf Hirsch, Reh oder Wildschwein und war auch nicht nur darauf aus, den ältesten Hirsch mit dem schwersten Geweih zu erlegen. Zwar galt auch ihm die Trophäe als anerkannter und verdienter Beweis für eine erfolgreiche und vor allem waidgerechte Jagd, doch noch mehr war er an der Natur, dem Wald und seinen Tieren interessiert, auch wenn er seine Jagdgehilfen hatten, die ihn draußen in den Revieren bei den aufwändigen Arbeiten der Wildhege und -pflege unterstützten und sich um das Wild kümmerten.

Schon am frühen Morgen, wie es sich für den Jäger gehört, ging Herzog Max gern auf die Pirsch, um die Natur genau dann zu erleben, wenn der Tag begann, die Sonne langsam über dem Horizont aufstieg und ihre ersten Strahlen die Landschaft erhellten. Dann wurde es auf einen Schlag ganz still. Alle Vögel, die schon seit dem ersten Morgengrauen gesungen hatten, verstummten – nur ein paar Minuten lang, bevor das Zwitschern und Pfeifen weiterging. „Morgenandacht" nennen Jäger diesen Moment der Stille noch heute und manche nehmen dafür sogar ihren Hut ab.

Jagd war für Herzog Max kein bloßes sportliches Vergnügen, um sich die Zeit zu vertreiben. Jagd bedeutete ihm Verantwortung gegenüber dem Wild und dessen Lebensraum, also gegenüber der Umwelt und damit auch gegenüber der Gesellschaft, die in diesem Land lebte. Er betrachtete die Jagd als verantwortliche und nachhaltige Nutzung eines Teils der Kulturlandschaft. So wie alle verantwortungsbewussten Jäger, sorgte auch er sich um einen gesunden, artenreichen, ausgewogenen und den landeskulturellen Gegebenheiten angepassten Wildbestand.

Scheibenschießen fürs Landvolk

Wie volksnah Herzog Max sein konnte, belegen seine zahlreichen Wirtshausbesuche in der Unterwittelsbacher Gegend. „Ein Gasthaus, das ihm besonders ans Herz gewachsen war, war der ‚Bauerntanz' in Aichach, dessen Wirtin, Frau Deuringer, schenkte er eine Fotographie, die jetzt im Aichacher Heimatmuseum zu bewundern ist. Dies geschah nach einem besonders gelungenen Festmahl mit Spargel und Krebsen."[57]

Den jovialen Umgang des Herzogs mit der Bevölkerung zeigt auch ein festliches Scheibenschießen in Unterwittelsbach, das am 3. September 1839 stattfand und bei dem sich Max ungeniert unters Volk mischte. Bei den damals häufig veranstalteten Scheibenschießen wurden Bolzen oder Pfeile mit der Armbrust, später auch Kugeln mit einer Handfeuerwaffe, auf eine Zielscheibe mit gekennzeichnetem Zentrum geschossen. Die Scheibe war in erhöhter Position vor einem Erdwall installiert. Schon einige Wochen vor dem Tag des Wettkampfs „unterhielten sich", wie der damals zwölfjährige Zieglerbräu-Sohn Franz Xaver Kampfhammer in seinem

Tagebuch vermerkte, „seine Hochheit [sic!] der Herr Herzog Max recht angenehm auf dem freundlichen Jagd-Schlosse in Wittelsbach und brachten die Tage in schönen ländlichen Freuden gesund und heiter zu." Außerdem habe er „für die Schützen der Umgehung ein Scheibenschießen zu veranstalten geruht und hiezu auf den dem Schlosse angrenzenden Feldern ein kleines Lager von Zelten und Buden aufschlagen lassen, das ein kleines Bild vom Oktoberfeste in München darbot. Ober 60 Schützen hatten sich in Aichach versammelt und zogen mit Musikern an der Spitze einer Reihe von Schulkindern nach, die durch ihre Vorstellung der acht Kreise des Königreichs (worunter auch ich war) einen imposanten Anblick gewährten." Dem prächtigen Zug „folgten die jauchzenden Zieler mit Fahnenträgern und zwei Reihen munterer hocherfreuter Schützen. Dieser Zug bewegte sich langsam von unzähligen Zuschauern begleitet gegen Wittelsbach und stellte sich daselbst in schön geformtem Halbkreise im Hofe des Jagdschlosses auf. S[eine] Hoheit der Herr Herzog erschien mit bewundernder Miene an der Pforte des Schlosses und [stand] feierlich vor der versammelten Menge. Da trat ich aus den Reihen und begann mein Gedicht. Ein zweiter Knabe schwang den silbernen Becher und Musik erscholl zum dreimaligen laut gerufenen Hoch. S[eine] Hochh[eit] dankten innigst gerührt. Und, nachdem Höchstdieselbe das dargereichte Gedicht und den Blumenkranz zu übernehmen geruht hatten, traten sie zur ungemeinen Freude aller Anwesenden dem Zuge der Schützen bey und zogen in Mitte derselben dem Schießplatze und der jubelnden Menge entgegen. Wir wurden dann, da unsere Fahnen und Standarten in schönen Reihen aufgesteckt waren, von dem H[errn] Herzoge öffentlich belobt und dann gastlich bewirtet. Es war eine Stunde, die mir unvergeßlich seyn wird. Immer und überall spricht es ungemein freundlich an, S[eine] Hoheit so natürlich und menschenfreundlich und doch Ehrfurcht gebietend das Landleben genießen zu sehen."

Einige Tage später, am 15. September, ereignete sich dann noch Folgendes, wie der fleißige Tagebuchschreiber Franz Xaver Kapfhammer weiter notierte: „An den zu Wittelsbach stattgehabten Feierlichkeiten hatten S[eine] Hochheit der H[err] Herzog Max ein solches Wohlgefallen, daß Hochdieselben dem Schützenmeister Gschrey für die schönen Anordnungen des Schießens und dem Schullehrer Pröbstel in Aichach, der die Schulkinder zur Darstellung der acht Kreise anleitete, als Beweis der Anerkennung eine silberne Medaille mit Höchstihrem Bildnisse und einem huldvollen Schreiben zustellen lassen, worin S[eine] Hoheit den herzlichsten Dank und vollsten Beyfall auszusprechen geruhten."

Auch andere Wohltaten wurden von Herzog Max bekannt, wie der Zieglerbräu-Bub weiter erwähnte: „Außer jenem im vorigen Winter gespendeten großmüthigen Geschenken an die Hausarmen Aichach[s] und Wittelsbachs haben der edelste H[err] Herzog auch des hiesigen Krankenhauses gedacht und zu dessen Vortheil eine durch verschiedene Parthien hinreich[end] gemischte Vorstellung auf dem Stadttheater dahier veranstaltet, zu welcher mehrere Künstler und Virtuosen aus München berufen wurden. Wir rufen nun in unserer Freude: ‚Heil und Segen über den Mann, der so viel Gutes und Nützliches mit Angenehmem und Fröhlichem zu verbinden versteht!'" Besonders freute es den Tagebuchschreiber, dass er „am 14. Oktober 1842 (15 Jahre alt) nach Kühbach auf die Jagd fahren [durfte]. Am 1. Tage wurde bei Schiltberg gejagt. Ich kam den ganzen Tag nicht zum Schuß: denn es gibt in dieser Gegend sehr wenig Hasen, und wenn man einen Bock schießen will, gehört Glück dazu."[58]

Sisi in Unterwittelsbach

Bis heute hält sich im Aichacher Land und in Unterwittelsbach das Gerücht, dass sich auch Sisi, die Tochter des Herzogs, als Kind in Schloss Unterwittelsbach aufgehalten haben soll. Zwar gibt es dafür keine offizielle Bestätigung und auch in keinem der Gedichte Elisabeths findet sich ein Hinweis auf einen Besuch in des Herzogs Jagdschloss. Es existiert lediglich eine kolorierte Lithografie, also eine gedruckte Steinzeichnung des königlichen Hofoffizianten Otto Flad von 1841, auf der, im Türrahmen des Schlosses stehend, die vierjährige Sisi mit ihrer Mutter Herzogin Ludovika zu sehen ist. Oben aus den Fenstern schauen zwei von Sisis Geschwistern: die siebenjährige Herzogin Helene und der zehnjährige Herzog Ludwig. Auf dem Schlossweiher sitzt in einem Kahn ein Mann, womöglich Herzog Max. Glaubt man dieser Zeichnung, dann könnte Sisi etwa ab 1841 in den Sommermonaten zumindest einige Male von ihrem Vater nach Unterwittelsbach mitgenommen worden sein.

„Am 14. November 1839", so teilt Pfarrer Konrad Danhauser mit, habe Herzog Max zusammen mit seiner Frau Ludovika und dem siebenjährigen Söhnchen Ludwig Unterwittelsbach besucht. Sie „übernachteten in Aichach in dem Gasthaus ‚Bauerntanz'. Abends war aus dieser Veranlassung die Stadt Aichach beleuchtet." Die damals erst zwei Jahre alte Sisi wird nicht genannt und war wohl nicht Teil des Besuchs. Über ihre frühe Kindheit sind die Nachrichten allerdings grundsätzlich recht spärlich. Dass eine eventuelle Anwesenheit von ihr in Unterwittelsbach nicht überliefert ist, kann schlicht am Mangel der verifizierenden Schriftstücke liegen. Denn „warum sollte Sisi nicht als Kind mit ihrem Vater in Unterwittelsbach ausgeritten, mit ihm im Kahn auf dem Schloßweiher gefahren sein oder mit ihm durch Wälder und Felder gestreift sein?", fragte sich schon vor Jahren der Aichacher Stadtarchivar Karl Christl, der die berühmteste der Herzogstöchter gern auch in Unterwittelsbach gesehen hätte. „Warum sollte sie nicht im Schloßpark Blumen gepflückt haben und der Mami und dem Papi ein Sträußchen gebracht haben? Kleine Kinder machen das heute noch gerne als Zeichen ihrer Anhänglichkeit. Und warum sollte Sisi nicht die Schwäne und Enten im Weiher gefüttert haben?"[59]

Auch wenn diese Vorstellung eine erträumte und nicht belegbare Annehme war, ist sie einfach zu schön, sodass sie auch erhalten blieb und schließlich dazu führte, dass Schloss Unterwittelsbach im Volksmund heute noch „Sisi-Schloss" heißt und darin sogar ein „Sisi-Zimmer" als Ausstellung für Besucher gezeigt wird. Dazu gehört auch eine nach wie vor erzählte Anekdote: So soll Klein-Sisi im Unterwittelsbacher Dorfwirthaus, wenn ihr Vater auf seiner Zither aufspielte, manchmal mit einem Hut in der Hand reihum gegangen sein und Geld gesammelt haben. Eine Variante dieser Anekdote erwähnt auch Johannes Thiele in seiner Biografie der späteren österreichischen Regentin „Sisi, das Leben der Kaiserin Elisabeth“: „Einmal verirrten sich Vater und Tochter in ein Dorf und spielten dort in einer Schänke zum Tanz auf. Die Bauern warfen dem niedlichen Mädchen mit den langen, braunen Zöpfen, das auf dem Tisch tanzte, einige Münzen zu. Dieses Geld bewahrte die Kaiserin ihr Leben lang auf und zeigte es manchmal ihren Hofdamen mit den Worten: ‚Dies ist das einzige Geld, das ich in meinem Leben wirklich verdient habe.‘“[60]

Unterwittelsbacher Anekdoten

Herzog Max hielt sich hingegen selbstverständlich nachweislich oft in seinem Schloss Unterwittelsbach auf. Es sind in der Bevölkerung auch etliche Späße überliefert, die sich der Herzog mit den Einwohnern in und um Unterwittelsbach erlaubte. Viele davon wurden vom Aichacher Heimatforscher und Stadtarchivar Karl Christl gesammelt.

Eine wichtige Rolle spielt in diesen Anekdoten häufig Max’ „Leib- und Lieblingsmohr“, ein ehemaliger afrikanischer Sklave, den der Herzog im Lauf seiner Orientreise erworben und ins heimische Bayern mitgebracht hatte, in seinen Diensten behielt und den er „Hassan“ rief. Überall, wo er mit dem Schwarzen erschien, erregte dieser zum Vergnügen seines Herrn großes Aufsehen. Hörte der gottesfürchtige Max beim Spaziergang etwa, wie ein Bauer auf dem Feld wegen eines nichtigen Anlasses „Herrgott-sakramentisch“ zu fluchen begann oder seinen Knecht zum Teufel wünschte, musste Hassan augenrollend und Grimassen schneidend wie der leibhaftige Beelzebub auf den Übeltäter zurennen, sodass der furchtbar erschrak. Der Mohr ließ in solchen Fällen erst dann wieder ab, wenn der so Geläuterte ihm hoch und heilig versprochen hatte, dass es das Fluchen künftig bleiben lassen würde. Mit der Drohung, beim nächsten Mal würde ihn der Teufel vom Pflug weg in die Hölle zerren, verschwand Hassan dann wieder.

Andere Male, wenn aus dem Dorf ein Bauernmädchen Milch, Eier und Butter brachte, trug der Herzog Hassan auf, es im Gesicht zu streicheln, worauf sich die so Behelligte meist erschrocken an die berührte Stelle fasste, um festzustellen, ob der schwarze Diener nicht abgefärbt hatte. Der Herzog, der das hinter einem Vorhang versteckt heimlich beobachtete, freute sich diebisch über die großen Augen, die die Mädchen sicher machten.

Im Garten der Unterwittelsbacher Wirtschaft veranstaltete Max für die Bevölkerung, wie schon erwähnt, mehrfach auch spontane Scheibenschießen. Einmal forderte er Hassan auf, es auch zu versuchen. Der Mohr, der noch nie ein Gewehr in Händen gehalten hatte, wollte sich davor drücken. Doch Max bestand darauf. Der Schuss ging los und verfehlte die Schützenscheibe. Stattdessen zertrümmerte er ein Kaffeeservice, das auf der nahen Tafel stand. Hassan bat den Herzog kniefällig um Vergebung, doch der lachte nur und meinte: „Das wird der erste und letzte, aber auch beste Schuß deines Lebens gewesen sein.“[61]

Nicht zuletzt lieferte Hassan im Auftrag des Herzogs einem armen Benefiziaten „eine erlesene Flasche Wein“ mit dem Etikett „Unterwittelsbacher Schloss Schattenseite“, die aber mit einer Brühe aus glitschigem Froschlaich gefüllt war. Der böse Scherz tat Max dann offenbar aber doch leid, denn kurz darauf erschien Hassan ein zweites Mal vor der Tür des Benefiziaten, diesmal mit einer stattlichen Kiste vorzüglichem „Würzburger Stein Kabinett“, die er dem Überraschten mit „schönen Grüßen von seiner königlichen Hoheit“ auf den Tisch stellte, wobei er die Bitte hinzufügte, er solle wegen des Streichs dem Herzog nicht böse sein.

Auch andernorts trat der Herzog mit seinem Mohren in Erscheinung, so etwa in Ulm. Dort nahm er einmal unerkannt in der Wirtschaft „Zum goldnen Lämmle“ Quartier. Er ließ sich eine Flasche Champagner servieren. Der Wirt, der den Herzog nicht erkannte, goss sich ungefragt gleich auch selbst ein Gläschen ein. Erst als Hassan mit großem Gepäck erschien und sich erkundigte, wohin er die

Koffer Seiner königlichen Hoheit bringen solle, wurde dem Wirt erschrocken klar, mit wem er sich gerade ungebeten zu Tisch gesetzt und teuren Champagner getrunken hatte. Doch den Herzog amüsierten solche Zwischenfälle.

Zu den geselligen Abenden in der Gegend um Unterwittelsbach, an denen reichlich Wein getrunken wurde, lud der Herzog auch gerne den Stadtpfarrer Konrad Danhauser ein, einen trinkfesten Mann. Am Ende eines solchen Abends, an dem etliche Fläschchen Rebensaft geleert worden waren, sagte der Herzog zu Danhauser: „Aber heut, Herr Stadtpfarrer, wird eins nicht reichen." Danhauser wusste mit dieser Äußerung zunächst nichts anzufangen. Doch als er das Schlafzimmer betrat, waren dort – wieder einer der Späße des Herzogs – in Reih und Glied sämtliche Nachttöpfe des Schlosses aufgereiht und bereit, von dem geistlichen Herrn gefüllt zu werden.

Es kam auch vor, dass Max in einem Wirtshaus der Aichacher Gegend unerkannt zu seiner Zither griff und für die anwesenden Gäste einige Stücke spielte. Einmal steckte ihm ein Bauer, der ihn für einen armen Musikanten hielt, 24 Kreuzer zu, die Max grinsend als „das erste mit seiner Kunst verdiente Geld" bezeichnete. Ähnliches soll ja auch seine Tochter Sisi einmal geäußert haben.

Offenbar brauchte sich der Herzog nicht allzu sehr um sein Inkognito zu bemühen. Mehrfach wurde er nämlich für einen Mann von niedrigerem Stand gehalten, so auch in folgender Episode: In einem Münchner Instrumentengeschäft ließ sich der Herzog, wie so oft in einfache Dachauer Tracht gekleidet, einige Zithern zeigen, wobei er jede ausprobierte und anschließend an jeder etwas auszusetzen hatte. Schließlich platzte dem Händler, der den Herzog nicht als solchen erkannte, der Kragen und wütend stieß er hervor: „Also für die Dachauer Bauernlackln warn meine Zithern allweil no guat gnua!"

Wie alle diese Episoden zeigen, war Herzog Max ein ausgesprochener Spaßvogel, der die Leute gerne neckte oder, wie man in Bayern sagt, tratzte, es jedoch nie böse mit seinen Mitmenschen meinte.

Plötzliches Ende der Unterwittelsbacher Aufenthalte

Das unbeschwerte Leben in Unterwittelsbach fand ein plötzliches Ende, als sich 1850 ein tragisches Ereignis abspielte, das den Herzog zutiefst bedrückte und förmlich aus der Bahn warf: Am 11. November des Jahres hatte Max den Aichacher Stadtgerichtsdirektor und Landrichter Johann Michael Geyer, mit dem er eng befreundet war, zusammen mit anderen Aichacher und Kühbacher Honoratioren zu sich ins Schloss zu einem Festmahl geladen. Das fröhliche Gelage war gerade in vollem Gange, als Geyer, der Tischnachbar des Herzogs war, vom Schlag getroffen plötzlich tot vom Stuhl fiel.

Max war tief getroffen, zeigte ihm der erschütternde Vorfall doch, wie schnell das Leben von einer Sekunde zur anderen zu Ende sein konnte. Anderntags reiste er ab und betrat seine Burg nie wieder. Doch nicht nur die Freude an seinem Unterwittelsbacher Besitz war ihm genommen, sondern auch an Zusammenkünften, wie er sie mit Freunden dort ausgelassen gefeiert hatte. Das Schloss stand zwölf Jahre leer, bevor er es zusammen mit seinen Besitzungen in Kühbach und Rapperzell 1862 an die Freiherren von Beck-Peccoz verkaufte.

Erwähnenswert ist in diesem Zusammenhang, dass Herzog Max 38 Jahre später, als er am Samstag den 10. November 1888 „sich in seiner gewohnten Herrengesellschaft befand und eben dem Stabsarzt Dr. von Lotzbeck zutrinken wollte, […] plötzlich, infolge eines Schlaganfalls, bewusstlos von Sessel [sank]. Bei dem hohen Alter und der Schwere des wiederholten Anfalles (Se. Kgl. Hoheit wurde bereits zu Anfang des Jahres von einem solchen heimgesucht), blieben die in Anwendung gebrachten Künste erfolglos, und das Bewußtsein kehrte auch nicht wieder, bis der unerbittliche Tod diesem edlen Leben ein so unerwartetes Ende bereitete.“[62]

Herzog Max und seine Freunde

Wo immer Herzog Max in Bayern auftauchte, machte er sich im Nu Freunde. Sein unkompliziertes, freundliches Wesen, seine Offenheit, mit der er auf jeden zuging, ließen ihm rasch die Herzen aller zufliegen.

Wer jedoch die Freundschaft des Herzogs gewinnen wollte, der sollte über einen Charakter verfügen, der dem von Max vor allem in folgenden Eigenschaften ähnlich war: Der Herzog fand Gefallen an Leuten mit fröhlichem und geselligem Wesen, seine Freunde waren trinkfeste Menschen, die gerne feierten und auch die – manchmal recht eigenwilligen – Späße des Herzogs akzeptierten. Zudem mussten sie ehrlich, geradlinig und zuvorderst auch geistreiche Gesprächspartner sein. Dieses zuletzt genannte Attribut war insbesondere den zahlreichen Künstlern, Schriftstellern, Forschern und Wissenschaftlern des Max'schen Freundeskreises zu eigen, aber auch etliche Adelige aus seinem Umfeld verfügten über den dafür nötigen wachen Geist und eine angenehme Rhetorik.

Eine adelige Herkunft allein war für die Aufnahme in den herzoglichen Kreis keinesfalls auschlaggebend. Für Max waren alle Menschen grundsätzlich gleich, ob sie nun arm oder reich waren, ob ihre Wiege in einem Palast oder in einer armseligen Hütte gestanden hatte. Schon in der Schule hatte ihm diese Einstellung bei seinen Mitschülern große Sympathie beschert, hatte er doch niemals aus eigenem Antrieb irgendwelche Vorzüge für sich beansprucht, sondern war ganz einfach einer unter vielen gewesen. Die Nichtbeachtung von Stand und Herkunft im Umgang mit seinen Mitmenschen hatte einen großen Anteil daran, dass Max in späteren Jahren mit seiner volkstümlichen Kleidung und dem bescheidenen Auftreten oft nicht als Herzog erkannt wurde. Die so immer wieder entstandenen heiteren Begebenheiten bestärkten den volksnahen Max wohl eher noch in seinem ungekünstelten, offenen Auftreten.

Künstler, Dichter, kluge Köpfe

Herzog Max' Erzieher Benedict von Holland (1775 – 1853) zählte zu seinen ersten und längsten Freunden. Holland, im württembergischen Obermedlingen geboren, trat nach seinem Theologiestudium 1792 in den Benediktinerorden ein und wurde 1799 zum Priester geweiht. Er wirkte als Theologieprofessor und später auch als Professor für Physik, Logik und Philosophie. Als Universalgelehrter hatte er in mehreren Erziehungsanstalten den Posten des Direktors inne, bevor er 1811 zum Leiter der Königlichen Erziehungsanstalt in München berufen wurde, die er bis 1824 führte. Holland war als Pädagoge, Humanist sowie als Musiker und Dichter hochgeachtet – ein Tätigkeits- und Interessenspektrum, das ihn für die Freundschaft mit Herzog Max geradezu prädestinierte. 1817 wurde er mit dem Ritterkreuz des Verdienstordens der Bayerischen Krone ausgezeichnet, verbunden mit dem persönlichen Adelstitel. 1853 starb er im gesegneten Alter von 76 Jahren und wurde auf dem Alten Südlichen Friedhof in München beigesetzt. Sein prachtvolles Grabmal schuf im Auftrag Herzog Max' in Bayern der Bildhauer Johann von Halbig. Bekannt wurde auch Hollands Neffe, der Historiker Hyacinth Holland (1827 – 1918), ein Sohn von Benedicts Bruder Christoph Holland (1782 – 1845), der wiederum Kreis- und Stadtgerichtsdirektor in München war.

Unter den Musikern schätzte Herzog Max vorrangig den Zithervirtuosen Johann Petzmayer (1803 – 1884), den er zu seinem Zitherlehrer erwählte und der zu seinem ständigen Begleiter wurde. Petzmayers Vater hatte seinem begabten Sohn den Weg zum Haus- und Hofmusiker bereitet: Nachdem er in dem für seine zahlreichen Gastwirtschaften berühmten Wiener Vorort Neulerchenfeld eine solche Wirtschaft eröffnet hatte, ließ er seine Gäste vom jungen Johann mit der Zither unterhalten und schuf seinem Gasthaus so gleichzeitig einen einzigartigen Ruf. Petzmayer junior, der auch komponierte, spielte sein Instrument derart virtuos, dass er bis in den höchsten Gesellschaftskreisen Ansehen erlangte. Auch Herzog Max wurde bald auf den hervorragenden Musiker aufmerksam.

Besondere Freundschaft unter den Schriftstellern genoss Franz von Kobell (1803–1882), den Herzog Max „seinen lieben Franzl" nannte. Briefe an ihn schlossen meist mit der Versicherung: „Ihr alter treuer Freund Maxl". Franz von Kobell verfasste als studierter Mineraloge einige Werke zur Mineralogie, die zu seiner Zeit einen großen Kreis an Lesern fanden. Das Mineral Kobellit wurde nach ihm benannt. Kobell spielte aber auch, wie Herzog Max, Zither und schrieb zahlreiche Gedichte und Erzählungen in oberbayerischer Mundart. Seine Themen kreisen um die Jagd, die Liebe und den Wein. Bis heute anhaltende Berühmtheit erlangte er mit seiner „Gschicht vom Brandner Kasper", in der erzählt wird, wie der Held dem Tod beim Kartenspiel und mittels des berühmt-berüchtigten Kerschgeists ein Schnippchen schlägt. Kobells Lehrstück über bayerische Gewitztheit und den Wert des Lebens wurde sogar dreimal verfilmt (1949, 1975 und 2008).

Auch zu dem Schriftsteller Maximilian Schmidt (1832–1913), genannt Waldschmidt, fühlte sich der Herzog hingezogen und verlieh ihm die „große goldene Medaille für Kunst und Wissenschaft". Der gebürtige Oberpfälzer schlug nach einem Studium am Polytechnikum in München die Militärlaufbahn ein, beendete sie aber krankheitsbedingt 1874. Schon während seiner Militärzeit begann er, erste Erzählungen und Romane zu verfassen, in denen er einfühlsam das Leben von Menschen aus dem Bayerischen Wald beschrieb. König Ludwig II. ernannte ihn 1884 zum königlich bayerischen Hofrat und soll ihn zu einem seiner Hauptwerke „Die Fischerrosl von St. Heinrich" angeregt haben. Mit sechzig größeren „Volks-Erzählungen", vierzig dramatischen Theaterstücken, die bayernweit aufgeführt wurden, sowie zahlreichen Humoresken und Gedichten wurde Schmidt ein „Bestseller-Autor" des 19. Jahrhunderts. Prinzregent Luitpold, ebenfalls begeisterter Leser seiner Veröffentlichungen, erlaubte ihm 1898 den Namenszusatz „genannt Waldschmidt" zu führen. Auch „Kostüm-Schmidt" wurde er wegen seines Interesses an Volkstrachten genannt.

Unter den bildenden Künstlern war Max der Zeichner und Karikaturist Franz Graf von Pocci (1807 – 1876) der liebste, der als Kasperlgraf auch seiner Auffassung von Humor am nächsten kam. Pocci galt zu seiner Zeit als „Universalgenie". Er hatte es nicht nur am bayerischen Hof bis zum Oberstkämmerer und Hofmusikintendanten gebracht, sondern genoss vor allem als Dichter, Zeichner, Maler, Musiker, Neubegründer des Kinder- und Volksbuchs und des Klassikers der Puppenkomödie höchstes Ansehen. Außerdem betätigte er sich als Komponist, Journalist, Übersetzer und Kunsthistoriker.

Der Maler Heinrich von Mayr (1806 – 1871), der 1825 nach München gekommen war, faszinierte den Pferdeliebhaber Max zunächst durch seine Pferdeporträts. Mayr wirkte in den Jahren 1832/33 als Schlachten-, Pferde- und Genremaler am Hof des Fürsten von Thurn und Taxis, wo ihn Herzog Max kennenlernte. Begeistert von seinen Werken, erteilte er ihm erste Aufträge. Bald war er ihm freundschaftlich zugetan und verlieh ihm den Titel eines herzoglichen Kabinettsmalers. In dieser Funktion durfte Mayr den Herzog auch auf seiner Orientalischen Reise begleiten, während der er Landschaften, Genre-Szenen aus dem Alltagsleben und sämtliche Sehenswürdigkeiten im Bild festzuhalten hatte.

Zum Kreis der engsten Freunden zählten außerdem Kaspar Braun (1807 – 1877), der Maler, Zeichner und Verleger der „Fliegenden Blätter", sowie der unter dem Pseudonym „Miris" bekannte Dichter Franz Bonn (1830 – 1894), Präsident der Domänenkammer des Fürsten von Thurn und Taxis, der ein witzsprühendes Abendblatt handschriftlich nur für den inneren Zirkel der Freunde des Herzogs herausgab. Zu diesem Zirkel hatte auch der Architekturmaler und Musikliebhaber Anton Höchl (1818 – 1897) Zugang, ein lebendes Konversationslexikon, das Daten und Jahreszahlen nur so aussprudelte.

Auch der zu seiner Zeit gefeierte Architektur- und Genremaler Wilhelm Gail (1804 – 1890), herzoglicher Leuchtenbergscher Kabinettsrat, war dem Herzog ebenso willkommen wie der freundliche, delikat zeichnende Sachse Emil Kirchner. Zum Kreis der Künstler rund um Max war dazu der Maler, Hochschullehrer und Theaterdirektor Franz von Seitz (1817 – 1883) zu rechnen, der zusammen mit seinem Sohn Rudolf von Seitz (1842 – 1910) Entwürfe für die Ausstattung von Schloss Linderhof und den Innenraum des Hofzuges von Ludwig II. gestaltete.

Musiker waren für Herzog Max stets willkomme Gäste, wie etwa der berühmte Baritonist August Kindermann (1817 – 1891), ein Freund guter Tropfen und leckeren Essens, dessen Bravour-Arien der Kapellmeister Blumschein mit seinem seelenvollen Klavierspiel begleitete.

Auch mit dem schwäbischen Dichter Justinus Kerner (1786 – 1862) freundete sich Max an. Kerner war bei einem Besuch in München Gast des Herzogs und von dessen leutseliger Art hellauf begeistert. Er lud ihn 1852 zu sich ins Kernerhaus zu Weinsberg ein: „Der Herzog erschien im einfachen Reiseanzug, sein Begleiter Petzmayer in grauer Joppe und Kniehose.“ Von einem zufällig anwesenden Handschuhhändler kaufte Max gleich ein paar Handschuhe „für mein Weiberl zu Haus“, wie er sagte, und erstand dazu noch „einen silbernen Schlagring.“ Am Abend „spielten der Herzog und Petzmayer auf der Zither und Justinus Kerner dazwischen hinein auf der Maultrommel. Der Herzog blieb über Nacht und sandte Kerner seine Photographie mit Inschrift und später einen Betstuhl mit gestickter Decke, ‚von meinen Töchtern extra für Sie gearbeitet‘, schrieb er dazu.“[63]

Zu den Personen, zu denen sich Max hingezogen fühlte, gehörten neben dem auf der Orientreise früh verstorbenen Arzt Ernst Bayer auch drei weitere Ärzte: der sarkastisch veranlagte Hofmedicus Dr. Ludwig Koch, der sich als Poet und Pianist betätigte, der Generalstabs- und herzogliche Leibarzt Dr. Karl Ritter von Lotzbeck und Hofrath Dr. W. Ehrl. Wichtig war dem Herzog hier wie immer nicht nur deren wissenschaftliche Reputation, sondern auch, dass seine Freunde über eine künstlerische Ader und über Humor verfügten.

Kontakt hatte Max auch zu Politikern und Staatsbeamten wie August von Eisenhart (1826 – 1905), dem damaligen Kabinettsekretär

König Ludwigs II., sowie zu dem stets heiteren Finanzminister Freiherr von Riedel. Ebenso genoss er die Gesellschaft von Justizrath Heinrich, einem Genealogen, und verbrachte seine Zeit gern mit dem Geheimen Hofrat Dr. Sigmund Ritter von Henle oder mit Oberamtsrichter Sigmund von Schab, der sich als Pfahlbauforscher und Wetterprophet betätigte und als „ein Großmeister aller mimischen Kunstfertigkeiten"[64] Heiterkeit erregte. Sympathisch war dem Herzog auch der Regierungsrat Karl Pfund, ein Erforscher altbayerischer Kulturgeschichte und Archivalien.

Neben dem Großteil der Freunde des Herzogs, die heitere Zeitgenossen waren, durften sich einige auch eher zurückhaltend zeigen, wie etwa der schweigsame Geheimrat Franz Xaver von Haindl, Direktor und Hauptwardein des bayerischen Hauptmünzamts und Beisitzer bei internationalen Kongressen, dazu ein Freund der Niederjagd, der einen trockenen Humor besaß und trotz seiner Schwerhörigkeit nie „ein Freudenstörer der Gesellschaft"[65] war.

Begüterte Patrizier im Freundeskreis waren der Kaufmann Max Fellheimer, ein schlagfertiger Reimeschmied und Witzbold, der Text- und Opernkompositionen nur so aus dem Ärmel schüttelte, des Weiteren der Kommerzienrat und Handelsrichter Jakob Pölt und Johann Carnot, der sich durch eigene Anstrengungen zum Großkapitalisten emporgearbeitet hatte. Karl Riederer stand als ehemaliger Grenadierobrist der Bürgerwehr dem Herzog nahe, da er zudem ein um das Wohl der Stadt München hochverdienter Magistratsrat war.

Nicht zuletzt wurden auch Theologen im Freundeskreis begrüßt, so der heitere und sozial eingestellte Stadtpfarrer und Franziskaner P. Helan Mayerhofer, ein echter Oberpfälzer, und Dr. Petrus von Hötzl, ein über universelles Wissen verfügender Lektor, Bibliothekar, Philosoph und Historiker, der später Bischof von Augsburg wurde.

Stand ein geselliger Abend an, dann wurden die Freude und Gäste des Herzogs stets mit dem Wagen abgeholt und nach ausgiebig genossenem Beisammensein auch wieder heimgebracht. Einleitend führte der Herzog gern „effectvoll beleuchtete Photographien, Stereoscopen und Bildwerke“[66] vor und diskutierte die dazugehörigen Reiseberichte. Auf ein meist einfaches Menü folgte großzügig bemessene Zeit zur Unterhaltung bei Bier und Zigarren. Neueste illustrierte Zeitschriften wurden herumgereicht sowie Bücher und Musikalien mit Demonstrationen am Klavier. Auch musikalische Werke des Herzogs oder seiner Freunde kamen bei diesen wöchentlichen Treffen zur Aufführung: Hofmedicus Dr. Ludwig Koch und Kapellmeister Blumschein begleiteten den Bariton August Kindermann auf dem Klavier. Herzog Max gab den Anstoß zum Schnaderhüpfel-Singen. Kaufmann Max Fellheimer sorgte als musikalischer Clown für Heiterkeit und Johann Petzmayer spielte, oft auch im Duo mit dem Herzog, auf der Zither. Schließlich wurde Champagner kredenzt oder – je nach Jahreszeit – auch Punsch, Glühwein oder Maibowle.

Herzog Max ließ sich von seinen Freunden vieles gefallen. Sie durften und sollten sich ihm gegenüber leger verhalten und mit ihm, aber auch über ihn Späße machen. Doch schlug der eine oder andere nach dem Empfinden seines Gastgebers einmal über die Stränge, dann ließ Herzog Max denjenigen das auch merken – auf die ihm eigene leise Art ohne expliziten Tadel: In einer Abendgesellschaft, so erzählt eine Anekdote, „platzte der urwüchsige Franz von Kobell, heraus: ‚Kgl. Hoheit könnten doch einmal ein Diner mit Austern geben!‘ ‚Da haben Sie eigentlich recht‘, versetzte der Herzog jovial. Am nächsten Tage gab der Herzog seiner Tafelrunde ein Diner mit Austern; nur Kobell fehlte; er war nicht eingeladen worden. Tags darauf versammelte der Herzog seine gewohnte Gesellschaft neuerdings um sich und auch Kobell ward wieder beigezogen. Das Gespräch drehte sich um die lukullischen Genüsse des vorhergehenden Tages. Kobell lauscht der Unterhaltung mit verwundertem Gesichte, bis auf einmal der Herzog zu ihm sagt: ‚Donnerwetter, jetzt fällt mir gerade ein, daß ich vergessen habe, Sie zum gestrigen Diner mit Austern einzuladen!‘“[67] Kobell schaute verdutzt, begriff aber schnell, dass er mit seiner nassforschen Forderung an den Herzog ein bisschen zu weit gegangen war.

Herzog Max, der Weltenbummler

Reisen empfand Herzog Max als das wahre Leben. In der Einleitung seines Orientreiseberichts betont er: „Es trieb mich ein unwiderstehliches Gefühl, ein nicht zu besiegendes Drängen aus der ewigen Einförmigkeit des bis zur Unbequemlichkeit bequemen Alltaglebens, bei welchem man nicht mehr lebt, sondern nur vegetirt; denn ein Daseyn ohne Schatten und Licht gleicht einem schaalen Gemälde, das spurlos an der Wand eines Zimmers verbleicht. Leider gibt es Leute, die sich kaum einen Begriff davon machen können, wie man sich zu einer ähnlichen Wanderschaft entschließen konnte. Ich bedauere diese ruheliebenden Geschöpfe, diese Leibeigenen ihrer Gewohnheiten, die in der Regel das Leben und die Menschen und deren Sitten nur aus todten Büchern oder durch die dritte Hand kennen zu lernen glauben."[68]

Nachdem der Herzog in seiner Jugend und während seiner Studienjahre nicht über die weißblauen Grenzpfähle seines Heimatlands hinausgekommen war, drängte es ihn mit zunehmendem Alter umso mehr, der Enge des Alltags, der Einförmigkeit des Hoflebens und den Zwängen der steifen Etikette in die Weite der Welt zu entfliehen. Nicht gesellschaftlicher Druck und fürstliches Anspruchsdenken waren es oder der Neid auf andere Reisende, was ihn in die Ferne lockte, sondern die Neugier. Er war von einer inneren Unruhe getrieben und besorgt, sein Leben zu vergeuden, ohne auf die Frage nach dem Wesen der Welt eine Antwort gefunden zu haben. Er wollte fremde Länder und Menschen, deren Sitten und Bräuche kennenlernen. Er fühlte eine fortwährend stärkere Sehnsucht nach einer Umgebung, in der die Annehmlichkeiten der Heimat nicht existierten. Je weiter er sich vom routinierten Leben entfernte und je mehr er auf die gewohnten Dinge verzichten musste, desto mehr erhoffte er, seine Seele von den Schlacken des Alltags reinigen zu können. Jede Reise in die Ferne war für ihn deshalb auch stets eine Reise zu sich selbst.

Reise nach Frankreich, England und Belgien

Nach seiner Volljährigkeitserklärung und der Aufnahme in die Reichsratskammer war es soweit: Im Mai 1828, noch vor seiner Hochzeit, die für den kommenden September geplant war, unternahm Herzog Max seine erste größere Reise, die ihn nach Frankreich, England und Belgien führte. Für junge Adelige gehörte eine derartige Rundreise durch verschiedene Länder Mitteleuropas, auch „Grand Tour" genannt, zum Bildungsprogramm des Erwachsenwerdens und zum letzten Schliff der Erziehung. Max' früherer Hofmeister und späterer Hofmarschall, Freiherr von Freyberg, begleitete ihn dabei.

In Paris, dem damaligen „Herzen Europas", wo der junge Herzog in der Rue Royale ein eigenes Haus besaß, bestaunte Max alle Sehenswürdigkeiten und genoss das gesellschaftliche Leben. Während seines zweimonatigen Aufenthalts war auch Zeit für einen Besuch bei Louis Philippe, dem Herzog von Orleans, der mit Max über die mütterliche Seite verwandt war; außerdem wurde Herzog Max von König Karl X. empfangen. Daneben kümmerte er sich um seine ausgedehnten Besitzungen im Département Pas de Calais, vor allem in Beaulieu bei Nogon, ebenso um die schönen Wälder von Bohain und Beaurevoir bei Saint Quentin und Vitry le Français; alles kostbarer Grundbesitz, den er von seiner verstorbenen Mutter geerbt hatte. Er entschloss sich zum Verkauf dieser Ländereien und erwarb dafür bekanntermaßen einige Jahre später mehrere Schlösser und Hofmarken in seiner Heimat Oberbayern.

Danach reiste Max zu einem 14-tägigen Aufenthalt nach London, wo er König Georg IV. begegnete. Der bayerische Gesandte am britischen Hof, Baron Cetto, und Prinz Leopold von Sachsen-Coburg zeigten ihm die Sehenswürdigkeiten der beeindruckenden Stadt und sorgten für einen Aufenthalt, der ihm lange in bester Erinnerung blieb. Über Windsor und Oxford ging es mit Empfehlungen des Herzogs von Wellington weiter nach Portsmouth, wo der junge Bayernherzog die Werkstätten der englischen Marine besuchte und deren musterhafte Ordnung bewunderte.

Über Brüssel und Berg kehrte er Anfang September 1828 nach Deutschland zurück. Ob Herzog Max in Belgien wahrnahm, dass es zwischen dem autoritär regierenden König Wilhelm I. und den Liberalen, die von den freiheitlichen Idealen der Französischen Revolution inspiriert waren, kriselte, ist nicht bekannt. Zwei Jahre später, in den Septembertagen 1830, kam es jedenfalls in Brüssel zur Revolution gegen den niederländischen Regenten, die Ende des Jahres zur Unabhängigkeitserklärung der belgischen Provinzen führte. Belgien wurde konstitutionelle Monarchie mit Leopold von Sachsen-Coburg und Gotha als erstem König der Belgier.

Nach seiner Rückkehr führte Max der erste Weg nach Banz zu seinem Großvater. Kurz darauf ging es nach München, wo für ihn das sogenannte Cotta-Haus in der Theatinerstraße gemietet und eingerichtet worden war, das er mit Ludovika, die er eben geehelicht hatte, solange bewohnte, bis er sein eigenes Palais in der Ludwigstraße beziehen konnte. Zu dieser Zeit begab sich Max noch gerne zur Sommerfrische nach Banz. Dabei führte er den Hofzug, der ihn dorthin zu begleiten hatte, auch höchstpersönlich zu Pferd an.

Reise in die Schweiz und nach Italien

Eine zweite die Grenzen der deutschen Lande überschreitende Reise erfolgte Ende Oktober 1831 aus wenig erfreulichem Anlass: Max zog sich mit seiner Frau und dem kleinen Prinzen Ludwig, der am 21. Juni 1831 das Licht der Welt erblickt hatte, vor der in Deutschland grassierenden Cholera in die Schweiz zurück. Nachdem die kleine Familie zunächst eine Zeit in der Nähe von Lausanne verbracht hatte, ging es von dort weiter nach Italien. Ludovika wäre mit ihrem Kind lieber zu Hause in München geblieben, da sie den Reisedrang ihres in diesem recht frühen Stadium ihrer Ehe noch absolut ungeliebten Mannes nicht teilte. Die Cholera verhinderte jedoch einen Verbleib in der Heimat.

Mitte November traf die Familie in Mailand ein, besuchte Genua und Florenz und hielt sich von Anfang Januar 1832 bis zum Frühlingsbeginn in Rom auf, wo kaltes und frostiges Winterwetter herrschte.

Max ging gerne in Museen und besah sich die Kunstschätze der „ewigen Stadt“, während seine Frau an der Seite ihres Kinds verblieb und sich langweilte. Natürlich nahm der Herzog auch an den gesellschaftlichen Vergnügungen teil, die ihm besonders der römische Karneval bot. So manche Nacht verbrachte er allein in fröhlicher Runde. Ein Höhepunkt des Romaufenthalts war aber für beide die Audienz bei Papst Gregor XIV., zu der Max und Ludovika empfangen wurden.

Zum Frühlingsanfang ging es nach Neapel, wo Max seine Familie zurückließ, um selbst einen Abstecher nach Sizilien zu machen. Mitte Mai kehrte er mit Frau und Kind zu einem weiteren sechswöchigen Aufenthalt wieder nach Rom zurück – die Cholera war immer noch nicht besiegt und die Heimkehr verzögerte sich. Erst Ende September 1832 traf die herzogliche Familie wieder in Schloss Banz ein und reiste von dort im folgenden Oktober nach München zurück.

Reise nach Bamberg

Im August 1836 brach in München erneut die Cholera aus und zwang den Herzog mit seiner Frau und den beiden Kindern, dem mittlerweile fünfjährigen Ludwig und Helene, die am 4. April 1834 zur Welt gekommen war, zu einer Reise nach Bamberg. Im Oktober besuchte Max noch einmal Herzog Wilhelm in Bayern, seinen greisen Großvater, kurz vor dessen Tod am 8. Januar 1837.

Zwischen den beiden aus Sorge vor Krankheitsübertragung unternommenen Fahrten, die Max zwangsläufig mit seiner Familie angetreten hatte, lagen noch einige auf die ihm liebste Art – auf eigene Faust – absolvierte Reisen: Bereits zweimal hatte sich der Herzog erneut in Frankreich, England und Belgien aufgehalten und dreimal in der Schweiz, in Italien und auf Sizilien, dazu war er in großen Teilen Deutschlands herumgekommen. Seine bayerische Heimat war auf dem besten Weg, nur mehr zur Zwischenstation auf dem Sprung in Richtung der nächsten Landesgrenze zu werden. Es verwundert nicht, dass Max sich schließlich 1837 mit einem ganz besonderen Reisevorhaben befasste, das er im folgenden Jahr auch verwirklichen sollte.

Die Wanderung nach dem Orient (Januar bis September 1838)

Das größte Erlebnis für Herzog Max und die Erfüllung eines Jugendtraums war seine Reise nach dem Orient: „Schon längst nährte ich sehnlichsten Wunsch", so beteuerte er, „den heiligen Boden jenes Landes zu betreten, an welches sich die ersten Erinnerungen der Kindheit knüpfen, das die Wiege unserer Religion, das mit Einem Worte, wenn ich mich so ausdrücken darf, das Vaterland unsers Erlösers war." Doch es gab noch einen anderen Grund, der ihn zu dieser Reise bewog. Sein ständiger Drang, der Eintönigkeit, den Bequemlichkeiten und Gewohnheiten des Alltags entfliehen, konnte an diesem fernen, exotischen, aber teils auch kargen Ort, in wunderbarer Weise erfüllt werden. „Wohl fiel mir der Abschied vom Hause schwer, allein von glühender Ungeduld überwältigt, konnte ich kaum den Augenblick erwarten, der meinem begeisterten Auge die Schönheiten und erhabenen Erinnerungen jener Länder vorführen würde. Eine neue Welt lächelte mir entgegen. Ich sollte etwas ganz Neues kennen lernen. […] Diesmal sollten mich Egyptens glühende Winde anhauchen", schrieb er voll Begeisterung und Vorfreude, „sollte es mir vergönnt werden, am Fuße der Pyramiden den Uebermuth der menschlichen Unternehmungskraft anzustaunen und am heiligen Grabe des Heilands die göttliche Gnade des Schöpfers der Welten anzubeten. Ich sollte den alten klassischen Boden Griechenlands betreten, an dessen moralischer und politischer Wiedergeburt mein erhabener König und Schwager den thätigsten Antheil nahm und selbst den eigenen Sohn Otto dahin berief, damit Er es sey, der die erhabene Aufgabe löse, ein, jahrhunderte lang unglückliches Volk den Reihen freier Bürger wieder einzuverleiben."[69]

Gründliche Reisevorbereitungen

Herzog Max war nicht der Mann, der die Planung einer derart großen Reise in ferne Gefilde Bediensteten überlassen hätte. Er nahm die Angelegenheit selbst in die Hand und zog gleich einen Praktiker zu

Rate, der eben erst von einer Orientreise zurückgekehrt war: Gotthilf Heinrich Schubert (1780 – 1860), ein in München lebender Arzt, Naturforscher und Naturphilosoph. Er hatte kürzlich in den Jahren 1836/37 eine wissenschaftliche Expedition nach Palästina geleitet. Nach seiner Rückkehr stellte er sich dem Herzog als Berater zur Verfügung und teilte mit ihm all seine Erfahrungen, die er auf der Reise gemacht hatte. Schon damals bat ihn Max, er möge ihm nach der Rückkehr auch bei der Eingliederung aller mitgebrachten Objekte behilflich sein.

Zum anderen studierte der Herzog aber auch aktuelle Reiseliteratur, die sich natürlich in seiner Bibliothek befand. Zuvorderst waren es diese drei Werke: der in fünf Teilen erschienene Reisebericht „Semilasso in Afrika“ (1836) des Reiseschriftstellers Hermann Fürst von Pückler-Muskau, der sich in seinem Werk mit den Regionen Algerien und Tunis befasste, das dreibändige Werk „Pilgerreise nach Jerusalem und auf den Berg Sinai“ (1836) von Maria Joseph von Geramb, das auch eine Karte Ägyptens und des Heiligen Landes enthielt, und als drittes Werk „Briefe aus Ägypten und Nubien“ (1835) von Jean-François Champollion. In diesen Büchern, die zur Standardlektüre der damaligen Reiseliteratur gehörten, las er immer wieder auch während seiner Reise.

Die Reisebegleiter

Max wollte die Reise nur mit kleinem Gefolge unternehmen, das er sorgfältig auswählte. Sieben Begleiter sollten mit ihm nach dem Orient fahren: Den Anfang machten Baron Ludwig von Heusler, der Adjutant und Hofkavalier des Herzogs und der Leibarzt Dr. Ernst Bayer, ein tüchtiger junger Mediziner, der tragischerweise in Nazareth der Pest zum Opfer fallen sollte. Max’ Kammervirtuose Johann Petzmayer durfte auf der Reise nicht fehlen, wo er mit seinem unvergleichlichen Zitherspiel musikalische Akzente setzten sollte. Kunstmaler Heinrich von Mayr, von dem der Herzog charakteristische Skizzen und Bilder der orientalischen Szenen erwartete, gesellte sich ebenso zur Reisegruppe wie der Hauptmann des Königlichen Leibregiments Theodor Hügler, der sich während des Freiheitskampfs der Griechen gegen die Fremdherrschaft der Osmanen längere Zeit in Griechenland aufgehalten hatte und diese wertvollen Erfahrungen in die Reise miteinbringen konnte. Schließlich komplettierten die beiden ebenfalls reiseerfahrenen Barone Karl und Fritz von Buseck, die bereits Spanien besucht hatten, den erlesenen Kreis dieser sieben Reisegefährten, in dem sich der Herzog wohlfühlte.

Reisebeginn mitten im Winter

Am Morgen des bitterkalten 20. Januar 1838 trat der Herzog inkognito unter dem Namen Graf von Banz die Reise samt Gefolge an. Selbst ein so wichtiges Ereignis wie die Geburt seiner bis dato jüngsten Tochter Elisabeth – Sisi –, die vor gerade einmal vier Wochen am Heiligabend 1837 zur Welt gekommen war, konnte ihn nicht mehr aufhalten.

Die Fahrt in den Orient sollte keine harmlose Kavalierstour werden. In einem Eilwagen reiste man, ohne überflüssige Zwischenstopps einzulegen, über Mittenwald, Innsbruck und über den Brenner nach Venedig und Triest. Auf dieser ersten Etappe, die bis Ende Januar bereits absolviert war, herrschten eisig kalte Temperaturen. In einem ungeheizten Gasthof nahe Brixen drohte die Reisegruppe fast zu erfrieren, obwohl sich alle in Pelze und Mäntel gehüllt hatten.

Die zweite Reiseetappe startete am 1. Februar um 17:00 Uhr abends in Triest. Vom dortigen Hafen aus setzte die Gruppe bei stürmischem Wetter auf dem Dampfer „Kolowrat“ nach Ankona über. Herzog Max schrieb später zu dieser Überfahrt: „Mit einbrechender Nacht nahm auch der Wind an Heftigkeit zu, so daß er die tobenden Wellen bis auf das Verdeck peitschte und wir uns beim Nachtessen am Tische festhalten mußten, um nicht sammt dem Stuhle zu Boden geworfen zu werden. Selbst in meinem Bette hatte ich Mühe mich zu erhalten, doch enthob mich mein guter Schlaf bald dem nicht mehr fernen Uebel-Befinden. Am frühen Morgen jedoch weckte mich ein heftiger Schlag. Ich sah empor und bemerkte, daß es die Lampe von der Decke herabgeschleudert hatte, so heftig war die Bewegung des Schiffes. Das befürchtete Unwohlseyn stellte sich leider bald ein. Auch meine Begleitung befand sich in einer höchst kläglichen Stimmung und lag bleich und jammernd neben mir in der Kajüte. Der Regen währte noch immer fort, der Wind war uns noch immer entgegen. Statt in Ankona, wie es hatte seyn sollen, am Morgen anzulangen, liefen wir erst am Abend des 2. Februar um 4 Uhr im dortigen Hafen ein."[70]

Von Ankona ging es nach kurzem Aufenthalt weiter nach Korfu, Patras und Pyräus. Dort wurde Max im Namen des Königs Otto I. von Griechenland, einem Sohn des bayerischen Königs Ludwig I. und somit auch einem Verwandten von Max, von dem griechischen Minister Paikos, dem Gouverneur Axiotis und dem bayerischen Geschäftsträger Graf Waldkirch herzlich willkommen geheißen. Leider war es dem Herzog aus Bayern nicht vergönnt, seinen regierenden Neffen persönlich zu treffen, da sich dieser mit seinem Hof gerade in Nauplia befand. In Athen war erneut Zeit für einen kurzen Aufenthalt und Herzog Max erfreute besonders der Besuch der Akropolis und der Baustelle des Palasts für König Otto. Bald schon ging es mit dem Schiff weiter nach Syra.

In Syra begab sich Herzog Max „um acht Uhr Abends" auf einen Ball, „der im Kassino stattfand. Er war sehr zahlreich besucht, daher auch die Hitze in dem beschränkten Raum unerträglich, jedoch noch unerträglicher die ohrenzerreißenden Straußischen Walzer einer Maltesischen Musikbande, welche dem genügsamen Publikum harmonie- und taktlos aufspielten. Der Ton in dieser griechischen Gesellschaft hatte einen leisen Anstrich europäischer Bildung. Die Damen, worunter einige sehr hübsche, saßen gleich Wachsfiguren im Saale umher, zwei ausgenommen, mit denen ich mich recht gut unterhielt, waren gesprächig und liebenswürdig; aus den Uebrigen vermochte ich, trotz aller Mühe, keine Sylbe heraus zu bringen. Vielleicht hätten sie sich in ihren malerischen National-Kostümen weit hübscher ausgenommen als in ihren schlecht gewählten, überladenen französischen Toiletten, in welchen sie sich linkisch und ungewohnt bewegten. Ihre Tänze währen unendlich lang. Jeder Walzer dauerte wenigstens eine gute halbe Stunde. Sie tanzen, Herren wie Damen sowohl mit einer wahren Passion. Die Ersteren namentlich beschämen unsere deutschen jungen Leute, die seit einigen Jahren den Freuden des Tanzes fast gänzlich entsagen.

Nachdem ich im Schweiße meines Angesichts einen Walzer mit Einer der beiden Liebenswürdigen abgethan hatte, mußte ich im Nebenzimmer in Mitte der Damen, trotz alles meines Sträubens, eine lange Pfeife Tabak rauchen. Ganz allein mitten auf dem breiten Sopha sitzend, im Halbkreise um mich herum die Damen, saß ich gravitätischer da, als vielleicht der ehrsame Sultan selbst."[71]

Auf stürmischer See

Mit dem Dampfer „Fürst Metternich" schiffte der Herzog sich am 12. Februar samt Gefährten in Syra nach Alexandrien ein. Diese dritte Etappe sollte, schlimmer noch als die zu Beginn des Monats getätigte Überfahrt, eine äußerst beschwerliche Fahrt bei höchst stürmischer See werden.

„Gegen Abend erhob sich ein heftiger Wind, der sich Nachts zehn Uhr zum fürchterlichsten Sturm gestaltete, der bis zum folgenden Mittag andauerte", notierte der Herzog in sein Tagebuch. „Furchtbar heulte der Wind, die empörten Wogen schlugen mit riesiger Kraft an das schwankende Schiff, so daß es bald pfeilschnell in die Höhe, bald blitzschnell in die Tiefe schoß oder sich, an allen Enden krachend, nach der Seite hin und her wiegte. Stühle und Koffer stürzten auf dem Boden der Kajüten übereinander. An ein Aufrechterhalten war gar nicht zu denken, ja ich mußte mich krampfhaft im Bette mit Händen und Füßen anklammern, um nicht weithin herausgeschleudert zu werden. Alle meine Bücher und Hefte, Schreibzeug und Federn bedeckten den Boden, dazwischen flogen Kleidungsstücke und Mantelsäcke durcheinander. Viele der Passagiere, die in den Seiten-Kajüten des Verdecks sich aufhielten, mußten mitten in der Nacht in eine der unteren Kajüten flüchten, dergestalt drang das Wasser der überschlagenden Wellen auf den oberen Schiffstheil und von da in ihre Schlafstellen. [...] Den Morgen des 13. währte der heftige Sturm noch fort. Ich versuchte, das Deck zu betreten. Aber eine Welle deckte mich von oben bis unten zu, so daß ich gleich wieder in die Kajüte kroch. Erst gegen Mittag legte sich der Wind."[72]

Bei der Weiterfahrt frischte der Sturm erneut auf: „Meinen Schlummer unterbrach gewöhnlich das immerwährende Krachen des Gebälks. Auch fühlte ich mich durch das häufige Liegen auf dem für mich zu kurzen Bette an allen Gliedern wie gerädert. Selbst bei Tische konnte man nicht mit Ruhe sein bischen Essen genießen; denn alsbald flogen Teller und Besteck von der Tafel oder lief man selbst Gefahr, sammt dem Stuhle zu Boden zu taumeln. Jede Strapaze zu Land däucht mir erträglicher als die kürzeste Seereise."[73]

Herzog Max und sein Gefolge waren heilfroh, als das Schiff am 16. Februar vor Alexandria den Anker werfen konnte. Bewegt notierte Max: „Ich kann das Gefühl nicht mit Worten ausdrücken, das sich meiner bemeisterte, als ich zum ersten Mal den Boden Afrikas betrat. Eine neue Welt mit den fremdartigsten Menschen von gemischter Gesichtsfarbe und in die eigentümlichsten und buntesten Trachten gehüllt, stellte sich meinem staunenden Auge dar."[74]

Das Staunen über die beträchtlichen Unterschiede zu den Gegebenheiten in der Heimat sollte den Herzog auch auf dem weiteren Weg begleiten. Über seine mit Begeisterung und Fleiß festgehaltenen Reisebeobachtungen wurde weitaus später etwa wie folgt geurteilt: „Er sieht das Land als Tourist, nicht als Forschungsreisender, hält für mitteilenswert, was ihm aus europäischer Sicht exotisch erscheint, ohne das Beobachtete zu hinterfragen. Klischees prägen seine Wahrnehmung der verschiedenen Völker. Wie ein Reiseführer beschreibt er Sehenswürdigkeiten. Mitunter gelingen ihm treffende Milieustudien."[75]

In Ägypten und im Sudan

Endlich stand Herzog Max auf orientalischem Boden. Die vierte Reiseetappe dauerte vom 19. Februar bis zum Ende des Monats und beinhaltete die Nilfahrt von Alexandria nach Kairo auf einer Barke. An den Ufern des Flusses gelegene Dörfer mit Palmenwäldern zogen an der Reisegruppe vorbei, später wechselte das Panorama hin zur lybischen Sandwüste mit eindrucksvollen Pyramiden.

Vom 23. bis zum 28. Februar genoss man einen einwöchigen Aufenthalt in Kairo. Dort brachte Herzog Max die Unzahl von Häusern zum Staunen – Kairo war bereits damals eine kaum überschaubare Großstadt und ist heute samt ihrem Einzugsgebiet auf eine gewaltige Metropole mit über zwanzig Millionen Einwohnern angewachsen. Beim Anblick der herrlichen Paläste und prächtigen Moscheen mit ihren schlanken Minaretten, die im Abendsonnenschein zauberhaft glänzten, glaubte sich der Herzog in eine Erzählung von Tausendundeiner Nacht entrückt. In Kairo besichtigte er auch die koptische Kirche Sankt Sergios. Die Lebhaftigkeit des Bazars erinnert ihn „vielfach an Paris".

Vor seiner Ankunft in Kairo hatte eine Szene des Herzogs Aufmerksamkeit erregt, „deren herzzerreißender Anblick", wie er schreibt, „mich im Innersten erschütterte. Ich war nämlich Zeuge der Einschiffung der für den Kriegsdienst verpflichteten Konscribirten im Dorfe Fuah. Diese armen Menschen wurden unter unbarmherzigen Stockschlägen, je zwei und zwei an einander geknebelt, auf das bereit stehende Schiff geschleppt, auf dem sie bis zu ihrer Ankunft in Kairo, ohne Speise und Trank, verblieben. Am Ufer drängten sich ihre Mütter, Schwestern und Weiber weheklagend und laut heulend umher, rauften sich die Haare und schlugen sich verzweifelt in's Angesicht, indes sie die gefühllosen Kawassen (Aufseher) gewaltsam zurück drängten und mit ihren langen Stöcken über Kopf und Rücken schlugen. Und selbst als das Schiff schon weit hinweg gesegelt war, standen diese unglücklichen Geschöpfe noch immer am Ufer und winkten den Scheidenden unablässig zu, indem die Luft von ihrem kreischenden Geheul erscholl. Nie wird der Anblick dieses Auftrittes aus meinem Gedächtnis schwinden. Durch solch' gräßliche Gewaltthätigkeit vermehrt die Regierung nur den Abscheu vor dem Soldatenstande. Sie würde durch sanftere Mittel viel leichter ihren Zweck erreichen."[76]

Von Kairo aus wandte sich die bayerische Gruppe Richtung Süden nach Oberägypten und setzte die Reise auf dem Nil fort. Für diese eindrucksvolle Fahrt nilaufwärts – diese fünfte Etappe startete ab dem 28. Februar und währte bis zum 20. März – stellte Muhammad Ali Pascha, auch Mehmed Ali Pascha (~1770 – 1849), der Gouverneur der osmanischen Provinz Ägypten und Begründer der bis zur Mitte des 20. Jahrhunderts im Land herrschenden Dynastie, drei schöne Barken mit der erforderlichen Schiffsmannschaft zur Verfügung. Begleitet wurden die Barken von heißen Winden, dem sogenannten Chamsin.

Ein besonderer Höhepunkt war der Besuch der gigantischen Pyramiden von Gizeh knapp unterhalb von Kairo gelegen. Der Herzog bestieg die Cheops-Pyramide in „gerade 25 Minuten", wie er stolz notierte. Beim Anblick des Tempels von Derr, der ägyptischen Königsgräber und der Memnonsäulen war er sprachlos. „Die kolossale Größe, der Ernst und Ehrfurcht gebietende, grandiose Stil der ägyptischen Baukunst"[77] rissen ihn zu lebhafter Bewunderung hin.

Trotz glühender Hitze während der weiteren Nilfahrt, freute sich der Herzog, kurz vor dem zweiten Nilkatarakt oberhalb des heutigen Nasser-Stausees als erster europäischer Prinz ins Land Dongola oder Dunqula, Sudan, vorgedrungen zu sein. Diese sechste Reiseetappe vom 20. März bis Ende des Monats hatte den Herzog von Assuan in den Sudan geführt. Er bestaunte die Nil-Katarakte, wo sich der große Fluss brausend und für die Schifffahrt nicht ungefährlich über Stromschnellen und Felsenklippen stürzt. Sechs Katarakte, also natürliche Barrieren aus Granitgestein, finden sich in weiten, aber fast regelmäßigen Abständen im Flussbett des Nil-Mittellaufs von Assuan über Kerma bis Meroe. Auch dieses unvergleichliche Naturschauspiel notierte Max in seinem Reisetagebuch und vermerkte alle jene Stätten und Vorkommnisse, die ihn besonders beeindruckten oder überraschten. So entdeckte er etwa in Girgeh eine Anstalt zum künstlichen Ausbrüten von Hühnereiern.

Mumien am Wegesrand

Max besuchte auf dem letzten Stück der Nilfahrt vor Assuan den Tempel von Karnak, Medinet-Habu, einen Teil der Nekropole des westlichen Theben mit dem großen Totentempel von Ramses III., und den Chnum-Tempel von Esna, die sich alle im weiteren Umkreis von Luxor befinden. Auf dem Weg entdeckte er bei einer Gelegenheit „eine Menge zerstreuter Stücke von Mumien. Die Erde ist hier ganz von Gräbern unterminiert.“[78] Diese Spuren der Vergänglichkeit versetzten ihn ebenso in melancholische Stimmung wie die Stille in den Tempeln: „Lange weilte ich, auf einem umgestürzten Steinblocke sitzend, in Mitte der heiligen Stätte, über welche die scheidende Sonne ihren letzten Schimmer breitete, und tiefe Wehmuth bemächtigte sich meiner, da mein Blick über diesen großen Leichenacker menschlicher Größe schweifte. In diesen Räumen, die vor Jahrtausenden vom feierlichen Gesang der Priester und dem melodischen Klang ihrer Harfen ertönten, herrschte nun tiefe Grabesstille. [...] Mehr als je zuvor lernte ich an jenem Abende die Unbeständigkeit des Glückes, die Hinfälligkeit menschlicher Größe erkennen. Und auch diese ungeheure Schöpfung hatte der Wuth der Menschen, der unerbittlichen Verheerung der Zeit unterliegen müßen! So ist denn nichts von Dauer auf diesem weiten Erdenrunde? [...] Und diese gewaltigen Geister, deren Machtgebot alle diese Riesentempel hervorrief, sie sind längst zu Staube geworden, sie, die eine halbe Welt sich zu Füßen geworfen. Also das ist des armen Geschöpfes Los, dieses oftmals so hochmüthigen, mit seinen Plänen und Berechnungen so weit aussehenden Menschen, daß er über kurz oder lang zu einer Hand voll Erde werde? [...] Schauder durchrieselte mich. Leichtsinn also oder Hoffnung? Ich raffte mich empor. Der Vollmond entwand sich eben einem dunkeln Gewölke, als ich nach der Barke heimkehrte.“[79]

Von schönen und untreuen Frauen und schamlosen Tänzerinnen

Herzog Max, der in seiner bayerischen Heimat als Bewunderer schöner Frauen bekannt war, widmete sich auch auf seiner Orientreise deren Betrachtung. So verglich er etwa vom Tag des Aufbruchs an Frauen der unterschiedlichen durchreisten Gegenden miteinander und offenbarte auch hierbei seinen Hang zu einfachen Mädchen vom Land. „Das weibliche Geschlecht von Triest ist schöner als in Venedig, wo man auffallend wenig hübsche Gesichter sieht", so sein Urteil. „Namentlich im Bereich der dienenden Klasse und unter den Landmädchen findet man wahrhaft schöne Physiognomien, ein Gemisch von deutschem und italienischem Gepräge. Die Männer unter dem Landvolk zeichnen sich mehr durch ihr originelles Kostüm als durch Schönheit aus. Mit ihren meist langen Haaren, weiten Beinkleidern und entsetzlich breiten Hüten erinnern sie an die siebenbürgischen Mausfallenhändler."[80]

Besonders lobte Herzog Max die Schönheit der Menschen in Jerusalem – er besuchte die Stadt auf dem Rückweg nach Europa –, insbesondere die der Frauen: „Das männliche sowohl, als wie das weibliche Geschlecht ist hier zu Lande ausgezeichnet schön. Die schönen Formen der weiblichen Gesichter erinnern an die edlen Physiognomien der Römerinnen. Was allenfalls getadelt werden könnte, ist ihre allzu große Blässe. Ihre Tracht ist sehr malerisch. Auch die Kleidung der Mädchen in der Umgegend von Bethlehem gefiel mir ungemein. Mit ihren weißen Schleiern um den Kopf, ihren lichtblauen Kleidern und rothen Ueberwurf darüber, glaubte ich bisweilen einer Madonna-Gestalt zu begegnen."[81]

In Ägypten, genauer in der Stadt Kairo, fiel Herzog Max auf, dass die Fenster vieler Gebäude mit hölzernen Gittern versehen waren, „der Frauen wegen, die niemals gesehen werden dürfen. […] Die meisten und schönsten Gemächer [in den Häusern] bewohnen die Frauen, der Mann begnügt sich mit zwei bis drei Zimmern."[82] Wenig glaubwürdig ist es, dass den sonst so freizügigen und sinnenfrohen Herzog angeblich die orientalischen Bauchtänzerinnen schockiert haben sollen: „Am Abende vor meiner Abreise [aus Alexandrien] hatte ich Gelegenheit, in einem Privathause arabische Musik und arabische Tänzerinnen kennen zu lernen. Die Musik war betäubend, gleich wie der Gesang unharmonisch und taktlos. Den Tanz näher zu beschreiben, verbietet mir der Anstand. Ich kann nur versichern, daß ich in meinem Leben nichts schamloseres gesehen habe. Sonst durften sie ungestört in allen Häusern ihr Unwesen treiben, seit Kurzem ist ihnen ihr Handwerk untersagt. Will ein Fremder dieses seltsame Schauspiel genießen, so muß er es mit Beihülfe einheimischer Freunde in aller Stille zu bewerkstelligen suchen. Ertappt man diese Anti-Vestalinnen, so harrt ihrer die Kettenstrafe."[83]

Diese Bauchtänzerinnen erregten auch auf der weiteren Reise immer wieder die Aufmerksamkeit des Herzogs. „Am Gestade [bei dem Städtchen Es-Siout am Nil] befindet sich ein kleines Kaffee-Haus, in welches Tänzerinnen kamen und uns ein kleines Ballett zum Besten gaben, nachdem sie die Thüre der Stube verschlossen hatten, um das Verbot nicht allzu öffentlich zu verletzen. Ich kann nur sagen, daß sie noch weit schamloser als jene von Alexandrien tanzten. Oft gesehen, gewährt dieses Schauspiel Ekel und Langeweile. Auch die Tänze unserer Leute auf der Barke zeichneten sich durch unzüchtige Bewegungen aus. Dazu singen sie und schlagen die Tarabuka, eine Art länglicher Handtrommel von Thon, die mit beiden Händen geschlagen wird."[84]

Als es auf der weiteren Nilfahrt gen Süden, der fünften Reiseetappe, zu einem kleinen Sturm kam, „so daß die Barke, wie es auf dem Nil sehr häufig geschieht, hin und her geworfen wurde und manchmal dergestalt auf der Seite lag, daß das Wasser bis an den Rand stieg und man sich kaum mehr auf den Füßen erhalten konnte", war Herzog Max froh, dass keine Frau dauerhaft an Bord war. „So sehr ich die Gesellschaft schöner Frauenzimmer liebe, so gestehe ich doch, sehr froh gewesen zu seyn, daß sich keines mit uns auf der Barke befand. Wir hätten uns von ihren Schreckens- und Ohnmachtsscenen nicht mehr zu retten gewußt." Gleichwohl gestand Max an selber Stelle: „Ich schätze den Muth einer Frau weit mehr noch als beim Manne, der ihn, ich möchte sagen, pflichtschuldigst schon von Geburt aus besitzen sollte, obgleich mir leider schon mehrere Exemplare des Gegentheils vorgekommen sind."[85]

Auf der gesamten Reise sehnte sich Herzog Max immer wieder nach dem Umgang mit gebildeten Frauen, den er offenbar sehr vermisste. Dazu und zu seinen Beobachtungen, was den Umgang der Geschlechter miteinander betraf, notierte er: „Was die geselligen Verhältnisse Kairo's betrifft, so bieten sie wenig Abwechselung dar. Die europäischen Konsuln leben höchst einfach und zurückgezogen, und die Eingebornen gehen blos ihren Geschäften nach, oder beschränken sich auf die innern Freuden des Harems. Ich fing an, mich nach dem Umgange gebildeter Frauen zu sehnen, dessen ich nun schon so lange entbehrte; denn außer den dicht verhüllten weiblichen Gestalten, denen ich auf der Straße begegnete, brachte ich meine Stunden nur immer unter Männern zu. In Gegenwart von Türken ist es nicht einmal Sitte, den bloßen Namen ‚Frau', auszusprechen. Sich nach dem Befinden derselben zu erkundigen, würde als Neugierde oder Beleidigung angesehen werden. Das Leben in diesen Harems ist höchst einförmig. Die höchste Ergötzlichkeit gewährt ihnen gegenseitiger Putz und die wollüstigen Bewegungen der Tänzerinnen, deren es eigne zu diesem Zwecke gibt. Wohl ereignen sich zuweilen geheime Liebes-Abenteuer an dritten Orten, werden sie jedoch entdeckt, so büßt die Schuldige mit dem Leben. Sie wird, in einen Sack genäht, in den Nil geworfen. Die Zahl der Weiber richtet sich nach den Vermögens-Umständen des Mannes. Trennung ist häufig und ohne große Schwierigkeiten verbunden."[86]

Der schmähliche Handel mit Sklaven

In den von Herzog Max bereisten Ländern war es größtenteils alte und nach wie vor gebräuchliche Sitte, mit Menschen zu handeln. Der Herzog bezeichnete die Sklaverei als eine „die Menschheit entwürdigende" Gepflogenheit, was ihn jedoch nicht daran hinderte, die zum Kauf angebotenen Schwarzen mit „Affen" zu vergleichen und „Georgierinnen und Cirkassierinnen" als „schönste Ware" zu bezeichnen.

Auf seiner Nilfahrt kam Max beim Anblick eines Sklaventransports mit zwei arabischen Händlern ins Gespräch, „die alljährlich mit unbedeutenden Handelsgegenständen nach dem Senaar reisen, dort aber die Schwarzen von denjenigen Leuten ankaufen, die sie im Innern des Landes einfangen. Dies wird durch eine Art von Parforce-Jagd bewerkstelligt. Sie reiten nämlich hinaus und verbergen sich in den Schluchten oder hinter Bäumen. Sobald sich nun die sorglosen Neger von ihren Bergen herab in die Ebene begeben, stürzen sie aus ihrem Hinterhalt hervor und haben auf ihren rascheren Pferden die Fliehenden bald erreicht und gebunden. Diese Araber sagten mir auch, daß sie dem Gouvernement eine Steuer zahlen müßten, die ihnen ziemlich hoch kömmt.“[87]

Schon auf dem Sklavenmarkt in Alexandrien war dem Herzog die Beute der Sklavenjäger auf dem Bazar vorgeführt worden: „Das türkische Quartier ist schmutzig und hat so enge Straßen, daß man sich nur mit Mühe durch die Menge von Menschen, Kamelen und Eseln hindurch wühlen kann. Der Bazar ist ziemlich lang und man findet eine hübsche Auswahl von orientalischen und anderen gewöhnlichen Waren. Ich besuchte auch den dortigen Sklavenmarkt, der jedoch im Vergleich von jenem zu Kairo höchst unbedeutend ist. Ich glaubte, höchst unglückliche Menschen daselbst zu treffen, statt dessen fand ich zu meinem großen Befremden einige muthwillige Negerknaben und Mädchen, die mir frech in’s Gesicht lachten, so daß mein Mitleid sich alsbald in Abscheu verwandelte. Diese Geschöpfe fühlen ihre erniedrigende Lage nicht. Sie stehen auf einer so niedrigen Stufe, daß sie im Gegentheil froh sind, gekauft zu werden, um so bald als möglich den Händen ihrer Verkäufer zu entrinnen, welche ihnen gewöhnlich sehr schlechte oder fast gar keine Kost darreichen.“[88]

Auch in Kairo wurde der Herzog erneut vom Sklavenmarkt angezogen. Hierzu schreibt er: „Großes Interesse gewährte der große Sklavenmarkt in Kairo. Er befindet sich ohnweit des einen großen Bazars. Es ist ein mit halbverfallenem Gemäuer umgebener Hof, in welchem mehrere Hundert von Schwarzen aller Art auf der Erde umher kauern. Einige befinden sich in kleinen Seitengemächern. Im ersten Augenblicke glaubte ich Affen vor mir zu sehen; denn mehrere von ihnen saßen zu oberst des Gemäuers und spielten zusammen unter den drolligsten Gebärden. Sie sind nicht sehr theuer. Die schönste Waare, die Georgierinnen und Cirkassierinnen, bekömmt man nicht zu sehen. Diese werden den reichen Türken vorbehalten. Es ist empörend, Menschen gleich dem Vieh verkauft zu sehen. Sie müßen beim Verkaufe ihre Zunge weisen; man untersucht die Zähne, läßt sie nackt ausziehen und befühlt sie, gleichwie es die Fleischer auf unsern Viehmärkten zu thun pflegen. Bei den Zähnen muß man genau acht haben, ob sie spitz oder stumpf geformt sind. Die Ersteren verrathen gewöhnlich einen schlimmen, die Letzteren einen guten Charakter."[89]

Seltsame „Reise-Souvenirs" – vier Mohren

Obwohl Herzog Max sich über die Sklaverei empörte, so kaufte er doch auch selbst „mehrere dieser Schwarzen, um sie mit nach Europa zu nehmen" und empfand dies ganz und gar nicht als verwerflich; auch die Barone von Buseck leisteten sich einen Mohr, ohne schlechtes Gewissen beim Erwerb eines menschlichen Wesens. Im Gegenteil, so auch Hyacinth Holland nach der Meinung der damaligen Zeit, habe der Herzog „die Güte" gehabt „vier arme Negerknaben von der Sklaverei zu erlösen und sie der Zivilisation zuzuführen." Sie waren ursprünglich von Menschenhändlern aus Afrika entführt und nach Kairo verschleppt worden. Tatsächlich war es in Europa durchaus üblich, Sklaven als „Hofmohren" zu halten. Sie galten als Statussymbole. Wenn sie nicht den Erwartungen entsprachen, wurden sie auch einfach weiterverkauft, oft sogar mit Gewinn. Noch im Jahr 1883 brachte beispielsweise Prinz Friedrich Karl von Preußen einen „Nubier" aus Ägypten nach Berlin. Die Preise für Sklaven waren in orientalischen Ländern extrem niedrig. Ein „wunderschöner kleiner Neger von neun Jahren, so hübsch, wie ich in ganz Kairo keinen gesehen, Namens Morgan […] kostete nach unserem Gelde die geringe Summe von 72 Gulden"[90], notierte Max in seinen Erinnerungen.

Nach der Rückkehr des Herzogs erregten die Mohrenknaben im damaligen noch kleinen München erhebliches Aufsehen. Alle Mohren hatten einen offiziellen Namen und einen Rufnamen. Bei der Taufe erhielten sie zusätzlich christliche Namen: Die Jugendlichen im Alter zwischen zwölf und 16 Jahren wurden „am Karsamstag, dem 30. März 1839, zwischen halb neun und halb zehn Uhr"[91] im Münchner Liebfrauen-Dom im Beisein des Dompfarrers und des übrigen Klerus vom Domkapitular Balthasar Speth zwangsgetauft und erhielten christliche Namen. Als Pate fungierte u. a. Herzog Max selbst, der sich allerdings durch Freiherr Karl von Buseck bei der Zeremonie vertreten ließ. Weitere Paten waren die ebenfalls nicht anwesende Herzogin Theodolinde von Leuchtenberg, Graf Denison, der ehemalige Wagenfabrikant Georg Lankensperger und der Philologe Karl Tutschek. Letzterer unterwies alle fünf aus Ägypten mitgebrachten Knaben – vier von Herzog Max erworben, einer im Besitz der beiden Busecks – in der deutschen Sprache. Dabei studierte er auch den von den Buben gesprochenen arabischen Dialekt. 1841 legte er der Akademie der Wissenschaften eine Abhandlung über diese Galla-Sprache vor. Seine Schüler und Studienobjekte hatten recht unterschiedliche Schicksale:

Der 15-jährige Badià Akafètè Dallè, alias Osman und auf den Namen Theodor getauft, war der intelligenteste und bildungsfähigste der Jungen. An ihm wurde hauptsächlich die fast italienisch klingende Galla-Sprache erforscht. Osman starb bereits nach etwa zwei Jahren, Mitte Mai 1841, über den Grund seines frühen Todes ist nichts bekannt.

Der zwölfjährige Morgàn, auf den Namen Alexander getauft, war von den Baronen von Buseck erworben worden. Er entwickelte sich auf ihren Gütern zu einem hervorragenden Gärtner, erbat aber später, von heftigem Heimweh gepackt, seine Freilassung, um in seine Heimat zurückkehren zu können. Dieser Wunsch wurde ihm gewährt und eine Heimkehr ermöglicht.

Ghiàlo Djondan Aréh, alias Bellal, Billat oder Pilan und auf den Namen Karl getauft, hatte die stärkste Sehnsucht nach seiner Heimat. Zunächst war er als Freiwilliger in die bayerische Armee eingetreten und diente dann als Wachtmeister eines Chevaulegers-Regiments in Dillingen. Eines Tages desertierte er und verschwand lange Zeit spurlos. Als dann, so berichtet Hyacinth Holland, „im Kriege 1870 drei bairische Soldaten in französische Gefangenschaft geriethen und nach Algier verbracht werden sollten, staunten sie nicht wenig, eines Tages von einem schwarzen Spahi in echter Münchener Mundart angeredet zu werden: der stolze Fez- und Burnusträger verkündete ihnen die Freiheit und Heimkehr, mit dem besonderen Auftrage, stehenden Fußes nach ihrer Rückkehr sich in das Palais in der Ludwigstraße zu begeben und Sr. kgl. Hoheit seine tiefe ergebenste Dankbarkeit zu vermelden.“[92]

Über das weitere Schicksal des etwa 15-jährigen Salim Kamis Motekudù, auf den Namen Georg getauft, ist nichts bekannt.

Der zwölfjährige Thinneh oder Denka Awan alias Hassan, auf den Namen Maximilian getauft, war der originellste der fünf Mohren und wurde zum Leib- und Lieblingsmohren des Herzogs und zu seinem treuesten Diener. Als er Max erstmals gegenübertrat, fiel er auf die Knie und küsste dessen Füße. Wie sich herausstellte, tat er das aus entsetzlicher Angst davor, von den unbekannten hellhäutigen Herren in seltsamer Tracht geschlachtet und verspeist zu werden. Von ihm sind die zahlreichen, bereits angesprochenen, heiteren Begebenheiten und Anekdoten überliefert, die sich großteils in Unterwittelsbach abspielten und in der Bevölkerung bis heute die Runde machen.

Edle Araberhengste

Der Pferdeliebhaber und -kenner Herzog Max interessierte sich natürlich für die edlen Tiere des Orients. So faszinierte ihn etwa schon zu Beginn der Reise, noch auf europäischem Boden, eine Kunstreitervorstellung im Theater Malibran in Venedig. Über die berühmten Araberhengste hatte er vieles gehört. Als sich ihm auf dem Gestüt des Sohns von Ägyptens Regent Muhammad Ali Pascha die Gelegenheit bot, diese prächtigen Tiere persönlich in Augenschein zu nehmen, ließ er sich, wie er interessiert, aber nicht ohne deutliche Kritik schreibt, „die geräumigen Stallungen Ibrahim-Pascha's zeigen […], worin ich eine bedeutende Anzahl der edelsten arabischen Pferde fand. Die Pferdezucht ist gegenwärtig in Ägypten ganz herabgekommen. Was sie Edles und Schönes besitzen, beziehen sie aus Arabien oder Syrien; denn ihre Pferde sind meist schwerfällig und unschön. Die Behandlung derselben geschieht im Stalle Ibrahims seit einigen Jahren mehr auf unsere Weise, indeß jene des Vizekönigs noch immer an allen Vieren von rückwärts mit Stricken gefesselt, im Stall stehen.

Die Stallungen Ibrahims fassen gegen 500 Pferde. Was die Reiterei der Orientalen und die Dreßur ihrer Pferde betrifft, so sah ich bis jetzt noch nicht viel Rühmliches. Von einer geregelten Gangart oder Stellung ist keine Rede. Sie lieben der Bequemlichkeit halber die sogenannten Paßgänger. Ihre Reiterei besteht in einem wilden Jagen auf kurze Strecke, worauf sie ihre Pferde auf der Stelle pariren und sie dann sich selbst überlassen. Von regelmäßigen Hülfen haben sie nicht die mindeste Kenntniß. Ihre Fütterung besteht im Gerste und Stroh. Letzteres läßt man sie nach Belieben fressen."[93]

Unrat, Schmutz und Ungeziefer

Auf seiner Reise war der Herzog häufig von Unrat, Schmutz und Ungeziefer umgeben, was ihn in Verbindung mit der meist unerträglichen Hitze doch sehr belastete. Besonders während der Fahrt auf dem Nil fühlte er sich von einem Heer von Fliegen belästigt: „Sie sind die zudringlichsten, die mir jemals vorgekommen sind. Man kann sich ihrer Frechheit kaum erwehren. Scheucht man sie hundertmal weg, so kommen sie tausendmal wieder. Beim Lesen oder Schreiben zumal brachten mich diese lästigen Thiere beinahe zur Verzweiflung. Ich möchte wissen, wozu diese Plagegeister geschaffen worden sind? Sie erinnern mich stets an die Zudringlichkeit mancher Menschen, die man ebenfalls tausendmal hinwegjagt und die dennoch immer mit erneuter Frechheit wiederkehren."[94]

Die gekauften Mohrenknaben mussten dem Herzog mit Palm- oder Schilfwedeln die lästigen Fliegen vom Leib halten, was aber nur unzureichend gelang. Auch anderes Ungeziefer trat während der Nilfahrt auf: „Der geduldige Hiob kann unmöglich mehr ausgestanden haben als ich in meiner engen, niedern Kajüte, die ganze Nacht vor Hitze kein Auge zuthuend und dabei halb aufgezehrt vom verschiedenartigsten Ungeziefer, dessen es eine Menge gab. Selbst ein großer Wurm fand sich in einer der Krawatten vor. Zum größten Glück beschränkten sich die Ratten auf meiner Barke nur auf den untern Raum.

Den 22. hatte ich Gelegenheit, eine sonderbare Scene zu beobachten, die sich am Ufer zutrug. Es lag nämlich daselbst ein armer schwarzer Esel angebunden, auf dessen wundem Rücken ein großer weißer Geier saß und ihm unaufhörlich in das offene Fleisch pickte. Obgleich der Esel den Kopf nach ihm drehte und schüttelte, ließ sich demungeachtet der freche Vogel nicht irre machen. Auch unsere Nähe schien ihn nicht im Geringsten zu bekümmern.“[95]

Wundersame Zitherklänge über dem Nil und eine seltsame Bayernhymne

Ein wichtiges Mitglied der Reisegruppe war der Zithervirtuose Johann Petzmayer, der seinen Gefährten mit fröhlichen Melodien Freude bereitete und ihnen sogar in schwierigen Situationen Mut machte. Er war wohl der erste bayerische Zitherspieler, dessen Mozart-Menuette, steierische Ländler oder Münchner Gstanzln unter glühender Sonne vor den gewaltigen Pyramiden erklangen, zum steinernen Antlitz der Sphinx aufstiegen oder über den Nil schwebten. Und immer wieder spielte er auch gemeinsam mit dem Herzog auf der Zither.

Hyacinth Holland notierte über Petzmayers Virtuosität: „Sein Zitherspiel erklang am Fuße der Pyramiden, verdutzt horchte der alte Vater Nil auf die zu seinen Ehren benannten Walzer des deutschen Tonmeisters; Petzmayers kunstreiche Weisen zitterten durch die vom träumerischem Mondlicht versilberten Tempelruinen von Luxor und Karnak; er brachte den beiden Memnon's eine Serenade, spielte auf der Insel Philae und über den Katarakten; selbst an der Grenze Nubiens äußerten die braunen Söhne der Wüste freudiges Erstaunen und Entzücken über das Spiel des ‚deutschen Pascha‘ [gemeint ist Herzog Max] und seines Capellmeisters.“[96]

Die Anekdote, Herzog Max habe die Cheops-Pyramide erstiegen und dort mit seiner Zither einen weithin hallenden frischen Ländler gespielt, ist zwar sehr reizvoll, aber wohl nicht mehr als eine schöne Vorstellung, denn Max erwähnt in seinen Erinnerungen nichts dergleichen.

Neben der eigens mitgebrachten Zithermusik, erregte noch eine andere Melodie in Ägypten die Aufmerksamkeit des Herzogs. Wenn er sich irgendwo öffentlich blicken ließ, vernahm er schon von weitem die Klänge des Liedes „O du lieber Augustin". Er wunderte sich, dass ägyptische Musiker dieses Stück kannten und auf ihren orientalischen Instrumenten spielten. Aber warum ertönte das Lied immer dann, wenn er sich zeigte? Ein Führer erklärte ihm, dass ein aus Bayern stammender Spaßvogel – angeblich handelte es sich um Karl Theodor Freiherr von Hallberg zu Broich, ein Mann ganz nach dem Geschmack von Herzog Max, wie noch zu zeigen sein wird – dem ägyptischen Vizekönig weisgemacht habe, das Lied „O du lieber Augustin, Augustin, Augustin, o du lieber Augustin, alles ist hin …" sei die bayerische Nationalhymne.

Der Tanz der heulenden Derwische

Auf der siebten Reiseetappe von Ende März bis Ende April war die Rückreise vom zweiten Nil-Katarakt nach Kairo erfolgt. Während dieses zweiten Stopps in der gewaltigen Stadt, erlebte Herzog Max an „einem Freitag, den Sonntag der Muselmanen" eine ungewöhnliche Darbietung, über die er notierte. „Ich begab mich […] am Nachmittage nach der Moschee der Derwische, um einer der seltsamsten Zeremonien von der Welt beizuwohnen, die einen unheimlichen Eindruck in mir hervorbrachten. Die Menschen schrien und wirbelten vor mir im Kreise herum. Dazu wurde auf zwei großen Trommeln geschlagen, und je schneller diese schlugen, desto heftiger bewegten sich und brüllten die Gläubigen, bis zuletzt Mehrere in halber Ohnmacht, vom Schweiße triefend, zur Erde sanken und durch ein, von Zeit zu Zeit aus gepreßter Brust hervorgestoßenes Gestöhn den

Uebrigen kund gaben, daß sie des Anblicks des Paradieses theilhaftig seyen. Einer der Ältesten, ebenfalls in Verzückung gerathen, warf Geld und Uhr von sich, was ein Jüngerer sogleich aufhob und wohlweislich zu sich steckte. Kaum hatte der Oberste der Derwische, ein dem Anscheine nach feiner und kluger Mann, das Zeichen zur Beendigung der Gebete gegeben, so wurden Kaffee und Pfeifen gereicht, so daß in wenigen Minuten sich die Scene in die eines gewöhnlichen Kaffehauses umwandelte.“[97]

Aberglaube, Wahrsagen und derlei frevelhafter Unsinn

Auf der Reise kam Herzog Max des Öfteren auch mit dem Aberglauben der Bevölkerung in Berührung und begegnete sogar einmal einem Wahrsager, der ihn wegen seines aufdringlichen Verhaltens jedoch abstieß. In dem Städtchen Bilbeis, nordöstlich von Kairo, so berichtet Max, „trat ein alter Derwisch in mein Zelt, nachdem ich eine Stunde angelangt war, dessen Heuchelei näher zu schildern ich nicht umhin kann. Nachdem er sich neben mich auf mein Feldbett niedergelassen, begann er mich nach meinen Familien-Verhältnissen auszufragen, ertheilte mir einige gute Lehren, untersuchte die Linien im Innern meiner Hand, erzählte mir von der allbekannten Heiligkeit seiner sogenannten Schwester, die, wie er vorgab, schon hundert und vierzig Jahre zählte und der er mich später vorstellen würde, und erklärte mir zuletzt, er wolle mich zu seinem Sohn erwählen. Ich mußte mich sofort, gleich ihm, mit gekreuzten Beinen auf das Feldbett setzen. Alsdann nahm er eine kleine Tasse, füllte sie mit Wasser, nahm dasselbe in den Mund und spie es hierauf wieder hinein. Der Leser kann sich leicht vorstellen, welcher Schauder mich durchrieselte, denn ich befürchtete Nichts weniger, als die von Neuem gefüllte Tasse austrinken zu müssen, was ich zu thun, trotz der Heiligkeit dieses gottgefälligen Mannes, um keinen Preis von der Welt im Stande gewesen wäre. Doch er trieb es gnädig. Stattdessen bestrich er mir damit dreimal Gesicht, Hände und Füsse, murmelte dabei allerlei Gebete und verfiel abermals in Zuckungen.

Am Abende führte mich der Heilige zu seiner frommen Schwester. Auf dem Wege dahin vollführte er ein Wunder. Er scharrte nämlich mit den Händen einige Datteln aus der Erde, die er wahrscheinlich vorher am Fuße der Sikkomore eingegraben hatte.

In seinem Hause angelangt mußte ich ihm in eine dunkle, grabähnliche Kammer folgen, in der sich ein großer Vorhang befand. Er hob ihn ein Weniges empor und schon hoffte ich so glücklich zu sein, die fromme Schwester von Angesicht zu sehen, als mir statt dessen nur der Anblick ihrer ziemlich derben Hand zu Theil wurde, über welcher sich ein Flor befand, wie ich beim Küssen derselben bemerkte. Ich erhielt von ihr ein sorgfältig zusammen gelegtes Papier, mit allerlei Unsinn beschrieben, das ich in Zukunft im Tarbusch als Talisman bei mir tragen sollte. Nicht vor Ehrfurcht, sondern von tiefster Verachtung ergriffen, schied ich von dem alten Heuchler, der sich durch derlei frevelhaften Unsinn in den Augen der abergläubigen Menge als einen Heiligen geltend machen wollte.“[98]

Herzog Max begrüßte es, auch bei manchen Einheimische ausgeprägte Skepsis dem Aberglauben und den Wahrsagekünsten gegenüber feststellen zu können: „Daß Mehemed-Ali den Aberglauben seines Volks nicht theilt“, notierte er, „beweist folgende Anekdote, die sich in den ersten Jahren seiner Regierung zutrug. In Ägypten erregte dazumal ein junges Mädchen großes Aufsehen. Sie war eine Art von Bauchrednerin, und gab vor, daß sie mit Gott und dem Propheten sprechen könne. Wohlweislich geschah dies stets nur in einem finstern Gemach. Der Vizekönig vernahm dies, und theils besorgend, es könnten Unruhen oder Exzesse daraus entstehen, theils vielleicht auch von Neugierde getrieben befahl er, sie zu ihm zu bringen. Und sie an der Hand festhaltend, gebot er ihr, ihre überirdischen Gespräche und Prophezeihungen zu beginnen. Doch das zitternde Mädchen war nicht im Stande, auch nur eine Silbe hervorzubringen. Da zog er seinen Säbel, trennte ihr das Haupt vom Rumpfe und sagte spöttisch zu den Umstehenden: ‚Da habt ihr eure Prophetin.‘ Das Prophezeihen soll seitdem in Ägypten aus der Mode gekommen seyn.“[99]

Doch so ganz sollte sich Herzog Max dem Aberglauben dann doch nicht entziehen können. Während der Fahrt auf dem Nil wurde er in seiner Kajüte mehrere Nächte lang zum Beobachter einer „großen, weiß-gelben Spinne [...], die sich jeden Abend regelmäßig an der niederen Decke meines Käfigs blicken ließ. Obgleich ich gegen diese guten Thiere eine absonderliche Abscheu hege, so huldigte ich doch beim Anblick meiner regelmäßigen Besucherin dem allgemein verbreiteten Aberglauben, daß man sie nicht vernichten dürfe, weil ein derartiges Unterfangen das Unglück nach sich ziehen wurde. Ich schlief endlich ein."[100]

Einen eigenartigen Vergleich zum Wahrsagen zog Herzog Max, als er diese Form des Aberglaubens mit Liebesbeziehungen gleichsetzte. Beides sah er offenbar als höchst riskant für die Unversehrtheit von Geist und Körper an – und im Fall eines unehelichen Verhältnisses konnte das gelegentlich auch absolut der Wahrheit entsprechen, wie er notierte: „Ebenso gefährlich als das Wahrsagen fallen in diesem Lande bisweilen die Liebes-Abenteuer aus. Hierzu diene folgendes Beispiel, das für den Helden der Begebenheit ohne Zweifel allzu romantisch ausfiel. Ein junger Grieche, vor Kurzem erst in Kairo angelangt, lustwandelte eines Tages in den schönen Garten-Anlagen unterhalb der Fenster des Pallastes, den die Wittwe des grausamen D—r bewohnte. Die als sehr begehrlich bekannte vornehme Dame mußte ihn von ihrem vergitterten Fenster aus beobachtet und sein vortheilhaftes Aeußere ihr wohlgefallen haben, denn alsbald näherte sich dem Spaziergänger ein Diener, der ihn, unter dem Vorwande, ein vornehmer Herr wolle ihn sprechen, zu folgen bat. Der sorglose Grieche that's und ist seitdem nicht mehr gesehen worden. Ohne Zweifel wurde er später bei Seite geschafft, was umso trauriger ist, da diese hohe Dame eher häßlich als schön seyn soll."[101]

Ende April brach der Herzog „an der Spitze einer Karawane von 115 Kamelen und Dromedaren"[102] aus Kairo wieder auf und nahm die nächste, die bereits achte Etappe seiner Reise in Angriff. Über Land ging es in Richtung Syrien weiter. Ein Abstecher nach der Sinai-Halbinsel, den sich Herzog Max gewünscht hatte, musste allerding unterbleiben. Nach langen Wochen erreichte die Reisegesellschaft Anfang Mai Asien und das Heilige Land, wo sie sich bis Anfang Juni aufhalten sollten.

Am Wendekreis des Krebses

Nach den angenehmen Tagen als Gäste des Vizekönigs in Kairo, ging es wochenlang auf den Rücken von Kamelen durch die glühend heiße Wüste. Da die Nächte eisig kalt waren, musste man sich bei Einbruch der Nacht eng in dicke Decken hüllen, um nicht zu frieren. In der der Nähe des Tempels von Meroe erlebte Max jedoch eine unvergessliche Nacht an einem ganz besonderen Punkt seiner Reise, der ihn tief beeindruckte. „Wir befanden uns gerade am Wendekreise des Krebses“, notierte er. „Hier, sagt der Nubier, sey die halbe Welt. Die Nacht, welche ich hier zubrachte, wird mir […] gerade unter dem Wendekreis sich zu befinden, ewig unvergeßlich bleiben.“[103]

Diese Begeisterung für den „Wendekreis des Krebses“ zeigt einmal mehr, wie belesen Herzog Max war. Ihm war bekannt, dass es sich beim „Wendekreis des Krebses“ um einen der beiden Breitenkreise handelt, die in je gleichem Abstand zum Äquator – und zwar von 2.609 Kilometern – parallel die Erde umspannen. Der Gürtel zwischen nördlichem und südlichem Wendekreis markiert die Tropen. Zur Sommersonnwende der Nordhalbkugel, um den 21. Juni eines jeden Jahres, erreicht die Sonne am Mittag den Zenit, ihren höchsten Stand, am nördlichen Wendekreis, dem des „Krebses“. Seinen Namen hat dieser Breitenkreis vom tropischen Tierkreiszeichen der Antike.

Der absolute Höhepunkt der Reise

Für den gläubigen Christen Herzog Max war es „d e r Höhepunkt der Orientreise und die erhabenste Stunde meines Daseins“, wie er gesteht, als er endlich in Jerusalem ankam, wo er die heiligen Stätten der Christenheit besuchen konnte, die ihn zu Tränen rührten: „Am 10. [Mai] betrat ich zum erstenmale die Stätte des heiligen Grabes. Bei meinem

Eintritt ertönte der feierliche Klang der Orgel, deren erhebenden Ton ich so lange schon vermißt. Doch wie soll ich Worte finden, die tiefe Rührung, die in solch' hohem Grade erhabene Empfindung und geheiligte Stimmung zu beschreiben, die sich meiner Seele bemächtigte, als ich den majestätischen Tempel betrat, als ich am heiligen Grabe selbst im stillen Gebete niedersank! — Die Geister meiner entschlafenen Eltern schienen mich liebend zu umschweben. Es war mir, als hörte ich deutlich den Ausruf ihrer Wonne, ihren Sohn hier an der heiligsten Stelle des weiten Erdenkreises zu erblicken und Thränen der Inbrunst füllten mein Auge, das mit höchstem Entzücken auf dem Grabe des Heilandes ruhte. Ich dankte meinem Schöpfer für die Gnade, mich unversehrt an das Ziel meiner Wanderung geleitet zu haben, ich pries Ihn für das lang entbehrte fromme Gefühl, das sich meiner bemächtigte, welches ich in den Zerstreuungen eines vergnügungsreichen Lebens nicht so mächtig empfunden hatte [...]. Doch niemals wird die Erinnerung an diese erhabenste Stunde meines Daseins aus meinem Gedächtnisse schwinden. Am folgenden Tage wohnte ich der Messe bei, welche mir vom Kurator am heiligen Grabe gelesen wurde. Ich ließ sie für das Wohl Seiner Majestät des Königs von Bayern, meines gnädigsten Herren und Schwagers und der gesammten Königlichen Familie abhalten. Nie in meinem ganzen Leben habe ich dem heiligen Opfer mit größerer Aufmerksamkeit beigewohnt."[104]

Ein weiteres unvergessliches Ereignis war für Herzog Max jener Moment, als er in Jerusalem den Ritterschlag empfing, durch den er die Würde eines „Ritters vom Heiligen Grabe" erhielt. Besonders begeisterte ihn, dass er bei dieser erhabenen Zeremonie mit dem Schwert des sagenhaften Gottfried von Bouillon (~1060 – 1100) umgürtet wurde. Dieser französische Graf hatte als Heerführer im Ersten Kreuzzug große Ehren errungen: Nach der Eroberung Jerusalems, bei der er als erster in die Stadt vorgedrungen war, wurde er der Regent des neu gegründeten Königsreichs Jerusalem, der die Königswürde allerdings ablehnte und sich stattdessen den Titel „Beschützer des Heiligen Grabes" gab.

„Es war am 13. Morgens“, schreibt Herzog Max, „als ich mich in das lateinische Kloster begab, um aus den Händen des ehrwürdigen Padre Reverendissimo den Ritterschlag zu empfangen, der mich der Würde eines Ritters vom heiligen Grabe theilhaftig machte. Nachdem ich ihm gebeichtet, das heilige Abendmal empfangen und dem feierlichen Hochamte beigewohnt hatte, empfing ich aus seinen Händen die Schuhe, das goldne Kreuz Gottfrieds von Bouillon und umgürtete mich mit dem alten Schwerte dieses frommen Helden, wobei ich jedesmal einige Formeln ablesen und zuletzt den Schwur ewiger Treue für unsere Religion und des Schutzes für das Grab des Erlösers leisten mußte. Eine feierliche Hymne der versammelten Mönche schloß diese erhebende Zeremonie, welche mich lebhaft in die schönen Zeiten der frommen Ritterzeit versetzte. [...] Seit mehreren hundert Jahren war ich der Erste vom Hause Bayern, der das Heilige Land betreten und zu Jerusalem den Ritterschlag empfangen hatte.“[105]

Auch Bethlehem, das galiläische Meer, der Jordan und Nazareth brannten in die Seele des Herzogs unauslöschliche Erinnerungen ein. Überhaupt fühlte er sich im Heiligen Land ebenso wohl wie in seiner Heimat Bayern, wie er gesteht: „Am andern Morgen verließ ich Gaza. Die Gegend wurde immer lieblicher, immer grüner. Nachdem ich am Nachmittage mit der Karavane einen Hügel erstiegen, zeigte sich in der Ferne das Gebirge von Judäa. Der Anblick dieser wahrhaft reizenden Landschaft erinnerte mich lebhaft an die schöne Gegend um Regensburg. Ich glaubte mich einen Augenblick im bayerischen Vaterlande. So wie überhaupt der Charakter des Ganzen mich an Gegenden Deutschlands mahnten.“[106] Und an anderer Stelle heißt es: „Den 9. hatten wir das Gebirge erreicht, dessen Gestaltung mich in kleinerem Maßstabe an unser Hochgebirge erinnerte, nur daß selbst auf den meisten der Gipfel liebliche Oelbäume sich erheben.“[107]

Trotz seiner Verehrung von Jesus Christus respektierte Herzog Max auch Andersgläubige und sah deren öffentlich praktizierten Glauben sogar als Vorbild für die Christen. Als er etwa, noch im ägyptischen Kairo weilend, die rituelle Waschung eines Gläubigen beobachtet hatte, konnte er seine Bewunderung nicht verbergen: „Es freute mich, zu sehen, wie wenig er sich durch unsere Neugierde in seinem frommen Treiben irre machen ließ. Unter den Christen gibt es, namentlich in unserm jetzigen Zeitalter, manche, die sich schämen, die Gebote der Religion vor den Augen Anderer auszuüben. Das mag hauptsächlich wohl darin seinen Grund haben, weil es heut zu Tage fast zum sogenannten guten Ton gehört, dergleichen entweder als Heuchelei oder Beschränktheit auszulegen. Denn man findet leider viele, welche sich zu schämen scheinen, Religion zu besitzen, indes bei Völkern andern Glaubens vielmehr ein Jeder Ehre und Pflicht darein setzet, Gott auch öffentlich seine Verehrung zu beweisen.“[108]

Begegnungen mit Seehelden, Anarchisten und Räubern

Mehrfach traf Herzog Max mit außergewöhnlichen Persönlichkeiten von teils sogar erschreckendem Ruf zusammen, mit denen er ins Gespräch kam und über die er auch in seinem Orientbuch berichtet.

Der griechische Seeheld Kanaris

Auf Syra, einer griechischen Insel der Kykladen im Ägäischen Meer, lernte der Bayernherzog den berühmten griechischen Seehelden und späteren Staatsmann Konstantin Kanaris (1790 – 1877) kennen, der dort eine Abteilung der griechischen Flotte kommandierte.

Kanaris hatte sich zu Beginn des griechischen Freiheitskampfs gegen die osmanische Fremdherrschaft, in dessen Dienste er sich stellte, einen Namen gemacht. Als Kapitän eines kleinen Handelsschiffs setzte er mehrere türkische Schiffe in Brand oder sprengte sie in die Luft. 1828 war ihm von der griechischen Regierung ein Geschwader von Kriegsschiffen anvertraut worden. Ab 1831 zog sich Kanaris auf die Insel Syra zurück.

Herzog Max hatte über ihn Folgendes zu berichten: Kanaris ist „ein hübscher großer Mann, dem seine Landestracht sehr wohl anstand. Sein Benehmen ist geschliffen, sein Blick fein und schlau. [...] Ein deutlicher Beweis seiner Redlichkeit ist noch dieser, daß er sich während der letzten Revolution nicht bereichert hat. Er blieb so arm wie zuvor, als er gemeiner Matrose war. [...] Kanaris erzählte mir von mehreren seiner Wagnisse. Er erzählte unter Andern, wie er einstmals an ein türkisches Kriegsschiff einen ‚Brander' [eine Zeitbombe] angelegt und sich schnell wieder entfernen wollte, da habe sich sein Boot in einen Strick unterhalb des Wassers verwickelt und sie hatten ungeachtet aller Mühe, das Schiff nicht mehr vom Fleck gebracht. Endlich habe sich ein kühner Matrose ins Wasser gestürzt, sei untergetaucht und habe noch zu rechter Zeit den Strick abgehauen; denn wenige Minuten darauf sei das türkische Schiff in die Luft geflogen. Er erzählte diese Anekdote mit gemüthlicher Lebhaftigkeit. Man sah ihm an, wie ihn die Erinnerung an diese Heldenzeit freute, doch ferne von jeglicher Prahlerei, während so viele seiner Landsleute sich bei jeder Gelegenheit als Retter ihres Vaterlandes bezeichnen."[109]

1848 wurde Kanaris Marineminister und 1862 übertrug ihm König Otto von Griechenland die Bildung eines neuen Kabinetts. Das von Kanaris vorgelegte streng konstitutionelle Programm wurde jedoch vom Hof nicht angenommen, was schließlich zum bekannten Aufstand von Nauplia und zum Sturz König Ottos führte. Unter dem neuen König Georg war Kanaris weiterhin bis zu seinem Tod 1877 Marineminister und Ministerpräsident.

Der aufrührerische General Theodorakis Griva

Herzog Max begegnete auf Syra auch dem berüchtigten Theodorakis Griva (1797–1862), der zu Zeiten der Anarchie in Griechenland Gräueltaten verübt hatte. „Er kam in seiner prächtigen rothen Palikarentracht, mit breiten Goldstickereien übersaet", notierte Max. „Sein männlich-schönes Gesicht verräht Heuchelei und mühsam unterdrückte Verschmitztheit. Von Gestalt ist er groß und stark gebaut. Seine Haltung ist kriegerisch. Man beschuldigt ihn der schändlichsten Grausamkeiten gegen seine eigenen Landsleute. Er hat sich ein ziemlich bedeutendes Vermögen zusammengescharrt. Damals, als ich ihn in Syra kennen lernte, war er wegen wiederholten aufrührerischen Umtrieben dahin verwiesen, was ihn ungemein zu kränken schien, da er sich als unschuldiges Opfer seiner Gegner betrachtete. Mitten unter friedlichen Handelsleuten, welche sichere Ruhe dem Kriege vorziehen, fühlte er sich umso mehr verlassen, da er auf keinen Anhang rechnen durfte; denn sein Name ist bei den meisten Griechen verhaßt. Er sagte mir, daß er für König Otto zu jeder Stunde sein Haupt niederzulegen bereit sei, was ich, wie natürlich, aus dem Munde dieses Mannes als bloße Redensart hinnahm."[110]

Der Sohn des grausamen Räubers Ibrahim Abu Gosh

Im Gebirge von Judäa traf Herzog Max überraschend mit dem Sohn des gefürchteten Räubers Abu Gosh zusammen. Als sich Max bei dem ihn begleitenden Führer erkundigte, „ob der berüchtigte Räuber Abougosh, von dem ich in mehreren Reisebeschreibungen gelesen hatte, noch immer sein Unwesen in diesen Gegenden treibe [...], so trat ein kleiner Mann herzu und sagte mit einigem Befremden: ‚Ich bin sein Sohn. Kennen ihn vielleicht die Reisenden?' Der Leser kann sich mein Erstaunen denken, welches dieses Zusammentreffen mit dem Sohne eines Mannes in mir hervorbrachte, dessen Verwegenheit und Grausamkeit lange Zeit der Schrecken der Pilger und seiner Landsleute war, welchen er häufig die Augen ausstechen hatte lassen. Sein Sohn hatte sich ebenfalls in seiner Bande befunden. Er erzählte mir mit größter Unbefangenheit von seiner frühern Lebensweise. Ibrahim-Pascha's Regiment hatte ihren Räubereien ein Ende gemacht. Zudem ist Abougosh jetzt alt und kränklich."[111]

Drei eindrucksvolle Geister

Drei Persönlichkeiten beeindruckten Herzog Max insbesondere auf seiner Orientreise: ein König, ein Eremit und ein Großherzog.

Ägyptens Vizekönig Muhammad Ali Pascha

„Mehemed Ali ist nicht groß und von untersetzter Gestalt. Sein Auge ist lebhaft und verräht Klugheit und jugendliche Lebhaftigkeit. Ja bisweilen drückt sich in seinem Blick Ironie aus. Er zählt beinahe siebenzig Jahre. Ein langer weißer Bart ziert sein geistreiches Antlitz, auf den er besondere Sorgfalt zu verwenden scheint. Seine Hände sind so klein und zart wie die eines Frauenzimmers."[112] So beschreibt Herzog Max den Vizekönig von Ägypten, Muhammad Ali (~1770–1849), der ihm und seinen Reisegefährten bei seiner Ankunft in Alexandria einen großartigen Empfang bereitete. Mit seiner Erlaubnis durfte Max bei seinem Besuch in Kairo das Palais von Ibrahim Pascha (1789–1848), dem erstgeborenen Sohn Muhammads, nutzen.

Obwohl Muhammad Ali nicht schreiben und lesen gelernt hatte, brachte er es bis zum Befehlshaber des Arnautenkorps – Arnauten ist der türkische Name für das Volk der Albaner – und herrschte als Gouverneur von 1805 bis zu seinem Tod über die osmanische Provinz Ägypten. Er dehnte seine Herrschaft über große Teile Arabiens aus und unterwarf Nubien. Max imponierte dieser Mann außerordentlich: „Bevor ich meine Skizzen über Egypten schließe, muß ich noch der mehr als freundschaftlichen Aufnahme erwähnen, die mir von Seite Mehemed Ali's zu Theil wurde, welches mir um so schmeichelhafter war, da ich sie von einem Manne genoß, dessen gewaltiger Unternehmungsgeist Egypten um einige Jahrhunderte früher seiner Civilisation näher rückte. Was er zur Beförderung des Fabrikwesens, des Handels, was er in militärischer und namentlich in polizeilicher Hinsicht Gutes und Außerordentliches geleistet, erfüllt den aufmerksamen Reisenden mit Bewunderung für einen Fürsten, dessen heller Geist binnen wenigen Jahren ein so zu sagen wildes Volk auf eine solch' überraschende Stufe der Bildung zu schwingen vermochte [...] Möge der Himmel seine Bemühungen krönen, möge er diesen wahrhaft großen Mann diesem Reiche noch lange erhalten."[113]

Besonders erfreut war Herzog Max, als im Laufe seines zweiten Aufenthalts in Kairo auf Muhammad Alis Befehl ein Grab geöffnet und dessen Inhalt – vermutlich Teile einer Mumie sowie Grabbeigaben wie Tonfiguren und Schmuck – großmütig unter der Reisegesellschaft verteilt wurde. Das Grab, dessen exakte Lage nicht genau bezeichnet ist, befand sich vermutlich im Gebiet der Pyramiden von Gizeh am westlichen Rand des Niltals etwa 15 Kilometer vom Kairoer Stadtzentrum entfernt. Herzog Max schien diese Plünderung einer alten Bestattungsstätte wohl nicht weiter beunruhigt zu haben, war er doch auf derartige Reiseandenken, die später in seiner Banzer Sammlung landen sollten, höchst erpicht. So hatte er in Qina, einer oberägyptischen Stadt am östlichen Nilufer, bereits ohne schlechtes Gewissen eine Mumie, menschliche Schädel und Grabbeigaben erworben. Gleichwohl bezeichnetet er es als „großes Glück [ ], daß Mehemed-Ali seit einigen Jahren die Verschleppung von Alterthümern durch gewinnsüchtige Europäer beschränkt hat“[114]. Und beim Besuch eines Tempels auf der Insel Philae entrüstete er sich: „Schade nur, daß an vielfachen Stellen der Vandalismus der Menschen die Zerstörungswuth der Zeit überboten hat. Mehrere der größeren Figuren an der Außenseite sind förmlich absichtlich und mit Hülfe des Meißels heraus geschlagen.“[115]

Kurze Zeit später brach die Reisegruppe mit einer Karawane von 115 Dromedaren und Kamelen von Kairo aus nach Syrien auf. In Muhammad Ali sah Max rückblickend wohl vorrangig den Begründer des modernen Ägypten, den grausamen Despoten blendete er jedoch völlig aus. Vielleicht wusste er auch nicht, dass Muhammad Ali etwa am 1. März 1811 unter den Mameluken, einer Militärelite, in denen er eine potentielle Gefahr für seine Macht und ein Hindernis beim Aufbau einer modernen Armee vermutete, ein Massaker hatte anrichten lassen: Er hatte seine albanischen Truppen dazu angestachelt, indem er ihnen die Häuser der Mameluken zur Plünderung und die Frauen zur Vergewaltigung freigab. Rund tausend der Elitesoldaten sollen dabei ums Leben gekommen sein.

Der „Eremit von Gauting“

Bei einem Halt am Fuße der Pyramiden ereignete sich im Lauf der Nilfahrt der Reisegesellschaft folgende Episode: Ein Reiter sprengte plötzlich in gestrecktem Galopp auf die Gruppe zu, brachte es in letzter Sekunde zum Stehen, zog den Hut und rief: „Grüß Gott, Herzog Max!" Dann machte er sofort wieder kehrt und so schnell wie er gekommen war verschwand er im Staub der Wüste. Niemand wusste zunächst, wer das gewesen sein mochte.

Bald traf Herzog Max den unbekannten Mann jedoch bei einem Spaziergang wieder, wie er in seinem Reisebericht notierte: „Am Abende legten wir einige Stunden bei der Stadt Girgeh an. Sie war winkelig wie die meisten dieser Orte. Ich schlenderte umher, gepeinigt von einem Troß zudringlicher Bettelkinder, in Lumpen gehüllt, als ich einen Europäer bemerkte, der sich uns langsam näherte und uns in deutscher Sprache anredete. Er trug einen ziemlich langen grauen Ueberrock. Ein langer, schneeweißer Bart hing ihm bis auf die Brust herab. Auf dem Kopfe trug er eine runde, schwarz-seidene Mütze, die Füße bekleideten hohe, röthlichte Juchtenstiefel und im Munde steckte eine kurze hölzerne Pfeife. Es war Baron von H—g, Gutsbesitzer in der Nähe Münchens, eben auf dem Rückwege von Theben nach Kairo begriffen. Ich hatte ihn früher nicht gekannt und hätte niemals geahnt, ihn so weit vom Vaterlande, in einem Städtchen Oberägyptens, zu treffen und kennen zu lernen."[116]

Bei der von Herzog Max in seinem Bericht als „H – g" abgekürzten Person handelte es sich um Karl Theodor Freiherr von Hallberg zu Broich (1768 – 1862), ein bayerisches Original, der sich zu dieser Zeit in Ägypten aufhielt und von der gleichzeitigen Anwesenheit des Herzogs erfahren hatte. Er trug auch in der sengenden Hitze des Orients einen pelzverbrämten Rock, der über und über mit Orden und Ehrenzeichen behangen war, außerdem die erwähnten zinnoberroten Juchtenstiefel und auf dem hageren Kopf, den ein langer Bart zierte, saß eine riesige Bärenmütze.

Max lud Hallberg-Broich spontan auf seine Barke zum Abendessen ein und unterhielt sich mit ihm. Der Freiherr äußerte sich „mit ruhiger Einsicht und biederer Offenheit", was dem Herzog sehr gefiel. Hallberg-Broich versicherte ihm, dass für ihn nur Reisen wahres Leben bedeutete, weshalb er schon seit seiner Jugend die ganze Welt befahre. Seine erste Großreise von 1794 bis 1796 habe ihn angeblich bis nach Amerika geführt. Und natürlich habe er auch alle Länder Europas kennengelernt, weshalb er sich derzeit auf einer Orientreise befinde. Max war von diesem exzentrischen, ihm aber deutlich ähnlichen Charakter sofort fasziniert. Hätte sich Hallberg-Broich nicht fortwährend an fernen Orten und in Bewegung von einem Land zum nächsten aufgehalten, hätte der Bayernherzog den Freiherrn sicher mit Freuden in seinen Freundeskreis aufgenommen.

Erst im Alter, infolge körperlicher Hinfälligkeit, stellte Hallberg-Broich das Reisen ein und begnügte sich nach einem turbulenten, in alle vier Himmelsrichtungen verstreuten Leben mit einem zurückgezogenen, einfachen Dasein in Schloss Fußberg bei Gauting nahe dem Starnberger See. Bald wurde er so als „Eremit von Gauting" bekannt. Gleichwohl hatte er aber 1853 mit 85 Jahren noch ein Liebesabenteuer mit einer 18-jährigen Freisinger Bürgerstochter. Im hohen Alter von 94 Jahren starb er auf seiner Burg Hermannsdorf, zwischen Landshut und Straubing gelegen.

Großherzog Carl Friedrich

Die dritte Persönlichkeit, die Herzog Max bewundernd beschrieb, lernte er auf der Rückfahrt in Neapel kennen. Es war der Großherzog Carl Friedrich von Sachsen-Weimar-Eisenach (1783 – 1853).

Carl Friedrich führte in seinen heimischen Ländern die liberale Politik seines Vaters Karl Augusts fort, der mit der 1816 verabschiedeten Verfassung seinen Untertanen bislang schier ungekannte Möglichkeiten wie Pressefreiheit oder das Recht der freien Meinungsäußerung eingeräumt hatte. Unter dem Einfluss seiner Gemahlin entstanden ab 1821 erste Sparkassen im Herzogtum sowie zahlreiche Wohlfahrtseinrichtungen. Carl Friedrich förderte in seiner 35-jährigen Regierungszeit unter anderem Landwirtschaft, Handel und Gewerbe in Sachsen-Weimar.

„Sein Umgang", schrieb Max, „war für mich so belehrend so wie seine persönliche Liebenswürdigkeit nie meinem Gedächtnis entschwinden wird. Er besitzt in vollem Maße die herzgewinnende Gabe, den Fürsten und den schlichten Privatmann auf die gefälligste Weise in sich zu vereinigen.“[117] Fürst und schlichter Privatmann gleichzeitig zu sein, das war auch Herzog Max’ Ziel.

Pest und Cholera

Aus Oberägypten nach Kairo zurückgekehrt, hatte der Herzog die Schreckenskunde vom Ausbruch der Pest in Alexandrien vernommen, die ihn fortan auf der weiteren Reise begleiten und ihn zu den größten Vorsichtsmaßnahmen zwingen sollte. Er und sein Gefolge blieben zunächst verschont, „[d]och welcher Schrecken bemächtigte sich meiner“, musste Max später vermelden, „als ich meinen Arzt Dr. Bayer, der sich bei meinem Abgehen schon unwohl gefühlt, ernstlich erkrankt fand, so daß er das Lager nichtmehr verlassen konnte. Er erklärte sein Uebel für ein gastrisches Fieber, doch sein immerwährendes Schlummern, seine außerordentliche Mattigkeit und auffallende Abgestumpftheit erfüllte mich mit Besorgnis. Ein Brechmittel, das er sich verordnet, verfehlte seine Wirkung und verschlimmerte eher seinen Zustand, indem es ihm das Blut nach dem Kopfe drängte.“[118]

Am 25. Mai starb der Arzt in Nazareth an der Pest. Herzog Max musste so einen Mann betrauern, „in dem ich mehr als einen treuen Diener in welchem ich einen wahrhaften Freund von Geist und Charakter verloren hatte“[119].

Die Folge des tragischen Todesfalls war, dass Max und seine Begleiter für „verzweiflungsvolle 19 Tage“ in Quarantäne leben mussten. Von den Einheimischen wurden sie wie Aussätzige gemieden, es gab kaum zu essen und zu trinken. Es sah für die Reisegesellschaft nicht gut aus, bis ihnen „ein rettender Engel“ zu Hilfe kam und sie mit Nahrung und frischem Wasser versorgte. Max empfand unendliche Dankbarkeit für „die tröstende Hand eines weiblichen Engels [ ], der schon seit vielen Jahren seine Heimath verlassen, um ferne vom Geräusche einer lieblosen Welt, nur in der Erinnerung an die schönen Tage der goldenen Jugendzeit zu leben, und Nächsten wie Fremdlingen Gaben der Freundschaft und Liebe zu spenden. Gleich in den ersten Tagen erhielt ich ein freundliches Schreiben mit der einfachen, liebevollen Aufschrift: ‚aux Allemands malades' [an die kranken Deutschen], nebst einigen Körben mit Essenzen, Rum und Broten. Und diese Trösterin in der Noth, dieses theilnehmende zartfühlende Wesen war – Lady Stanhope, die einsame Bewohnerin des Fleckens Dgioun am Libanon, zwei eine halbe Stunde von hier entlegen. [...] Diese unerwartete Theilnahme, noch dazu gespendet von Seite dieser Frau, lockte mir Thränen des Dankes, der Rührung hervor. Ich beeilte mich, Ihr in einem Schreiben den innigsten Dank meines Herzens auszusprechen [...] Bald darauf erhielt ich ein höchst schmeichelhaftes Schreiben von der Hand dieser edlen Dame, das mir Ihr Arzt, ein bejahrter Engländer, überreichte, und von nun an sandte Sie jeden Morgen reichliche Gaben von verschiedenen Lebensmitteln, ja selbst mit frischem Wasser versorgte uns Ihre beispiellose Güte, da das unsere sehr schlecht und schädlich war."[120]

Hester Stanhope (1776 – 1839), die Tochter des 3. Earls Stanhope, eines britischen Politikers und Erfinders, gilt als eine der ersten Abenteurerinnen des 19. Jahrhunderts. 1810 zog sie sich zusammen mit 24 Katzen in ein verlassenes Bergkloster im Libanon zurück, wo sie fast drei Jahrzehnte bis zu ihrem Tod hauste. Gelegentlich empfing sie in ihrer Einsiedelei europäische Globetrotter, aber auch Räuberhäuptlinge, die ihr geheime Botschaften überbrachten. Sie baute das alte Kloster von Joun um und pflanzte einen exotischen Garten mit seltenen Bäumen. Das Wasser dafür musste sie eine Stunde Wegs den Berg hinaufschleppen. Die britische Gesellschaftspresse observierte mit Vorliebe ihre Eskapaden, druckte jede ihrer Skandalgeschichten ab und nannte sie Europas „Königin der Wüste" oder „Mystery Lady of the Orient". Vor ihrem einsamen Tod war sie hoch verschuldet.

Heim nach Europa

Die neunte und letzte Reiseetappe von Herzog Max' Orientreise nahm am 11. Juni ihren Anfang: die Rückreise, die – von weiteren

Quarantäneaufenthalten unterbrochen – am 17. September mit der Ankunft in München endete.

Nur unter größten Schwierigkeiten konnte sich der Herzog mit seinem Gefolge in Alexandrien einschiffen, wo mittlerweile nicht nur die Pest, sondern auch Cholera und Schwarze Pocken ausgebrochen waren. Endlich gelangte die Reisegruppe auf die Insel Malta, wo sie sich bei nochmaliger 19-tägiger Quarantäne von den Schrecken der letzten Tage in der von Krankheit gebeutelten ägyptischen Hafenstadt erholen konnte. Ab Ende Juli konnte schließlich der Heimweg über Neapel, Rom, Turin, Genf, Basel und Stuttgart nach München fortgesetzt werden. Man kann davon ausgehen, dass diese Wochen recht unspektakulär verliefen, denn Max verliert in seinen Reiseerinnerungen nicht mehr als einen Satz über die Zeit.

Nach achtmonatiger Reisezeit traf der Herzog mit seinem Gefolge am 17. September 1838 zum Glück wohlbehalten wieder in München ein. Die Reise hatte insgesamt 240 Tage gedauert und 100.000 Gulden gekostet.

Am 20. September wurde Max von der Münchner Bürgerschaft mit einer Militärparade und einem festlichen Fackelzug herzlich willkommen geheißen. Auf dem Balkon seines Palais lauschte er den ihm dargebrachten Musikvorträgen. Zwei Monate später bereite ihm auch seine Geburtsstadt Bamberg einen warmen Empfang und führte ihm zu Ehren im Concordia-Theater ein eigens verfasstes Festspiel mit dem Titel „Die Rückkehr“ auf.

Das Orientbuch des Herzogs

Über seine an neuen Eindrücken, exotischen Szenen und unvergesslichen Erlebnissen überreiche Reise nach Ägypten und ins Heilige Land verfasste Herzog Max ein Buch, das bereits 1839, noch nicht einmal ein Jahr nach seiner Rückkehr, erschien. Der Titel: „Wanderungen nach dem Orient 1838, unternommen und skizziert von dem Herzoge Maximilian in Bayern“. Da Max damals auch schon die teils doch etwas bissige Natur der Literatur-Rezensenten kannte, erklärte er, um gleichsam den „scharfen Pfeilen der Kritiker" zu entgehen, dass das „kleine Werkchen" nicht als wissenschaftliches Produkt angesehen werden sollte. Spaßeshalber fügte der Herzog auf den Seiten 184 und 187 angebliche Zensurlücken ein. Zeitgenossen lobten das Buch des Herzogs jedenfalls in den höchsten Tönen und man trug ihm sogar die Ehrenmitgliedschaft der Bayerischen Akademie der Wissenschaften an.

Dieses „kleine Werkchen", aus dem während der vorangehenden Beschreibung seiner Orientunternehmung auch hier schon oft und ausgiebig zitiert wurde, enthält immerhin 38 lebendig erzählte Kapitel, in denen Max die Strapazen der Reise, die besichtigten Altertümer, die Begegnungen mit Einheimischen und anderen Reisenden und viele weitere Details kenntnisreich beschreibt. Eine kleine Auswahl beweist sein Können im Finden griffiger und Neugier weckender Titel für die einzelnen Abschnitte:

1. Hinaus aus dem bequemen Alltag
3. Ein kleiner Harem an Bord
5. Bayerns Flagge signalisiert meine Ankunft
7. Der berüchtigte Griva kommt zu Besuch
10. Auf allen Vieren in die Katakomben
19. Der ermordete Liebhaber
21. Das Thal der Löwen
23. Umherschleichende Gestalten im Dunkeln
28. Das Heilige Land erinnert mich an Bayern
39. Kanonendonner zur Stunde der Freiheit
40. Heimkehr

Illustriert wurde das Buch mit sechzig kolorierten Lithografien Heinrich von Mayrs, der als Kabinettmaler auch Teil der Gruppe gewesen war, die den fernen Orient erkundet hatte. Während er den Herzog auf der Reise begleitet hatte, waren von seiner Hand unermüdlich Landschaften und Sehenswürdigkeiten, Volks- und Straßenszenen sowie Architekturen der Tempel, Pyramiden oder Ruinen skizziert und die Reisegesellschaft bei der Besichtigung der antiken

Monumente bildlich festgehalten worden. Auf den Genreszenen lassen sich noch die kleinsten Details der dargestellten Kostüme, Waffen, Schmuck- und Gebrauchsgegenstände erkennen. Einige der Bilder, die in erster Linie natürlich vor allem für den Herzog gedacht waren, gingen im Lauf der Reise aber auch als Dankgeschenk an hochgestellte Gastgeber wie Muhammad Ali.

Ergänzend zu Herzog Max' Werk über seine Fahrt in den Orient, brachte Mayr selbst zwei Bildwerke heraus. Seine erste eigene Veröffentlichung erschien 1839 unter dem Titel „Malerische Ansichten aus dem Orient". 1846 bis 1850 entstanden dann seine „Genrebilder aus dem Orient. Gesammelt auf der Reise seiner Königlichen Hoheit des Herrn Herzog Maximilian in Bayern". Die Originalausgabe dieses Buchs hat heute einen unglaublichen Wert erreicht und wurde etwa Anfang 2016 von einem Antiquariat für 15.000 Euro angeboten.

Eine „Wunderkammer" für die Reise-Souvenirs

Herzog Max brachte aus Ägypten und aus dem Heiligen Land verschiedenste Reiseandenken mit nach Hause. Während die als Souvenir erworbenen christlichen Reliquien wie Holzspäne der Krippe Jesu, Erde vom Ölberg, Dornenzweige von Golgatha und ähnliche fromme Andenken in die Schlosskapelle nach Unterwittelsbach wanderten, wurden die weltlichen Mitbringsel ins oberfränkische Schloss Banz gebracht. Dort ließ Max zwei Zimmer im orientalischen Stil einrichten, in denen er seine „Orientalische Sammlung" unterbrachte. Ausgestaltet waren die Räume mit verzierten Schränken und Gestellen, die Wände zierten Tapeten mit Lithographien, die Ansichten aus Ägypten und dem Heiligen Land zeigen. Letztere waren, wie schon die zahlreichen Bilder, von Kabinettsmaler Heinrich von Mayr auf der Reise angefertigt worden.

Neben einigen altägyptischen Objekten – Grabbeigaben, kleine Reliefs und Flechtarbeiten aus Nubien oder Gesteinsproben –, enthält die Sammlung ethnografische Gegenstände wie Jagdspeere, Buckelschilde oder Silbergehänge, außerdem ausgestopfte exotische Vögel und Reptilien – darunter ein 8,90 Meter langes präpariertes Nilkrokodil. Auf Krokodile traf der Herzog mehrfach während seiner Fahrt auf dem Nil, so auch am 12. März in der Nähe von Girgeh, wie er berichtet: „Den 12. gegen Tagesanbruch ging die Reise weiter. Der Wind blies wieder günstig. Ich sah im Verlaufe von wenigen Stunden fünf Krokodile, welche auf den Sandbänken sich sonnten. Ich schoß auf Eines und sah, wie die Kugel an seinen Schuppen abprellte. Man muß sie unterhalb der Vorderfüße in die Weichen zu treffen suchen; denn wenn sie schlafen, strecken sie einen Fuß in die Höhe. Dahin muß man zielen."[121] Außer dem erwähnten Prachtexemplar finden sich in Banz noch zwei kleinere Nilkrokodile. Prunkstück der Sammlung ist eine 2.600 Jahre alte Mumie mit einem rätselhaften Lächeln.

Eine wahre Kunst- und Wunderkammer ist dieses Kuriositätenkabinett: Neben einem Amulett-Anhänger mit dem affenköpfigen Horussohn Hapi befinden sich ein Sargdeckel, ein auf der Reise geschossener präparierter Merlin, ein grünleuchtender Edelpapagei, Zedernzapfen aus dem Libanon und Früchte der Thebenpalme aus Ägypten oder Nubien, Päckchen mit Pinienkernen samt Kuvert mit Originalsiegel von Herzog Max. Dazu ein Relieffragment vom Tempel Kleopatras VII. in Armant mit Beschriftungszettel und religiöse Texte in osmanischer Sprache. Von wissenschaftlichem Interesse ist ein verwitterter Reliefblock aus der römischen Zeit, der dem Tempel von Dendur zugeordnet werden konnte. Der in der Sammlung ausgestellte Säbel aus Damaszenerstahl wurde von Herzog Max wahrscheinlich während der Reise selbst getragen, ebenso die gezeigte Samtjacke und der Fez, eine typische arabisch-türkische Kopfbedeckung in der Form eines stumpfen Kegels aus rotem Filz mit Quaste.

Die in ihrer Art einzigartige, höchst originelle Sammlung des Herzogs, die man viele Jahre eher stiefmütterlich behandelte, wurde von 2009 bis 2011 neu arrangiert und kann seither im Sammlungsbau, in neuem Glanz erstrahlend, besichtigt werden. Kloster Banz beherbergt außerdem eine historische Petrefaktensammlung mit interessanten Versteinerungen und Mineralien aus der Umgebung, besonders vom

Banzer Berg, darunter der über zwei Meter lange Kopf eines Ichthyosaurus trigonodon, dessen gesamte Körperlänge auf elf Meter geschätzt wird. Es ist das größte versteinerte Skelett eines Fischsauriers in Europa. Diese Petrefaktensammlung wurde bekanntermaßen von Max' Großvater Herzog Wilhelm angelegt, der mit Gelehrten in der Umgebung von Banz Fossilien sammelte, über deren Ursprung man seinerzeit noch rätselte.

Reisen 1839 bis 1846

Selbstverständlich hielt es Herzog Max auch nach dem außergewöhnlichen Erlebnis seiner Orientreise nicht lange auf heimischem bayerischem Boden fest. Er war es gewohnt, weiterhin bevorzugt im Frühjahr und im Sommer auf Reisen zu gehen. Bereits in den ersten Monaten des Jahres 1839 zog es ihn nach Holland und Belgien und 1844 besuchte er wieder einmal Paris, wo er von König Louis Philippe und seiner Tante, der verwitweten Prinzessin von Wagram, empfangen wurde. Max suchte bei dieser Gelegenheit nicht nur seine Verwandte und die Sehenswürdigkeiten der Stadt auf, sondern auch die Ateliers berühmter Künstler. Jean-Pierre Dantan modellierte von ihm eine Büste. Außerdem fertigte der durch seine Karikaturen bekannte Künstler auf Max' besonderen Wunsch hin „eine köstliche kleine sitzende Statuette des Zither spielenden Herzogs“[122], die dem musikalischen Modell so sehr gefiel, dass er zahlreiche Abgüsse davon anfertigen ließ und verschenkte. Den Winter 1845/46 verbrachte Herzog Max wieder in Italien und auf Sizilien.

Manche vermuten, es sei nicht auszuschließen, dass der Herzog Symptome einer Reisesucht aufgewiesen habe, da er Reisen nicht nur als schlichten Zeitvertreib oder angemessene Beschäftigung für einen Angehörigen des Adels ansah, sondern als wesentlichen Lebensinhalt betrachtete. Die gleiche Ansicht und das gleiche Verhalten waren auch bei seiner Tochter Sisi zu beobachten. Max schien die Zeit zwischen einer abgeschlossenen und der darauf folgenden Reise lediglich als eine unumgängliche und lästige Unterbrechung des wahren

Lebens empfunden zu haben. Jedes Fernziel schien ihm interessant zu sein, je exotischer, desto reizvoller.

War Reisen für den Herzog nur eine teuer erkaufte Flucht vor der Realität, der er gerne wochen- oder monatelang verfiel? Oder „lebte er in dem Irrsinn des Sich-immer-schneller-Drehens, um für Momente den Tod wegzuschleudern“[123], der ihn zeitlebens schreckte? Die Gewissheit, dass Aufenthalte in der Fremde nicht das alltägliche Leben, sondern lediglich ein Luxus auf Zeit waren und dass ihn die Realität über kurz oder lang zu Hause erneut erwartete, wurde für den „Flüchtenden“ mit zunehmender Distanz fortwährend unschärfer. Herzog Max schien sich der Illusion von absoluter Unabhängigkeit und Freiheit von irdischen Zwängen gerne hinzugeben. Für ihn waren die rastlosen Bewegungen von einem Ort zum anderen nicht nur kurzfristige Abschnitte im Leben, sie wurden ihm zum Lebensstil.

Herzog Max und die Volksmusik

Der „Heiling Jean"

In den dreißiger Jahren des vorigen Jahrhunderts erregte in vielen Großstädten ein Zithervirtuose enorme Aufmerksamkeit. Er nannte sich „Heiling Jean" und füllte sogar große Konzertsäle. Das Besondere an ihm war, dass er ein Instrument beherrschte, das fast ausschließlich in Oberbayern und Tirol gespielt wurde und das sonst kaum einem anderen Europäer bekannt war. Es war die bis dahin verachtete Zither, ihrer Verbreitung in der bäuerlichen Gesellschaft nach auch abschätzig „Bauernhexe" genannt. Auf ihr spielte er solo oder in Begleitung einer Gitarre und einer Violine Arien und Volksweisen auf meisterhafte Weise.

So meisterhaft, dass Herzog Max' enger Freund Franz von Kobell ins Schwärmen geriet und über sein Spiel und die wundersamen Klänge, die der Virtuose aus diesem Instrument hervorzuzaubern verstand, folgende Verse dichtete:

Es is, als wie des Wasser von an See,
Bald is's so glatt und ruhi, wie'r a Spiegl.
Und Sternein schaugn eini von der Höh,
Bald kimmt a Sturm und hörst die Welln brausn,
Und nacher wieder hörst a frumms Gebet,
Als thaat da oaner drum 'n Himmi danken
Daß ihm sei' Schiffei no' nit untergeht. –
So ko' ma wohl a bisl was verzähl'n,
Was aus der Zither außa bringt der Mo',
Des Rechti aber, des oan dabei rigelt,
Dees glaab i nit, daß's oaner sagn ko',
Schau b'schreib' an Regnbogn no' so fei',
Sei' Lebta werds koa Regnbogn sei',

Und so gehts mir mi'n Gschpiel von selln Mo',
Drum sag' i, kimm und hör dir'n selber o'.[124]

Der richtige Name dieses Zithervirtuosen war Johann Petzmayer, geboren am 18. Januar 1803 als Sohn eines Wirts in Zistersdorf bei Wien. Noch bevor er richtig lesen und schreiben konnte, griff er schon zur Geige. Mit 16 Jahren entdeckte er dann seine Liebe zur Zither, einem Instrument, das er als technisch begabter junger Mann alsbald sogar weiterentwickelte.

Zunächst wurde er zum Meister auf der sogenannten „Schlagzither", die sich aus dem uralten Monochord entwickelt hatte, bei dem nur eine Saite über einen rechteckigen, hölzernen Resonanzkasten gespannt war. Durch Verdoppelung der Melodiesaiten kam es dann zur rechteckigen Form der „Scherrzither", auch „Kratzzither" oder „Schlagzither" genannt, da die Saiten nun von der rechten Hand mit einem Federkiel oder Fischbein hin und her angeschlagen, gescharrt oder gekratzt wurden, um eine tremolierende Tonfolge zu erzeugen.

Im Alter von zwanzig Jahren erfand Petzmayer die Streichzither: Dieses Instrument war etwa „fünfzig Zentimeter lang, mit einem herzförmig gestalteten Schallkörper, dessen flacher oberer und unterer Boden runde offene Schalllöcher trug. Das Griffbrett in der Mitte hatte drei Stahlsaiten, stimmbar wie die drei obersten Saiten einer Violine. Auf dem unteren Schallboden waren drei kurze Füße befestigt, damit wurde das kleine Instrument – zur Verstärkung des Tons – hohl auf den Tisch gesetzt und mit einem gewöhnlichen Bogen gestrichen."[125] Dem von ihm selbst entwickelten Musikinstrument entlockte Petzmayer so herrliche Töne, dass man ihn bald den „Paganini der Streichzither" nannte.

Sein meisterhaftes Spiel brachte der junge Johann im Wiener Gasthaus seines Vaters, genannt „Zum heiligen Johann", zunächst den Gästen zu Gehör. Von den Bürgersleuten und Künstlern, die in der Wirtschaft der Petzmayers verkehrten und den begabten Bub samt seiner Zither bestaunten, wurde er in Anlehnung an den Namen des

Hauses bald nur mehr „Heiling Jean" gerufen. Rasch wuchs sein Ruf und drang auch bis in die Wiener Hofburg vor. Ab 1826 reichten ihn die Erzherzöge als musikalische Sensation in ihren Salons herum, worauf er im folgenden Jahr von Kaiser Franz I. von Österreich höchstpersönlich eine Einladung erhielt. Von nun an ging es für „Heiling Jean" oder „Schani", wie man ich auch rief, in die Welt hinaus: nach Graz, Budapest, Linz, Brunn, Krakau und Breslau. Im königlichen Schlosstheater von Berlin tanzten sogar die Schwestern Fanny und Therese Elßler, zwei der größten Tänzerinnen des 19. Jahrhunderts, zu seiner Zitherbegleitung. Weiter ging es nach Hamburg, Hannover, Mainz, Leipzig, Zittau, Prag, Erfurt, Gotha, Coburg und Bamberg. Überall wurde Johann Petzmayer mit gleicher Begeisterung aufgenommen und war schon bald der gefeierte Liebling des Publikums.

Wie es heißt, habe der herausragende Virtuose Petzmayer „über ein ‚Spielgut' von 242 Zitherstücken verfügt", darunter „27 Tonstücke und Phantasien konzertanten Charakters, 75 Lieder und Romanzen, 58 Alpenlieder, 34 Walzer und 48 Ländler. Etwa ein Viertel dieser Stücke seien von ihm selbst komponiert oder arrangiert worden."[126]

Der „Zithermaxl"

Sein letzter Gastspielort, Bamberg, sollte für Johann Petzmayer und seine Zither 1837 zum Sprungbrett einer ungeahnten Karriere werden. Herzog Max in Bayern hörte ihn dort und war derart von der Kunst des Wieners begeistert, dass er sofort den Entschluss fasste, bei diesem Meister selbst das Zitherspiel zu erlernen. Er nahm ihn mit nach Tegernsee zu einer Fürstenversammlung, bei der auch der russische Zar zugegen war. Petzmayer gewann dort im wahrsten Sinne des Wortes spielend die Gunst des hochnoblen Publikums. Die Folge war, dass ihn Max am 27. Oktober 1837 mit einer feierlichen Urkunde zu seinem Kammervirtuosen ernannte, eine Stellung, die Petzmayer 34 Jahr lang bis zu seinem Tode am 24. April 1871 innehatte.

Der Funke der Begeisterung für die Zithermusik sprang auf die ganze herzogliche Familie über und ebenso auf die Freunde von Max.

Petzmayer, der eine Wohnung nahe dem Max-Palais in der Münchner Fürstenstraße 19 bezog, verzauberte jeden mit seinem Spiel. Er erreichte, zusammen mit dem ihm tief verbundenen Herzog, dass das einstige „Bauern- und Lumpeninstrument" nicht nur im Volk weitere Verbreitung fand, sondern sogar in höfischen Kreisen fulminant Einzug hielt. Bald wurden auch anderen begabten Zitherspielern an den Höfen Europas Stellungen als Kammermusiker angeboten und das nicht nur in den neuen Heimen der erwachsenen Kinder von Herzog Max – der Kaiserin Elisabeth in Wien, der Königin Marie in Neapel, der Fürstin Helene von Thurn und Taxis oder dem Herzog Wilhelm in Bayern –, sondern auch bei König Otto von Griechenland, der Erzherzogin Marie von Österreich, der Kronprinzessin Alexandra von England, der Prinzessin Beatrice von Wales und vielen anderen.

Aus der anfänglichen Lehrer-Schüler-Beziehung von Herzog Max und seinem Kammervirtuosen wurde bald eine enge Freundschaft. Petzmayer durfte nunmehr bei keiner festlichen Gelegenheit fehlen und war bei den Tafelrunden des Herzogs ebenso zugegen wie bei der Fürstenversammlung in Tegernsee. Er begleitete Max auch auf allen Reisen und sorgte mit seinem Spiel stets für gute Laune. Auf der Orientreise erklang seine Zither bekanntermaßen sogar am Fuße der Pyramiden – teils begleitet von Herzog Max. Dieser hatte es unter der Anleitung Petzmayers selbst zu beachtlicher Virtuosität auf dem Instrument gebracht. Über Max' musikalische Künste schrieb Franz von Kobell folgende Lobeshymne:

> Moant's, ees alloa kinnt's Zithernschlagn
> / In Steyermark und Krain,
> Wann's ebbes B'sunders hör'n wollt's,
> / Kemmt's grad nach Boarn rei'.
> Und fragt's amal nach Wittelsbach
> / Und nach sein' liebn Herrn,

Da glanzt den schön'n Zitherspiel
/ A gar a guater Stern.
Es is der Herzog Maxmilian,
/ Der selber d' Zither schlagt,
Woaß nit, ob mar an sellan Prinz
/ Bei Enk in Land derfragt.
Und spiel'n thut er's nett und fei',
/ Hat halt a Lieb' zu'n ihr,
Dees kimmt, verstehst, von sein Gemüth
/ Und 's Herz hat er dafür.
Und schau' dees is die Seltnheit
/ An so an' groß'n Herrn,
Daß 's Herz nix von sein' Titl woaß
/ Und hat a Zither gern.
Und schau dees is a Zeugnschaft,
/ Wo koani drüber geht,
Daß d' Zither aa, als wie bein Enk,
/ Bei uns in Ehr'n steht.[127]

Wegen seiner Leidenschaft für die Zither und seinem virtuosen Spiel auf seinem liebsten Instrument wurde der Herzog in der bayerischen Landbevölkerung schon bald „Zithermaxl" genannt – in seinen Augen ein Ehrentitel. Am schönsten war es für ihn, in Dorfwirtshäusern – insbesondere in der Umgebung von Unterwittelsbach – unerkannt den Gästen etwas aufzuspielen und dabei so manchen Sänger zu begleiten. In einfache Tracht gekleidet, glückte es ihm mit seiner offenen und legeren Art, die seinen Stand nicht verriet, meist gut, sich als einfachen Musiker auszugeben und unter die bäuerliche Bevölkerung zu mischen.

Großen Spaß hatte er, wenn es ihm gelang, in einem Gasthaus bei einer Hochzeit inkognito die Zither erklingen zu lassen. Er genoss dann das Gefühl, als einer vom Volk angesehen zu werden und sich dementsprechend leger geben zu können, und oft genug wusste nicht einmal der Wirt, wen er da vor sich hatte. Als ihm einmal ein Bräutigam 75 Pfennige für sein großartiges Spiel in die Hand drückte, freute sich Max diebisch. Wurde er dagegen von jemand erkannt und enttarnt, trennte ihn vom Volk sofort eine Mauer, was dem Herzog natürlich gar nicht gefiel. In diesem Fall verschwand er augenblicklich. Einmal ließ er auch, als man ihn erkannt hatte, einen Gendarmenhut ins Fenster des Wirtshauses stellen, damit die herbeiströmenden Leute glaubten, die Polizei sei gekommen, weil etwas passiert sei, und sich zurückzogen, sodass er wieder seine Ruhe hatte.

Musik hatte im Leben von Herzog Max eine zentrale Bedeutung: Er schätzte die magische und beruhigende Wirkung der Töne, die Harmonie der Melodien und den Empfindungsreichtum, den Musik bei ihm als Zuhörer hervorrufen konnte. Vor allem verzauberte ihn die Volksmusik mit ihrem ehrlichen, unverstellten, ja einfachen, aber doch künstlerisch hochwertigen Charakter. Die eingängigen Melodien und Texte, die das Mitsingen leicht machten, verliehen dem Genre eine wunderbare Zugänglichkeit und Offenheit, dazu transportierten die volkstümlichen Stücke einen von Herzog Max geschätzten Inhalt: In der Volksmusik drückten sich die Gefühle und Lebenserfahrungen des einfachen Volks aus. Die häufig mundartlichen Lieder gaben „frei von der Leber weg“ Ereignisse und Erfahrungen der unteren Stände wieder. Oft schilderten sie das bäuerliche Jahr mit seinen Freuden und Sorgen oder die Schönheit von Natur und Heimat und spiegelten dabei die Traditionen und Werte der bäuerlichen Gesellschaft – alles Dinge, die auch für Herzog Max eine große Bedeutung hatten.

Der Volksliedsammler und -förderer

Die Liebe des Herzogs zur Musik führte schließlich dazu, dass er zu einem der bedeutendsten Förderer der bayerischen Volksmusik im 19. Jahrhundert wurde. Seine Devise war: Altes bewahren, Vorhandenes pflegen, aber auch weiterentwickeln und dabei stets Neues fördern. Der Mäzen Max ließ den Künstlern und Einrichtungen, die sich der Volksmusik und ihrer Pflege verschrieben hatten, seine Unterstützung auf zweierlei Weise zukommen: zum einen ideell, indem er etwa durch die Verleihung seiner Herzog Max-Medaille in den zwei Größen Gold und Silber aktive Künstler ehrte, zum anderen aber auch finanziell. So erhielt das Musiktheater seiner Heimatstadt Bamberg von ihm jährlich einen Zuschuss von 2.000 Gulden, ohne den es nicht hätte existieren können.

Er übernahm auch verschiedene Protektorate und unterstützte die immer zahlreicher werdenden Zithervereine. Darüber hinaus sorgte er durch eine wahrhaft mäzenatische Förderung insbesondere auch für eine Intensivierung des Zitherbaus und Zitherspiels. Wurde vor 1840 noch die sogenannte Kratzzither im Volk gespielt, machten Max und Johann Petzmayer die von letzterem neu entwickelte Streichzither bekannt, wodurch das Instrument Eingang in die bürgerliche Haus-, Salon- und Konzertmusik fand.

Herzog Max beeinflusste aber nicht nur das Zitherspiel wie die Herstellung und Verbreitung des Instruments, er engagierte sich auch als Volksliedsammler. 1846 veröffentlichte er eine – mit dem Signet „H. M." versehene – „Sammlung oberbayrischer Volkslieder mit ihren Singweisen". Er folgte damit dem Beispiel der Maler Neureuther und Halbreiter, die bereits 1831 bzw. 1839 kleine Sammlungen oberbayerischer Gebirgslieder herausgegeben hatten. Franz von Kobell übernahm aus diesem 28 Stücke umfassenden Werk des Herzogs nicht weniger als 27 dieser Lieder ohne Quellenangabe in seine eigene Sammlung „Oberbayerischer Gebirgslieder", die er im Auftrag des Königs Max II. 1860 in 2.000 Exemplaren herausgab und die als „Kinibüchl" weite Verbreitung in der Bevölkerung fand.

Zu der Zeit, als die Eisenbahn die Postkutsche abzulösen begann, bewahrte Herzog Max zudem 24 alte Postlieder aus Altbayern, Württemberg, Nürnberg, Bamberg, Darmstadt, Kurhessen, Frankfurt und Preußen in seiner „Sammlung von Posthornklängen für das chromatische Horn" vor dem Vergessen.

Herzog Max, der Komponist

Aber nicht allein auf das Sammeln von Volksmusik beschränkte sich Max. Er komponierte Ländler und Polkas, Mazurkas und Quadrillen, Walzer, Märsche und Polonaisen, Alm-, Jagd- und Liebeslieder. Die musiktheoretischen Grundlagen verdankte er seiner fundierten musikalischen Ausbildung. Er selbst spielte ja Zither, aber auch Klavier. Und so schrieb er die eine Hälfte seiner Stücke für das Klavier, die andere für Zither-, Violin- oder Gitarren-Besetzung. Im Gegensatz zu seinen literarischen Werken, die er größtenteils unter Pseudonym oder anonym veröffentlichte, unterzeichnete er seine Kompositionen mit dem Kürzel „H. M." und versah sie mit Opusnummern.

Herzog Max' Kompositionen, ob für die Zither oder das Klavier, gleichen sich in einem Punkt: Sie alle klingen unbeschwert und heiter. 64 eigene Werke – zwischen 1841 und 1858 im Druck erschienen – sind nachgewiesen, geschrieben hat er sicher noch viel mehr; eine Zahl um die Hundert ist wahrscheinlich nicht zu hoch gegriffen. Die Titel, die Max seinen Stücken gab, darunter etliche mit weiblichen Namen spielende, spiegeln den heiteren Charakter der Melodien wider, so etwa „Marien-Quadrille", „Stephani-Polka" oder „Amalien-Polka". Das Komponieren scheint dem Herzog leicht gefallen zu sein. Als „Max, der Schnellkompositeur" wurde er von seinem Freund, dem Karikaturisten Franz von Pocci in einer Zeichnung verewigt: Sie trägt den augenzwinkernden Titel „Telegraphenklänge, 12 Ländler für die Zither in 5 Minuten komponiert" und zeigt Max an einem kleinen Schreibtisch sitzend, Pfeife rauchend an der Zither, Notenpapier und Tintenfass vor sich, während hinter ihm sein Mohr Hassan den Maßkrug zur Stärkung bereithält.

Mehrere seiner Kompositionen versah der Herzog, dem Brauch der Zeit gemäß, mit freundlichen Widmungen. Vor allem wurden seine engsten Freunde damit bedacht, etwa sein Lehrer Petzmayer, dem er den „Steyrer Ländler" op. 23 widmete, oder sein Jagdfreund, der „Adler-Graf" Max Arco-Zinneberg, den er mit den „Bayerischen Oberländer-Tänzen" op. 31 überraschte. Franz von Kobell verehrte er die „Original-Zither-Ländler" von 1841 und Franz Graf von Pocci erfreute er mit dem Stück „Winterspenden". Auch seine Reisegefährten, die Freiherren Karl und Fritz von Buseck, die ihn im Orient begleitet und unterstützt hatten, wurden mit dem Klavierstück „Die Brüder" op. 22 gewürdigt.

Besonders gerne beglückte Max die holde Weiblichkeit mit selbst komponierten Stücken, so die durch ihre Wohltätigkeit bekannte Fürstin Eugenia von Hohenzollern-Hechingen mit seinem „Eugenia Walzer" op. 3 von 1841. Den Ländler op. 32 „Feld-Bloama" widmete er der bildhübschen Gräfin Karoline von Waldbott-Bassenheim, geborene Fürstin von Oettingen-Wallerstein, deren Bild König Ludwig I. in seine Schönheitengalerie aufnahm und das heute noch in Schloss Nymphenburg zu bewundern ist. Den „Marienwalzer" von 1841 eignete er der Prinzessin Marie von Baden zu. Natürlich durfte auch seine Frau, die Herzogin Ludovika, nicht fehlen, der Max mit einem „Louisen-Walzer" schmeichelte.

Selbst Vereinigungen und Gesellschaften eignete Max eigene Kompositionen zu, so den „Abendklänge-Walzer" op. 7 der Sangesrunde der Künstlergesellschaft Neu-England. Sehr pathetisch klingt die Widmung der „Oberländer-Tänze" op. 21: „Den Bewohnern des bayerischen Hochlands". Auch wenn sich der Herzog bekanntermaßen nie viel aus seinem militärischen Titeln machte, sorgte er doch nicht nur als Kommandeur ordentlich für seine Landwehr, sondern auch als Komponist mit einem „Defilir-Marsch für das Pianoforte, componirt und der K.B. Landwehr von Oberbayern achtungsvoll gewidmet von H.M. (op. 38)."

Hin und wieder vertonte Max auch volkstümliche Texte oder Gedichte von Künstlern der rein schreibenden Zunft. So schrieb er 1861 die Musik zu dem volkstümlichen Lied „Das Grab der Gefallenen des k.k. 10ten Jäger Bataillon auf dem Friedhofe in S' Lucia. Op-36." Im Jahreskalender von 1844, den Staatsrat Hermann auf Anregung des damaligen bayerischen Kronprinzen Maximilian herausgab, fand sich Kobells Lied „Der Vorwurf", von Herzog Max vertont.

Im Gegenzug bekam auch der Herzog von befreundeten Komponisten einige von deren Werken zugeeignet. So widmete ihm Ludwig Hammerl seinen „Stey'rer Ländler" und eine „Frühlingspolka für Zither". Haunstetter bestimmte ein Potpourri für die Zither mit dem bezeichnenden Titel „Die Gemütlichen" für den Bayernherzog und von Perfall seine „Gebirgsklänge". Den Namen des Herzogs im Titel tragen eine „Maximilians-Polka" von Franz Seraph Barraga und ein „Maximilians-Walzer", der Johann Petzmayers Feder entstammte. Die beiden Freunde Max und Petzmayer widmeten sich je noch weitere Stücke – etwa den „Nilfahrt-Walzer" für den Herzog – und drückten damit ihre nicht nur musikalische Verbundenheit aus.

Wie sehr sich Herzog Max freute, wenn ihm eine Komposition gewidmet wurde, belegt folgender Brief vom 8. Mai 1887: „Mein lieber Herr Redakteur Franz Wagner! Mit Vergnügen habe Ich das Exemplar des von Ihnen componirten und Mir gewidmeten Concertländlers ‚Die Zither is a Zauberin', welches Sie Mir mittels Zuschrift vom 29. vorigen Monats zu übermitteln die Güte hatten, entgegengenommen. Zudem Ich Ihnen für die gefällige Vorlage dieser Widmung und die Mir dadurch bezeugte freundliche Aufmerksamkeit verbindlichst danke, übersende Ich Ihnen anbei als einen Beweis besonderer Anerkennung die beifolgende silberne Medaille mit Meinem Brustbilde und versichere Sie gleichzeitig jener vorzüglichen Werthschätzung, womit Ich stets sein werde, Mein lieber Herr Wagner, Ihr wohlgeneigter Maximilian, Herzog in Bayern."

Herzog Max, der Opernliebhaber

Ebenso wie es für Herzog Max keine Grenzen in der Begegnung zwischen Adeligen und der einfachen Bevölkerung gab, so zog er auch keine Trennlinien zwischen den unterschiedlichen Musikrichtungen. Der Volksmusik gehörte zwar sein Herz, was aber sein Interesse an den Opern Richard Wagners nicht minderte. Über dessen Werke äußerte er sich wie folgt: „Das ist eine herrliche, großartige Musik. Man hört Akkorde und Töne, die noch nicht da waren."[128] Im Jahr 1855 besuchte er in Würzburg eine Aufführung des „Tannhäuser". Mehr noch gefiel ihm allerdings Wagners wohl leichteste, fast schon musikalisch schwebende Oper „Lohengrin". Max hörte Wagner wohlgemerkt zu einer Zeit, als der Komponist noch kaum Bewunderer, dafür aber zahlreiche Feinde und Verächter seiner Musik hatte.

Anlässlich eines Besuchs im Schloss Possenhofen, sah der zwölfjährige Kronprinz und spätere König Ludwig II. im Jahr 1857 auf dem Klavier Wagners Schrift „Das Kunstwerk der Zukunft" liegen, die ihn sofort faszinierte.[129] Wagner beklagt darin den Zerfall der Künste und entwickelt sein Modell der neuen Einheit der Künste, das „Gesamtkunstwerk". Vermutlich war es Herzog Max, der diese Abhandlung ins Haus gebracht hatte, denn die zweite Verdächtige für den Kauf von Wagners Schrift, seine Tochter Sophie, die von ihm das Interesse für Wagners Musik übernommen hatte, war damals erst zehn Jahre alt. Sophie, die eine schöne Singstimme besaß und auch gut Klavier spielte, trug als junges Mädchen auf Wunsch des Kronprinzen Ludwig diesem mehrfach Arien aus Wagners Opern vor. Die Begeisterung der beiden jungen Menschen für Wagner führte 1867 schließlich sogar zur Verlobung des bereits König gewordenen Ludwigs mit Sophie, auch wenn diese Verbindung kaum ein Jahr hielt, da nur die geteilte Bewunderung für einen Künstler und seine Werke, ohne Liebe zueinander, keine tragfähige Partnerschaft entstehen ließ.

Manche verglichen Herzog Max in Bayern später sogar mit Ludwig II.: So wie der König sich nach seiner Thronbesteigung tatkräftig für Wagners Opern einsetzte, ebenso leidenschaftlich und tatkräftig habe Herzog Max die Ausbreitung des Zitherspiels und der alpenländischen Volksmusik gefördert. Fest steht, dass aus beider Leben die Musik nicht wegzudenken war.

Herzog Max, der Schriftsteller

Büchernarr und Freude am Erzählen

Herzog Max schrieb sein Leben lang. Dazu inspirierten ihn von Jugend an viele Persönlichkeiten der kulturellen oder wissenschaftlichen Welt wie etwa sein Erzieher Benedict von Holland, angeregt wurde er u. a. aber auch durch König Ludwig I., der gerne Gedichte verfasste. Weiteres prominentes Vorbild war insbesondere der Dichter Jean Paul, an dessen Werke Max sich anzulehnen versuchte. Bei allem Nacheifern und bei aller Begeisterung für das geschriebene Wort, schätzte er aber seine literarischen Qualitäten durchaus realistisch ein, wenn er in der Einleitung zu seinem Hauptwerk „Wanderung nach dem Orient im Jahr 1838“ betonte, er wolle das „kleine Werkchen“ nicht als „wissenschaftliches Produkt“ verstanden wissen. Schriften aus seiner Feder unterhielten auf gekonnte Weise den Leser – nicht mehr und nicht weniger – und so war der Hinweis auf das „Werkchen“ Max’ Mittel, den „scharfen Pfeilen der Kritiker“ zu entgehen, die einen Mann seines Standes nur zu „gern in den Schmutz herabziehen“[130], wenn man Ihnen nur die Gelegenheit dazu bot.

Bereits als Schüler lieferte Max Proben seiner schriftstellerischen Begabung. So schrieb der erst 17-Jährige 1825 in der Manier Jean Pauls die „Abenteuer des wohlberühmten Famulus Quieck“, die jedoch ebenso wenig gedruckt wurden wie „der Burggeist von Bodenstein“ und die romantischen Erzählungen „Klotildes Grab“ und „Gottfried von Biberach“ oder die Possen „Er stößt überall an“ und „Zehnjährige Treue eines Husarenleutnants“. Der Novellenkranz „Wiesenblumen“ blieb ebenfalls nur als Manuskript erhalten.

An die Öffentlichkeit trat Herzog Max erstmals 1831 im Alter von 23 Jahren mit einer Sammlung von sechs Novellen, verfasst im Stile Viktor Hugos, mit den Titeln: „Luise Labé, die schöne Seilerin“, „Die Jesusbraut“, „Sigismund“, „Maria Rosa, die schöne Neapolitanerin“,

„Die Jüdinnen von Harburg“ und „Antwerpens Archimed“. Außerdem wagte er sich 1833 an eine Nachdichtung von Viktor Hugos Drama „Lukrezia Borgia“, das unter diesem Titel sogar eine Aufführung an der Bamberger Bühne erlebte.

Beinahe alle seine literarischen Werke veröffentlichte Herzog Max nicht unter seinem eigenen Namen. Er hatte sich das Pseudonym „Phantasus“ zugelegt – in Anlehnung an Ludwig Tiecks gleichnamige Sammlung vorrangig alter Märchen und Schauspiele –, wobei die Leser seiner Abhandlungen, die er gewöhnlich in Zeitungen herausbrachte, schon sehr bald wussten, wer sich hinter diesem Namen verbarg. Manche Veröffentlichungen trugen das Kürzel „HM“ oder auch „P.B.“, womit „Philippus Bavaricus“ gemeint war. Etliche seiner Beiträge erschienen aber auch anonym.

Beeinflusst von der seinerzeit vorherrschenden literarischen Strömung der Romantik, verfasste Herzog Max 1835 die Novelle „Jakobina“, „die hauptsächlich in der Nähe des Schlosses Banz spielt und in zornglühender Weise den religiösen Aberwitz und Aberglauben bekämpft, der mitunter die verderblichsten Auswüchse reift“, wie Alois Dreyer schreibt, wobei er hinzusetzt: „Mit vollem Recht eifert der Verfasser hier gegen jene Christen, welche die Religion zum Deckmandel ihrer Heuchelei gebrauchen und sich in ihr heiliges Gewand hüllen um desto ungestörter dem heimlichen Treiben ihrer Sinnlichkeit, ihres Eigennutzes und ihrer schändlichen Gottlosigkeit zu erliegen.“[131]

Die 1838 entstandene Novelle „Der Stiefbruder“ beschreibt das wechselvolle Schicksal eines Nürnberger Patriziersohns zur Zeit des Dreißigjährigen Kriegs. Mit zunehmendem Alter rückten historische Ereignisse immer mehr ins Blickfeld des geschichtsbegeisterten Herzogs und „aus dem ‚Phantasus‘ wird unvermerkt ein ‚Historicus‘“[132].

Als geselliger Mensch suchte und fand Max Kontakt zu den Dichtern seiner Zeit. Besonders mit Justinus Kerner verband ihn eine enge Freundschaft. Der Herzog war auch ein gern gesehener Gast in den Buchläden genauso wie in den Antiquariaten Bayerns und der Welt. Schon in jungen Jahren hatte er den Auftrag erteilt, alle Neuerscheinungen, die auf den Markt kamen – zu seiner Zeit noch eine überblickbare Menge –, sofort in sein Münchner Stadtpalais zu bringen. So entstand im Laufe seines Lebens eine stattliche Privatbibliothek, die 27.000 Bände umfasste, darunter zahlreiche historische Werke, die er für seine Studien und literarischen Beiträge nutzte. „Die an sein Lese- und Arbeitszimmer unmittelbar angrenzenden Räume mußten zweimal erweitert werden", schreibt Hyacinth Holland. „Andere Gemächer enthielten eine erhebliche Zahl auserlesener Bilder neuerer Maler. Die Menge der von ihm in Stichen und Photographien gesammelten Porträts ist unberechenbar."[133]

Der Reiseschriftsteller

Wie bereits beschrieben, hatte Herzog Max' wohl bekanntestes Buch, das er auch unter seinem vollen Namen publizierte, seine Reise nach Ägypten und ins Heilige Land zum Inhalt: 1839 erschien die „Wanderung nach dem Orient". Die Texte sind schlicht formuliert ohne jegliches romantisierendes Beiwerk und auch heute noch gut lesbar. Wie eine Kritik es formulierte, bietet das Buch „tiefe Einblicke in die wahrhaft menschenfreundliche und liebenswürdige Persönlichkeit des Fürsten, seine offene, heitere Empfänglichkeit für alles Schöne in Natur und Kunst und seine in jeder Beziehung tolerante Gesinnung"[134].

Die eindrucksvollen Illustrationen, die das Werk schmücken, stammen von Kabinettsmaler Heinrich von Mayr, der den Herzog auf der Reise begleitet hatte. Da das Werk, natürlich auch dieser prachtvollen Bilder wegen, in einer höchst aufwendigen und dementsprechend kostspieligen Ausgabe gedruckt wurde, konnten es sich zunächst nur reiche Leute sowie wissenschaftliche Bibliotheken leisten; erst bei späteren Nachdrucken gelangte es auch in die Hände einfacher Bürger. Zu den Käufern des Buchs zählte übrigens auch ein Autor, der mit seinen eigenen Abenteuerromanen über ferne Länder, darunter auch über den Orient, weltberühmt werden sollte: Karl May. Ob er sich vom Buch des Herzogs zu seiner eigenen großen Orientreise, die er 1899 im Alter von 57 Jahren antrat, oder aber zum bereits

1882 verfassten Orientzyklus seiner Reiseerzählungen inspirieren ließ, ist allerdings eher unwahrscheinlich.

Heute wird die Originalausgabe des herzoglichen Reisebuchs aus dem Jahr 1839 in Antiquariaten übrigens als kostbare Rarität zu Preisen von 2.000 Euro und mehr angeboten.

Dramen, Novellen und historische Erzählungen

Über sein Reisebuch vergaß Herzog Max natürlich seine ursprüngliche Liebe zum Drama nicht ganz, wie die im oberbairischen Dialekt verfasste Alpenszene in einem Akt für 13 Personen beweist, die unter dem Titel „Der Fehlschuß“ am 26. Februar1847 im Münchner Hof- und Nationaltheater eine Aufführung erlebte; danach wurde sie noch am Theater in der Leopoldstadt in Wien gespielt. Das Stück schildert in „wirklich humorvoller Weise die Bekehrung eines eingefleischten Wildschützen und seine Vereinigung mit einem geliebten Mädchen“[135].

Die späteren Novellen des Herzogs wurden vorrangig in Tageszeitungen publiziert. Der von ihm 1868 herausgegebene „Neue Novellenzyklus“ besteht aus Nachdichtungen romantischer Geschichten aus dem Französischen. Der 1870 erschienene Band „Historische Erzählungen für die reifere Jugend“ enthält Schilderungen historischer Ereignisse aus dem 16. bis 19. Jahrhundert. Herzog Max’ Intention war es, der „reiferen Jugend“ ihm wesentlich erscheinende historische Ereignisse und Persönlichkeiten auf der Grundlage des damaligen Wissensstands möglichst wahrheitsgemäß vorzustellen, ohne dabei „Schwulst und falsches Pathos zu vermitteln“[136]. Er recherchierte äußerst genau, charakterisierte die Personen sehr anschaulich und traf das Zeitkolorit recht gut.

Als Vorbereitung für seine historischen Texte „las er immer mit dem Stift in der Hand und machte sich Exzerpte“, vermerkte Hyacinth Holland. „Es reizte ihn, neu auftretende Fragen und Erscheinungen an ihren frühesten Quellen aufzusuchen, beispielsweise der Entstehung des Bauernkrieges und der sozialen Frage nachzuspüren, die Faktoren der englischen und französischen Revolution und die daraus sich ergebenden Resultate im Spiegel der altgriechischen und römischen Staats- und Rechtsentwicklung zu betrachten. Dabei leiteten ihn durchaus keine reaktionären Tendenzen: er bewahrte einen freien, objektiven, völlig liberalen Blick. Er scheute weder Mühe noch Zeit und Arbeit, um aus Memoiren, Biographien, Chroniken und gleichzeitigen Quellen sein Material zusammenzutragen, erweiternd zu ergänzen, zu glätten und sich klar zu machen."[137]

In der Folge verfasste Herzog Max eine stattliche Anzahl geschichtlicher Aufsätze und historischer Novellen, die zum Teil als Flugblätter gedruckt wurden oder in Tageszeitungen erschienen, so etwa in der der „Süddeutschen Presse", im „Bayerischen Landboten", im „Münchner Boten", in der Beilage „Walhalla" der politischen Zeitung „Germania" oder in der Beilage „Sammler" der „Augsburger Abendzeitung", in der „Hessischen Morgenzeitung" und in der „Passauer Zeitung".

Bemerkenswert ist, dass der sonst so lebensfrohe Herzog „in seinen Erzählungen meist düstere, tieftraurige Töne anschlägt und mit Vorliebe die Nachtseiten menschlicher Schicksale und geschichtlicher Ereignisse zur poetischen Gestaltung wählt"[138]. Er war also nicht nur für heitere Erlebnisse aufgeschlossen, sondern wandte sich durchaus auch ernsten Themen zu. Sein Leben bestand eben nicht nur aus ausgelassenen Festen und oberflächlichem Zeitvertreib. Es war immer wieder ebenso von Phasen der Zurückgezogenheit und des stillen Nachdenkens geprägt. Dabei setzte er sich mit Themen wie Leid und Endlichkeit des menschlichen Lebens auseinander.

Heitere Gedichte, Schnaderhüpfl und Gstanzl

Trotz gelegentlicher melancholischer bis depressiver Phasen, überwog in Max' Leben die Freude. Zu fast jeder Zeit schüttelte er gerne heitere Reime und Knittelverse aus dem Ärmel und verfasste auch einige Gedichte, teils sogar in Mundart. In der 1840 von Franz von Elsholtz, Friedrich Apollonius von Maltitz und Friedrich August von Zu Rhein herausgegeben Zeitschrift „Deutsche Blätter für Literatur und Leben"

Ausritt Kaiserin Elisabeths von Österreich mit ihrem Gemahl Kaiser Franz Joseph I. vor Schloss Possenhofen. Auch in späteren Jahren besuchte Sisi in den Sommermonaten regelmäßig ihr geliebtes »Possi«.

Zeitgenössisches Porträt, um 1842: »Herzog Max war von durchaus edler Gesinnung, ein Edelmann vom Scheitel bis zur Zehe. (...) Seiner Leutseligkeit verdankte er auch seine überaus große Beliebtheit beim Gebirgsvolk.«

Johann Petzmayer, der Kammervirtuose Herzog Max', war sein ständiger Begleiter und engster Freund, der ihn auch die Kunst des Zitherspiels lehrte.

Franz von Pocci, enger Freund Herzog Max', leistete als Zeichner, Komponist, Poet und Schriftsteller Außerordentliches. Darüber hinaus diente er drei bayerischen Königen loyal im Amt des Zeremonienmeisters, Oberstkämmerers und Hofmusikintendanten. Als »Kasperlgraf« wurde er zum Begründer und Förderer der Münchner Puppenspielkomödie.

Franz Ritter von Kobell, ebenfalls eng mit Herzog Max befreundet, machte sich als Mineraloge mit Lehrbüchern und der Entdeckung neuer Gesteinsarten einen Namen. Als Dichter war er geschätztes Mitglied in einflussreichen Zirkeln der Münchner Oberschicht.

Die bekannteste von Herzog Max unternommene Reise ist seine Fahrt nach dem Orient 1838. Im Schatten der Pyramiden soll er auf seinem Lieblingsinstrument, der Zither, gespielt haben. Hier besucht der Herzog die Ruinen von Theben, Petzmayer folgt ihm ebenfalls zu Pferde mit einem Notenblatt in der Hand. Links der Kabinettmaler Heinrich von Mayr, der die Sehenswürdigkeiten Oberägyptens in zahlreichen Bildern dokumentierte.

Ägyptens Vizekönig Muhammad Ali Pascha empfing und beschenkte Herzog Max während seiner Orientreise; hier eine Zeichnung Heinrich von Mayrs. Der Herzog lernte den grausamen Despoten von seiner bewundernswerten Seite als Begründer des modernen Ägyptens kennen.

So wie der Mohr Rustimo für Marie Valerie, Lieblingstochter Kaiserin Elisabeths von Österreich, ein beliebter Spielgefährte war (s. unten), so hatte Herzog Max den Mohren Hassan als Diener und Gefährten gern um sich. Insgesamt vier afrikanische Jungen brachte Max von seiner Orientreise mit ins heimische Bayern.

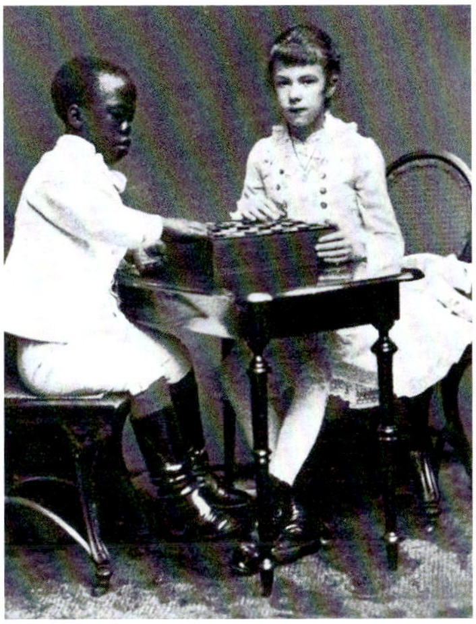

Bauchtänzerinnen in Oberägypten: Auch wenn Herzog Max in seinen Reiseerinnerungen den Tanz als schamlos und abstoßend beschrieb, hielt Heinrich von Mayr die Darbietung eines solchen faszinierenden Schauspiels in einer Farbzeichnung fest.

Die Orientalische Sammlung Herzog Max' in Schloss Banz: Die ursprüngliche Präsentation erinnerte an eine Kunst- und Wunderkammer des 16. Jahrhunderts oder an ein Kuriositätenkabinett. Aufsehen erregten und erregen noch heute v.a. die Krokodilpräparate.

Die Lithografie von Franz Hanfstaengl, um 1845 entstanden, zeigt Herzog Max in seinem Element als Zitherspieler. Elegant und charmant, heimatverbunden und volkmusikbegeistert gewann er rasch die Zuneigung der bayerischen Bevölkerung, die ihn liebevoll »Zithermaxl« titulierte.

Der seltene Privatdruck mit dem Titel »Alpenklänge. Für die Zither componiert von HM«, geschmückt mit acht anmutigen Farblithografien Franz von Poccis, erschien um 1840 im Verlag F. Wolf, München.

Karikatur »Telegraphenklänge, 12 Ländler für die Zither in 5 Minuten komponiert«: Franz von Pocci verewigte Herzog Max augenzwinkernd als »Schnellkompositeur«: Pfeife rauchend, vor sich das Notenpapier, sein Lieblingsmohr Hassan hält den Maßkrug zur Stärkung bereit.

Goldene Ehrenmedaille Herzog Max' in Bayern: 1835 gestiftet, zierte das Konterfei des Herzogs die Vorderseite der Medaille, auf der Rückseite stand zu lesen »Zum Andenken von Maximilian Herzog in Bayern«. Die Auszeichnung wurde in Gold und Silber und in je zwei Größen an Persönlichkeiten und Organisationen verliehen, die sich um Kunst und Wissenschaft verdient gemacht hatten.

Auf den Fotografien von Franz Hanfstaengl, um 1858 entstanden, sind Herzogin Ludovika und Herzog Max in Bayern in gereiftem Alter zu sehen. Obwohl v.a. Max eine Ehrfurcht gebietende Erscheinung war, so suchte er doch ohne jeden Standesdünkel die Gesellschaft bürgerlicher Gelehrter und Künstler.

Herzogin Helene in Bayern (Néné), durch Heirat Erbprinzessin von Thurn und Taxis, führte als einzige der Herzogstöchter eine glückliche Ehe.

Herzog Ludwig Wilhelm in Bayern (Luis), verzichtete mit der Heirat der bürgerlichen Schauspielerin Henriette Mendel auf sein Erbrecht als erstgeborener Sohn Herzog Max' und Herzogin Ludovikas.

Das Leben von Herzogin Elisabeth in Bayern (Sisi), Kaiserin von Österreich, fand ein tragisches Ende: Während eines Aufenthalts in Genf wurde sie im September 1898 von einem italienischen Anarchisten ermordet.

Herzog Karl Theodor in Bayern (Gackel) gründete als angesehener Augenarzt 1895 die »Private Augenklinik Herzog Carl Theodor« in München. 1888 folgte er seinem Vater als Chef des herzöglichen Hauses in Bayern nach.

Herzogin Marie von Bayern, durch Heirat letzte Königin von Neapel und beider Sizilien, ist als »Heldin von Gaeta« durch ihr mutiges Auftreten bei der Verteidigung der italienischen Festung Gaeta unvergessen.

Herzogin Sophie in Bayern, deren Verlobung mit König Ludwig II. 1867 in die Brüche gegangen war, heiratete 1868 den Herzog von Alençon. 1897 kam sie bei einem Brand ums Leben.

Herzog Maximilian Emanuel in Bayern (Mapperl), hegte von Jugend an eine Leidenschaft für das Militär. Seine Karriere mündete in der Position eines Generalleutnants.

Herzogin Mathilde in Bayern (Spatz), wurde mit dem Grafen Trani, Prinz von Bourbon-Sizilien vermählt. Die Ehe mit ihrem untreuen, alkoholabhängigen Mann wurde keine glückliche.

Altersbild des Herzogspaars Max und Ludovika in Bayern; kolorierter Holzstich um das Jahr 1880. Die Beziehung der beiden wurde in späten Jahren harmonischer. Max zog sich im Alter mehr und mehr ins Private zurück, um sich seinen historischen Studien zu widmen.

Maximilian
Herzog in Bayern.

steuerte er etwa folgendes Gedicht – „Meine Zither" – bei, worin er sein über alles geliebtes Instrument besang:

Das Liebste auf der weiten Welt
Ist mir der trauten Zither Spiel,
Ich schätz' es mehr als alles Geld
Und kostet's auch der Mühe viel.

Bin froh und guten Mutes ich,
So freut sie sich mit ihrem Herrn
Und fühl' ich trüb und traurig mich,
So teilt sie meinen Kummer gern.

Drum ist mir wohl bei ihr allein,
Weil sie, die einz'ge, mich versteht,
Ich lass' die Menschen Menschen sein
Und spiel' auf ihr von früh bis spät.

Die Menschen treiben auch ein Spiel,
Doch ist's ein andres Instrument,
Sie spielen auf dem Menschen viel,
Der ihre Falschheit noch nicht kennt.[139]

Max' besonderes Augenmerk galt den Schnaderhüpfln oder Gstanzln, wie man die humorvoll frechen Mundart-Vierzeiler nennt, die früher gerne bei Bauernhochzeiten oder anderen Festen in Wirtshäusern aus dem Stegreif gedichtet und vorgetragen wurden; auch heute noch gibt es in Bayern die Tradition des Gstanzlsingens. Thematisiert werden in den kurzen Spottliedern meist heitere Ereignisse, wobei insbesondere menschliche Schwächen aufs Korn genommen werden. Geübte Gstanzlsänger können stundenlang einen Vierzeiler nach dem anderen vortragen, ohne sich dabei zu wiederholen. Herzog Max bereiteten diese Perlen der Volkspoesie grenzenloses Vergnügen, von denen er etliche gesammelt hat. Von ihm selbst gedichtete Gstanzl sind leider nicht überliefert. Um eine Vorstellung von der speziellen, stets auf eine amüsante Pointe ausgelegten bayerischen Kunstform zu bekommen, hier zwei Beispiele aus der Feder von Franz von Kobell, gefolgt von zwei Werken eines unbekannten Dichters, von denen zumindest eines Herzog Max zum Inhalt zu haben scheint:

> Und ’s Diandl is a’ Zither,
> Wo d’rüber nix geht
> Und dem machts’ die schönst’ Musi’
> Der ’s Spiel’n versteht.
>
> Und es is nix so trauri’
> Und nix so betrübt
> Als wie wann si’ a’ Krautkopf
> In a’ Rosn verliebt.[140]
>
> Das is halt am Herzog
> Sei einziger Trost,
> Daß eahm, solang i’ leb,
> Sei’ Geld net varost.
>
> Wenn’s bayrisch Bier rengt
> Und Bratwürschtl schneibt,
> Dann bitt’ i an Herrgott,
> Daß ’s Wetter so bleibt.[141]

Der Umfang des literarischen Werks von Herzog Max in Bayern mit den Reiseberichten, Dramen, Erzählungen, Novellen, historischen Skizzen und Aufsätzen sowie Gedichten ist höchst beachtlich. Als Schriftsteller, Dichter und kreativer Literat wies Max durchaus ein bemerkenswertes Talent auf und sein Œuvre ist ein eindrucksvoller Beleg für seine breit gefächerten geistigen Aktivitäten.

Herzog Max, der Förderer von Kunst, Literatur und Wissenschaft

Auszeichnungen und finanzielle Förderung

Schon 1835 hatte der Herzog eine goldene und eine silberne Medaille in je zwei Größen zur Förderung von Kunst und Wissenschaft gestiftet. Besonders begehrt war die große goldene Medaille mit Max' Konterfei auf der Vorderseite, die Rückseite zierten die Worte „Zum Andenken von Maximilian, Herzog in Bayern". Wem diese Ehrung widerfuhr, der durfte auch auf finanzielle Unterstützung seiner Projekte hoffen.

Abwechslungsreich liest sich die Liste derer, die mit der Auszeichnung bedacht wurden, darunter: der Historiker und Kunstschriftsteller Georg Kaspar Nagler für sein „Künstlerlexikon" (1835), das er „Seiner Hoheit dem Herzog Max in Bayern ehrfurchtsvollst gewidmet" hatte. Auch der Maler und Kunsthistoriker Ernst Förster erhielt die Goldmedaille für sein Werk „Denkmale deutscher Kunst" (1853) ebenso wie Franz Xaver Gabelsberger für die Erfindung und Verbesserung seiner Kurzschrift, einer Vorläuferin des heute noch gebräuchlichen Stenografie-Systems. Des Weiteren wurde damit Johann Nepomuk Graf Majláth für seine fünfbändige „Geschichte der Magyaren" (1828/30) geehrt.

Musiker und Komponisten bedachte der selbst sehr musikalische Herzog natürlich auch mit seiner Unterstützung, so etwa den am Hof- und Nationaltheater in München tätigen Konrad Max Kunz, den Münchner Musikdirektor Ignaz Lachner, den Violinvirtuosen Henri Vieuxtemps, den Sänger August Kindermann oder den „Walzerkönig" Johann Strauß.

Und immer wieder gehörten Dichter zu den Ausgezeichneten, so Max' enger Freund Franz von Kobell, Ulrich und Ernst von Destouches, Franz Bonn, Hermann Schmid und Maximilian Schmidt. Auch der heute längst vergessene Begründer des Fortsetzungsromans in Tageszeitungen, der etwas seichte französische Erzähler Eugène Sue, erhielt die Medaille. In den 1840er Jahren zählte Sue zu den meistgelesenen und einflussreichsten Romanciers Frankreichs. Seine „Sämtlichen Werke" – 1838 bis 1846 in 225 Bänden und 1847 bis 1855 in 114 Bänden erschienen – übersetzte Ludwig von Alvensleben.

Neben einzelnen Historikern wie Hans Reidelbach, Biograf König Ludwigs I., wurden auch historische Vereine wie die von Bamberg, Landshut, Würzburg, München und Bayreuth mit dieser Ehrung bedacht.

Überraschenderweise finden sich sogar drei Frauen unter den Ausgezeichneten: die Schriftstellerinnen Isabella Braun, Hermine Proschko und Helene Pichler, etwas ganz Ungewöhnliches in dieser Zeit, die Frauen wenig Intellekt zutraute. Isabella Braun (1815–1886) hatte es im 19. Jahrhundert zu einer der bekanntesten Jugendschriftstellerinnen Deutschlands gebracht. Ihre Zeitschrift „Jugendblätter für christliche Unterhaltung und Belehrung" versammelte Texte angesehener Schriftsteller der Zeit, die teils sogar zu den guten Bekannten der Salondame Isabella Braun gehörten. Sie veröffentlichte in ihren „Blättern" auch eigene Werke wie „Bilder aus der deutschen Geschichte" (1851), „Aus meiner Jugendzeit" (1871) oder „Dorfgeschichten" (1882). Die Wienerin Hermine Camilla Proschko (1851–1923) verfasste neben Gedichten auch Erzählungen, darunter „Der Halbmond vor Wien. Geschichtsbilder der beiden Belagerungen Wiens durch die Türken in den Jahren 1529 und 1683" (1882) und „Ein Mann von Wort. Historische Erzählungen" (1884). Helene Pichler scheint heute hingegen völlig vergessen zu sein.

Ab etwa 1848 wandte der Herzog sein Interesse in zunehmendem Maß der Malerei und dem Studium der Geschichte zu. Er sammelte Stiche und Porträts und war aufgeschlossen für die Werke der neueren Malerei, auch wenn nicht bekannt ist, um welche Werke es sich dabei im Detail handelte. Dass Max die bildende Kunst aber auch schon seit jeher am Herzen gelegen hatte, zeigt sein Münchner Palais, das von namhaften Künstlern der damaligen Zeit ausgestattet worden war, so von Wilhelm Kaulbach, Ludwig Schwanthaler und Robert von Langer, dem Direktor der Akademie der Künste, der Monumentalfresken aus der griechischen Mythologie im Empfangssaal des Palais beisteuerte.

Förderer bayerischer Mundart und bayerischen Brauchtums

Nicht nur dem Zitherspiel, dem Komponieren und der Förderung der alpenländischen Musik widmete der Herzog bekanntermaßen seine Aufmerksamkeit, sondern auch der Entdeckung der oberbayerischen Landschaft, ihrer Bewohner und ihrer Bräuche; er förderte mit Vorliebe alle diesbezüglichen Initiativen, wenn nicht mit finanziellen Zuwendungen, dann zumindest ideell. Max hatte Freude an altbayerischem Brauchtum und sprach natürlich auch selbst bairische Mundart. Er war sich bewusst, dass gerade der Dialekt ausschlaggebend ist für die Entfaltung einer regionalen, sozialen und kulturellen Identität des Menschen. Die Bewahrung der Mundart und ihre alltägliche Pflege sollten in seinen Augen deshalb nicht nur dem einfachen Volk überlassen werden – gerade auch die Adeligen mit ihrer Präsenz und doch auch gewissem Einfluss in der Gesellschaft, sollten diese nutzen, um zu demonstrieren wie wertvoll der heimatliche Dialekt sei.

Auch in der Literatur wollte Herzog Max das Bairische mit einem wichtigen Platz bedacht sehen. Ihm entging keine bedeutende Neuerscheinung in der Mundart- und in der Gebirgsliteratur. Mehrfach lud er Mundartdichter zu Lesungen in sein Palais ein, so etwa den „Klassiker der österreichischen Mundartdichtung, Franz Stelzhamer, […] 1843 bei dessen Aufenthalt in München“[142]. Auch er wurde mit der goldenen Herzog-Max-Medaille ausgezeichnet ebenso wie zwei weitere bekannte österreichische Vertreter der im Dialekt dichtenden Zunft, Karl Adam Kaltenbrunner und Anton Freiherr von Klesheim.

Wo er nur konnte, unterstützte Max auch Persönlichkeiten, die sich mit dem bayerischen Brauchtum und seiner Pflege befassten und zeichnete sie ebenfalls mit seiner „Herzog Max-Medaille“ aus: Johann Andreas Schmeller für sein Werk „Bairische Mundarten“ (1821) und Hartwig Petz, den Erforscher des Chiemgaus, oder Ludwig Steub, den Verfasser von „Das bayerische Hochland“ (1860) und der „Altbayerischen Culturbilder“ (1869) und Karl Stieler, bekannt für seine Mundartdichtungen und lebendigen Reise- und Landschaftsschilderungen.

Als Kleidung bevorzugte Herzog Max das Trachtengewand, vor allem das hier seit Urzeiten getragene graue Lodengewand. Er schätzte die Tegernseer Joppe und führte den noch heute im Oberland als „Herzog-Max-Hütl“ getragenen Stopselhut wieder ein. Mit Sicherheit wurde der damalige König Maximilian II. durch das Beispiel des Herzogs angeregt, sich als erster wittelsbachischer Regent in Tracht zu kleiden, was nachfolgende Familienmitglieder – vor allem Prinzregent Luitpold und König Ludwig III. – eifrig fortsetzten. In der Folge wurde die oberbayerische Tracht hoffähig und sogar bei offiziellen Anlässen tragbar, was nicht zuletzt zu einer Steigerung des bayerischen Nationalgefühls im ganzen Königreich führte. Ab 1830 wehte, ausgelöst durch Herzog Max, geradezu eine „alpenländische Welle“ durch München: Man wandte sich den Traditionen wieder zu, entdeckte die volkstümliche Musik neu, kleidete sich – dem Herrscherhaus nacheifernd – in Tracht und fühlte sich durch und durch bayerisch.

Herzog Max' Ende

Der Lebensabend

Das Alter fiel einem so agilen Menschen wie Herzog Max nicht leicht. Er hielt es da mit dem Schriftsteller Emanuel Geibel, der über das Alter äußerte: „Es ist ein eigenes Ding mit den Freuden des Alters. An sich sind sie gewiß nicht geringer, als die der früheren Jahre, aber es fehlt ihnen der Goldgrund der Hoffnung, die beneidenswerthe Zuversicht, mit der die Jugend stets im gegenwärtigen Glück von einem schöneren, noch zu Erwartenden träumt und tausend schimmernde Fäden in die Zukunft hinausspinnt. Uns Bejahrten gehört nur noch der Augenblick; lassen Sie uns dankbar genießen, was er noch Schönes bringt und ihn ohne Bitterkeit scheiden sehen. Die Kunst, heiter zu verzichten, bleibt die wahre Lebensweisheit des Altgewordenen."[143]

Als besonders bedrückend empfand es Max, dass schon die allermeisten seiner Freunde und Wegbegleiter im Lauf der Jahre gestorben waren, so Franz Graf von Pocci bereits 1876, Franz von Kobell 1882 und Johann Petzmayer, sein „Orpheus der Zither", am 29. Dezember 1884. Auch wenn der Herzog jeden seiner verstorbenen Freunde tief betrauerte, versetzte Petzmayers Tod ihn doch in ausnehmend große Betrübnis. Seine Trauer wollte kein Ende nehmen. Dabei hatte Max' begnadeter Zitherlehrer „[n]och auf seinem Sterbebette" an seinen ehemaligen Schüler gedacht, so berichtete Hyacinth Holland: „Petzmayer [äußerte] zu seinem Seelsorger, dem Kooperator Strähuber: ‚Nehmen Sie nur meinen Herrn auch in geistliche Behandlung, wenn's einmal soweit mit ihm ist!'"

Doch noch lebte der Herzog, wenn auch immer zurückgezogener. Er wurde fast menschenscheu, wie es heißt. Angeblich hatte er selbst tagsüber in seinen Zimmern die Fensterläden geschlossen, während das Licht brannte. Seine Begründung dafür war, es werde in diesen Räumen doch nie recht hell. Manche seiner Diener, die nicht täglichen Umgang mit ihm hatten, erkannten ihn schließlich gar nicht mehr: „Die Hofdamen sahen den ‚alten Herrn', wie sie ihn meist nannten, ab 1878 nicht mehr und kannten ihn deshalb auch nicht. Er verließ seit dieser Zeit seine Zimmer und das Haus nicht mehr. Vordem war er bisweilen noch im geschlossenen Wagen ausgefahren. Einmal mußte er, weil an der Karosse etwas gebrochen war, zu Fuß zum Palais zurückkehren. Als er sich seinen Gemächern zuwandte, lief ihm der Portier, der ihn mißtrauisch beobachtet hatte, nach und fragte ihn, was er denn wolle. Der alte Herzog soll sich darüber köstlich unterhalten haben."[144] Karl Theodor sprach davon, dass sein Vater „ein einsames Alter habe als personifizierter Egoismus"[145].

Kontakt hatte der Herzog fast nur noch zu dem Kunst- und Literaturhistoriker Hyacinth Holland. Des Herzogs ehemaliger Erzieher Benedict von Holland, war hingegen schon 1853 gestorben. Hyacinth machte übrigens als Berater für die Raumausstattungen der Schlösser König Ludwigs II. von sich reden. Er musste dem König versprechen, dass niemand Einblick in die rätselhafte Themenwelt der Bauten erhalten würde. Bekannt wurde jedoch, dass etwa der Name Lohengrin (Lohe = Feuer, Grien = Gesicht) als „Sonnenantlitz" des griechischen Sonnengottes Apollo – Symbol des französischen Sonnenkönigs Louis XIV. – auf Holland zurückgeht.

Soweit es gesundheitlich ging – sein hoher Blutdruck und Herzbeschwerden machten ihm mehr und mehr zu schaffen –, widmete sich Max weiterhin dem Studium der Geschichte. Er las Biografien und Chroniken und vertiefte sich in all die historischen Werke, die seine 27.000 Bände umfassende Bibliothek in reicher Fülle enthielt.

Was seine Familie betraf, schmerzte es den Herzog besonders, dass ihm seine Tochter Elisabeth, die ihm in vielen Wesenszügen so ähnlich war, im Alter Vorwürfe machte: Je älter die österreichische Kaiserin wurde, umso mehr gewann sie Einblick in das doch in weiten Teilen verpfuschte Leben ihrer Mutter Ludovika. Jahr um Jahr hatte diese in der unter Zwang geschlossenen Ehe mit Max gelitten und dic Tochter gab daran vor allem dem Vater die Schuld. Die ersten fünfzig

Ehejahre seien unglücklich gewesen, hatte Ludovika ihren Kindern einmal gestanden, erst ab der Goldenen Hochzeit habe sich Max verträglicher und im Umgang mit ihr nett verhalten. Vermutlich da er infolge gesundheitlicher Beeinträchtigungen ruhiger und für seine Frau auch zugänglicher geworden war. Auch wenn sicher nicht viel Glück über dieser Ehe lag – bewundernswert ist in jedem Fall die Haltung, mit der beide Gatten ihr Schicksal trugen, mit einem nicht geliebten Menschen von komplett unterschiedlichem Charakter unabänderlich verbunden zu sein. Sie achteten über Jahrzehnte hinweg zumindest die Eigenheiten des anderen und ließen sich gegenseitig die Freiheit, ein Leben nach den jeweils eigenen Vorstellungen zu führen.

Ab etwa 1878 häuften sich die körperlichen Beschwerden Herzogs Max. Sein Sohn Karl Theodor, der infolge seiner rastlosen Tätigkeit als Augenarzt selbst gesundheitlich angeschlagen war, kümmerte sich immer wieder um den Vater. Als Karl Theodor Ende 1878 aus dem französischen Menton zurückkehrte, wo er den bedeutenden russischen Augenarzt Prof. Alexander von Iwanoff kennengelernt hatte, fand er Herzog Max in bedenklichem Zustand. Er redete seinem Vater deshalb zu, aus München nach Schloss Tegernsee zu kommen, da ihm die Luftveränderung sicher gut tun würde. Max folgte dem Rat und erholte sich darauf etwas.

So konnte der Siebzigjährige am 9. September 1878 zusammen mit seiner Frau Ludovika Goldene Hochzeit im Kreis ihrer großen Familie in Tegernsee feiern. Die beiden Jubilare ließen diese Festlichkeit offenbar ohne erkennbare Gefühlsausbrüche über sich ergehen. Gratulationen von verschiedenen Fürsten und von der Stadt München gingen ein und sogar Kaiser Wilhelm I. sandte ein Glückwunschschreiben. Die Tegernseer Schützen veranstalteten ein Festschießen und das bayerische Gebirgsvolk ließ das herzogliche Paar hochleben. Ein Brillantfeuerwerk verzauberte die Landschaft um den See. Der Dichter Maximilian Schmidt verfasste für den Herzog und seine Gemahlin folgende Zeilen:

Habt's an uns denkt in Freud und Klag'n,
In G'sangeln und beim Zitherschlag'n,
Habt's jedes Werk mit Gott ang'fanga
Und so san fufzig Jahr verganga![146]

Ja sogar die Diamantene Hochzeit erlebte das Ehepaar noch zehn Jahre später am 9. September 1888, wenn auch ohne große Feierlichkeiten und in größter Zurückgezogenheit; nach einem leichten Schlaganfall, der Max drei Monate zuvor, am 2. Juni 1888, getroffen hatte, umgab dieser sich nur noch mit einem kleinsten Kreis an Vertrauten. Höchst eigenartig war bei diesem Jubiläum, dass sich Herzog und Herzogin an ihrem Festtag nicht zu Gesicht bekamen: Max hielt sich zur Feier in seinem Palais in München auf, während sich Ludovika aufgrund des schlechten Wetters nicht entschließen konnte, von Tegernsee in die Residenzstadt zu fahren. Doch lebenslang an getrennte Aufenthaltsorte gewöhnt, schien dies die beiden nicht besonders belastet zu haben. Im Jahr der Diamantenen Hochzeit ihrer Eltern verfasste Sisi ihrer Mutter zum 80. Geburtstag Ende August 1888 noch das folgende liebvolle Gedicht:

Ich bitte Gott, Er möge gnädig senden
Dir manchen Sommer noch, wie Du ihn liebst,
Wo Frische Dir die Sonnenstrahlen spenden
Und Stunden Du im Buchenhain verbliebst.
Nachts aber soll der Mond sein Antlitz wenden
Dir zu, wie Du entzückt mir jüngst beschriebst.
Wem die Natur so lieblich weiss zu blühen,
vor dem wird lange noch das Alter fliehen![147]

Der Tod des Herzog Max'

Die Zahl acht scheint die Schicksalszahl Herzog Max' gewesen zu sein, wie die Brauchtumsforscherin Hedi Heres bemerkte: „Verfolgt man den Lebenslauf des Herzogs genauer, fällt einem auf, dass eine bestimmte Zahl immer wieder kommt – er hat's mit den Achtern! Im Geburtsjahr 1808 ist der ja gleich doppelt vertreten. Als 18-Jährigem haben ihm der Großvater und der königliche Onkel Max I. Joseph dessen jüngste Tochter, die hübsche, wohlbehütete Ludovika, genannt Luise, Jahrgang 1808 wie Max, zur Braut bestimmt [...] 1828 fand in der Schlosskapelle von Tegernsee die Hochzeit — eine richtig bayerische — statt [...] 228 Gäste haben gefeiert."[148] Seine Orientreise unternahm er 1838. Von seinen zehn ehelichen Kindern überlebten acht. Und 1888 sollte Herzog Max auch sein Leben beenden: Am 10. November des Jahres folgte ein zweiter Schlaganfall.

Als sein in Wien weilender Sohn Karl Theodor davon hörte, eilte er sofort nach München zurück, doch konnte auch er als Mediziner nicht mehr helfen. Am 15. November 1888, morgens um halb vier Uhr, erlosch, drei Wochen vor seinem 80. Geburtstag, dieses reiche, so intensiv gelebte und mit Glücksgütern wie kaum ein anderes gesegnete Leben im Herzog-Max-Palais in München.

„In der Sterbestunde waren seine Kinder Karl Theodor, Ludwig Wilhelm, Max Emanuel, Marie von Neapel und Helene Taxis mit ihren Angehörigen sowie drei seiner Diener zugegen. Ludovika verheimlichten sie – ihres hohen Alters wegen – den schlechten Zustand ihres Mannes. Erst am nächsten Tag überbrachte ihr Herzog Karl Theodor, das neue Haupt des Hauses, die traurige Botschaft vom Ableben Maximilians. Der Verstorbene wurde im ‚Großen Eß-Saal' des Palais, dem Schwanthalersaal, aufgebahrt."[149]

Feierliche Vigil in der Münchner Theatinerkirche

Das Herzogs- und das Königshaus sowie auch die Bevölkerung bereiteten Herzog Max in Bayern eine „große Leich", an der zuvorderst Prinzregent Luitpold mit den Prinzen des königlichen bayerischen Hauses sowie alle Angehörigen des herzoglichen Hauses teilnahmen. Als Vertreter des deutschen Kaisers war Generalleutnant von Wittich zugegen und Königin Marie ließ sich durch Obersthofmeister Graf von Pappenheim vertreten. Aus Österreich waren der Kaiser Franz

Joseph I. und Kronprinz Rudolf angereist. Nur eine fehlte: Elisabeth, die Kaiserin von Österreich, Lieblingstochter von Herzog Max. Sie weilte wegen ihres angegriffenen Gesundheitszustands, wie es offiziell hieß, zur Erholung auf der Insel Korfu. „Er hat nur seinen eigenen Willen für heilig gehalten und seine Träume bedeuteten ihm das Leben.“ Das sagte Sisi einmal über ihr Idol Achilles, den wohl größten griechischen Helden im Epos des Trojanischen Kriegs. Diese Worte hätten auch auf ihren Vater gepasst.

„Vor der Überführung der sterblichen Hülle in die Familiengruft von Tegernsee fand am 18. November in der Theatinerkirche eine feierliche Vigil statt. Den Trauerzug führten militärische Abordnungen mit Musik, die Dienerschaft, Veteranen, der Klerus mit Choralmusik, die Hoftrompeter und Pauker, das erzbischöfliche Domkapitel mit dem Erzbischof, Beamte und Hofchargen an. Dem von Fackelträgern und Leibgarde-Hartschieren umgebenen sechsspännigen Trauerwagen folgten der Prinzregent und die Mitglieder des herzoglichen und königlichen Hauses sowie unter anderen Kronbeamte, Standesherren, Staatsminister, die höchsten Militärchargen, die Sankt-Georgs-Ritter, Hof- und Staatsbeamte, das Offizierskorps. Den Beschluß bildete ein Bataillon Infanterie mit Musik und eine Eskadron des Dritten Chevauxlegers-Regiments. In der Ludwigstraße, durch die sich der Trauerzug vom herzoglichen Palais zur Theatinerkirche bewegte, bildete Militär Spalier.“[150]

Sein Grab in der Familiengruft der Schlosskirche Tegernsee

Der Sarkophag mit den sterblichen Überresten des Herzogs wurde am 18. November nachmittags um zwei Uhr zunächst in der Hofkirche St. Kajetan bestattet, bevor er dann am 20. November nach Tegernsee überführt und in der dortigen Familiengruft unter der einstigen Abteikirche zur letzten Ruhe gebettet wurde. „Maximilianus Bavariae Dux, nat. 4. Dez. 1808 + 15. Nov. 1888“ lautet die Aufschrift auf der Sarkophagplatte. Über den See hallte eine Ehrensalve von 101 Schüssen. Aus allen Schichten der Bevölkerung waren von weither Männer und Frauen gekommen, um dem Herzog die letzte Ehre zu erweisen.

Vom Tag seiner Beisetzung in der Gruft der Herzöge in Bayern an bis heute hat die bayerische Bevölkerung ihrem „Zithermaxl" ein wohlwollendes Andenken bewahrt. Max war nicht nur reich mit Geld und Gütern gesegnet. Er machte sich darüber hinaus schon in jungen Jahren als lebensfroher und freigiebiger Gastgeber, als genialer Gestalter von Festen einen guten Namen. Er war ein wissbegieriger Reisender, bedächtiger Liebhaber der Natur, ein verantwortungsvoller Jäger, famoser Kunstreiter, talentierter Dichter, ein ebenso begeisterter wie begabter Zitherspieler und Komponist und ein beispielhafter Volksmusik- und Brauchtumspfleger – eben ein volksnaher Herzog, wie man ihn sich in Bayern nicht besser vorstellen konnte und kann.

Nach wie vor werden er und allem voran sein künstlerisches Erbe geschätzt: Zu seinem 200. Geburtstag am 15. November 2008 fand im Max-Joseph-Saal der Münchner Residenz eine von Hedi Heres moderierte Veranstaltung statt, bei der ausschließlich volkstümliche Kompositionen des Herzogs dargeboten wurden.

Letzte Lebensjahre und Tod der Herzogin Ludovika

Vielleicht dachte Ludovika im Laufe ihres Lebens immer wieder einmal an den Prinzen Miguel von Braganza, den sie eigentlich hätte heiraten wollen. Doch ob sie mit ihm glücklicher geworden wäre, ist recht fraglich. Miguel war nämlich ein sehr eigenwilliger Mensch, der oft ohne Rücksicht auf Verluste mit dem Kopf durch die Wand ging. Nach einem Aufstand gegen den eigenen Vater Johann VI. von Portugal im Jahr 1823 wurde er von diesem ins Exil nach Wien geschickt. Drei Jahre später, nach dem Tod des Vaters, bestieg zunächst der ältere Bruder Miguels, Kaiser Peter I. von Brasilien, als Peter IV. von Portugal den Thron. Peter wollte aber vor allem weiterhin seine Herrschaft in Brasilien ausüben und übertrug die portugiesische Krone auf seine noch minderjährige Tochter Maria da Gloria, die so als Siebenjährige zu Königin Maria II. wurde. Mit dem Erreichen des

Erwachsenenalters sollte sie ihren aus dem Exil zurückgekehrten Onkel Miguel heiraten. Dieser musste bei seiner Rückkehr schwören, die Regentschaft für seine minderjährige Nichte und zukünftige Braut nur bis zur geschlossenen Ehe auszuüben und nach der Heirat gemeinsam mit ihr Portugal zu regieren.

Miguel brach jedoch den Eid, entthronte Maria und ließ sich 1828 zum König ausrufen. Er regierte absolutistisch und erregte mit seinen harten Maßnahmen den Unwillen der Bevölkerung, die ihn zunehmend hasste. Sein Bruder Peter I., dem Miguels Verhalten zuwider war, kämpfte gegen ihn. Nach der Schlacht von Évoramonte musste Miguel 1834 abdanken und Maria II. wurde wieder als Königin von Portugal eingesetzt. Miguel musste zum zweiten Mal ins Exil gehen, wo er, 22 Jahre später, 1866 starb.

Für Ludovika wäre ein Leben an der Seite dieses exzentrischen, zahlreiche Kämpfe ausfechtenden Mannes noch turbulenter geworden als all die Jahre mit ihrem Max, den sie vielleicht nicht liebte, dem sie aber auf ihre Art stets zugetan war.

Nach seinem Tod lebte Ludovika noch vier Jahre. Allerdings wurde ihr die Lebensfreude in dieser Zeit bald schon durch eine Tragödie genommen, die auch ihre Tochter Sisi erschütterte: Ihr Enkel, der österreichische Kronprinz Rudolf hatte zusammen mit seiner Geliebten, der Baronesse Mary Vetsera, in den Morgenstunden des 30. Januar 1889 im Jagdschloss Mayerling Selbstmord begangen. Auch der frühe Tod ihrer ältesten Tochter, der Fürstin Helene von Thurn und Taxis, am 16. Mai 1890 belastete Ludovika erheblich.

Die wichtigste Bezugsperson für die Herzoginwitwe in den Jahren nach Max' Tod war Baron Wulfen. Seit vierzig Jahren stand er schon in den Diensten des Hauses, zunächst als Erzieher von Karl Theodor und Max Emanuel und später als Hofmarschall und Oberhofmeister Ludovikas, die sich als Witwe völlig zurückzog und nur mehr ihn in ihrer Nähe duldete: „Baron Wulfen führte sie stundenlang in den Salons auf und ab und lauschte geduldig ihren Erzählungen, die für ihn meist nicht mehr neu waren. Die Herzogin achtete sorgsam darauf, daß er sich nicht erkälte. Aus dieser Angst heraus ließ sie ihn nicht einmal in die Kirche gehen – selbst dann nicht, wenn seine Anwesenheit offiziell geboten gewesen wäre. Niemand, der einen Schnupfen hatte, durfte neben dem Baron Platz nehmen, damit dieser sich nicht anstecke. Baron Wulfen nahm alles – zwar kopfschüttelnd – aber letztlich geduldig und ergeben hin.

Von den Hofdamen einmal abgesehen, hatte auch Hofrat Dr. Anton Mayer eine wichtige Aufgabe im Palais. Sie bestand hauptsächlich darin, der alten Herzogin bei ihren häufigen Migräneanfällen Morphium-Injektionen zu geben. […] Gabelfrühstück und Diner nahm die Herzogin gemeinsam mit ihren Enkeln und den ‚Suiten' (höhere Hofränge) ein. Dem abendlichen Tee folgte regelmäßig das gemeinsame Whistspiel [ein Kartenspiel für vier Personen]. Ludovika machte es sich dabei in einem breiten Fauteuil bequem, auf dem auch – und zwar noch vor der Herzogin – ihre weiße römische Spitzhündin selbstbewußt Platz nahm. ‚Lupa' – so der Name des Tiers – hatte als Gespielin eine dicke, nicht ganz reinrassige Dachshündin, die im Vorzimmer bleiben mußte, obwohl sie scherzhaft als Lupas ‚Hofdame' galt.

Die alte Herzogin liebte es, die Mahlzeiten auszudehnen, da sie sich nicht viel beschäftigen konnte und sich deshalb häufig langweilte. Anschließend hielt sie stets einen langen ‚Cercle' (Gesellschaftskreis). Die Mahlzeiten wurden auf Silber serviert; die Verpflegung war gut und reichlich, wenn auch gewöhnlich ohne übertriebenen Luxus."[151]

Ein besonderes Erlebnis für die Herzogin war 1890 der Besuch des berühmten Buffalo Bills und seiner Rothäute, die Herzog Karl Theodor, mittlerweile Oberhaupt des herzoglichen Hauses in Bayern, eingeladen hatte. Buffalo Bill, Pony-Express-Reiter, Scout, Bisonjäger und schließlich Gastgeber seiner populären, bald international gastierenden Wild-West-Show, war damals in Begleitung von Rocky Bear, einem Medizinmann der Sioux, und seiner Indianertruppe die Sensation schlechthin auf dem Münchner Oktoberfest. „Rocky Bear", so schilderte Marie von Redwitz, „war mit einigen der Seinigen im Palais erschienen, und als die alte Herzogin davon hörte, wollte sie auch dabei sein. Auf Wulfens Arm gestützt, betrachtete sie die in ihren Augen ‚Wilden' durch ihr Lorgnon mit mitleidig nachsichtigem Lächeln, während Wulfens Unterlippe sehr prominent wurde. Er fand es wohl äußerst unpassend, diese Gesellschaft hier zu sehen. Rocky Bear blickte, in der ganzen Größe seiner sehnigen Gestalt steif aufgerichtet, unzufrieden, mit auf der Brust gekreuzten Armen, drohend um sich. Auch er fühlte sich aus gutem Hause und sah sehr stolz und zufrieden aus. Nachdem die Herzogin ohne Gruß gegangen, warf sich der Häuptling mit Vehemenz auf ein Sofa und ließ durch den Dolmetscher sagen: ‚Wenn man mich nicht zum Sitzen auffordert, so nehme ich mir selbst Platz, denn ich bin zu Hause das, was der Prinzregent hier ist.' Nun machte Prinzessin Sophie [die Tochter Karl Theodors] die Honneurs, ließ Likör kommen, trank den Indianern zu und rauchte Friedenszigaretten mit ihnen, dann zog die Truppe versöhnt ab."[152]

Anfang des Jahres 1892 erkrankte Ludovika an einer Influenza, die damals in München grassierte; außer an gelegentlichen Anfällen von Migräne und an einem Augenleiden – es stellte sich als Star heraus – hatte die Herzogin zuvor kaum jemals an einer Krankheit gelitten. Aus der anfänglichen Grippe entwickelte sich eine schwere Bronchitis mit nachfolgender Lungenentzündung, an der die 84-Jährige am 26. Januar 1892 im Münchner Palais starb. „Karl Theodor, Max Emanuel und Ludwig Wilhelm leisteten ihrer Mutter in den letzten Stunden Beistand."[153]

Die Nachfolger von Max in Bayern

Herzog Karl Theodor in Bayern (1839–1909)

Da Louis, der älteste Sohn des Herzogs Max in Bayern, zugunsten der Heirat mit einer Bürgerlichen auf sein Erstgeburtsrecht verzichtet hatte, wurde nach dem Tod des Vaters der 49-jährige Karl Theodor als zweitältester Sohn Chef des herzoglichen Hauses. Mit Karl Theodor, dem erfolgreichen Augenarzt, hatte nun also ein Mediziner dieses bedeutsame Amt inne. Herzogin Ludovika war mit dieser Entwicklung sehr zufrieden – nun war ihr Lieblingssohn zum Haupt der Familie geworden.

Nach Karl Theodors Tod im Jahr 1909 trat sein Sohn Ludwig Wilhelm die Nachfolge an. Er entstammte der zweiten Ehe des Herzogs in Bayern mit Marie José von Portugal und hatte 1884 auf Schloss Tegernsee das Licht der Welt erblickt.

Herzog Ludwig Wilhelm in Bayern (1884–1968)

Ludwig Wilhelm war als Herr auf der „Kreuther Schanz“ am Tegernsee weithin bekannt und beliebt. Der Name des Grunds war entstanden, als 1703 die Tiroler und 1741 die Panduren ins Kreuther Tal eingefallen und sich die Bewohner zur Abwehr hinter Wällen, Palisaden und Türmen verschanzt hatten. Zwar wurden 1745 alle Schanzen niedergebrannt und völlig zerstört, doch der Name „Auf der Schanz“ blieb. Ludwig Wilhelm besaß ein auf der Schanz gelegenes Grundstück mit einstöckigem Chalet und als zurückgezogener Mensch, der die Öffentlichkeit scheute, umzäunte er seinen Besitz. So entstand „eine moderne ‚Schanz‘, diesmal aber nicht gegen Tiroler und Panduren, sondern gegen aufdringliche Fremde und ‚Zuagroaste‘.“[154]

Ludwig Wilhelms Scheu vor zu viel öffentlicher Präsenz und Interesse an seiner Person als Adliger rührte unter anderem daher, dass er und seine Frau 1938 vor den Machthabern des Dritten Reichs nach

Amerika emigrieren mussten. Erst nach dem Zweiten Weltkrieg war eine Rückkehr nach Tegernsee wieder möglich. Hierher, in die Fürstengruft in der Schlosskirche Tegernsee, ließ er 1951 aus Schloss Banz sämtliche Sarkophage seiner herzoglichen Familie überführen. Nur das Herz seines Ururgroßvaters Herzog Wilhelm, das bei dessen Tod 1837 in einen Wandpfeiler der Kirche eingemauert worden war, blieb in Banz zurück.

Herzog Ludwig Wilhelm trat in die Fußstapfen seines Großvaters Herzog Max in Bayern. Von ihm erbte er das Verständnis und die Liebe für Volksmusik und Brauchtum. Er spielte Zither, sammelte Noten und wurde zum Mäzen des renommierten Volksliedsammlers Kiem Pauli (1882–1960). Er war auch mit dem Schriftsteller Ludwig Thoma (1867–1921) befreundet und setzte sich für die Förderung der Trachtenbewegung ein. Wie sein Vater Karl Theodor liebte Ludwig Wilhelm auch die Jagd, das Jagdwesen und das Gebirge und galt als ein ausgewiesener Fachmann der Jägerei, der sorgsam über das Jagdpersonal, die Jagdgebiete und den Wildbestand wachte. Sein Buch „Jagd im Gebirge" hat bis heute den Status als Standardwerk der Jägerei inne und wird immer wieder neu aufgelegt.

Am 19. März 1917 hatte der damals 33-Jährige in Kreuth die Fürstin Eleonore zu Schönburg-Waldenburg, eine geborene Prinzessin zu Sayn-Wittgenstein, geheiratet. Die Ehe blieb jedoch kinderlos. Wer sollte nun nach dem Tod des Herzogs am 5. November 1968 in Wildbad Kreuth das Erbe als Chef der herzoglichen Linie in Bayern antreten?

Herzog Max Emanuel in Bayern (*1937)

Die Nachfolge von Ludwig Wilhelm wurde auf nicht ganz konventionelle Weise geregelt: Max Emanuel, der Bruder von Herzog Franz von Bayern (*1933), dem aktuellen Chef der ehemals königlichen Linie des Hauses Wittelsbach, trägt heute den Titel des Kopfs der herzoglichen Linie in Bayern.

Max Emanuel – gebürtig von Bayern – kam 1937 als der zweite und jüngste Sohn Herzog Albrechts von Bayern (1905–1996) zur

Welt und ist damit ein Urenkel des letzten bayerischen Königs Ludwig III. Er wuchs zusammen mit seinen Schwestern, den Zwillingen Marie Gabriele und Marie Charlotte, und seinem Bruder Franz auf.

Am 18. März 1965 wurde Max Emanuel Prinz von Bayern zum Erhalt der Linie der Herzöge in Bayern von seinem Großonkel Ludwig Wilhelm, Herzog in Bayern adoptiert. Ludwig Wilhelms Entscheidung, Max Emanuel drei Jahre vor seinem Tod als Sohn anzunehmen, erfolgte sicher auch aufgrund der gemeinsamen Liebe zur Musik: Der ehemalige Prinz von Bayern spielt selbst die Klarinette. Als Herzog in Bayern übernahm Max Emanuel den herzoglichen Besitz in Tegernsee einschließlich des früheren Klosters samt dem Tegernseer Brauhaus, das Wildbad Kreuth und auch die Ländereien des ehemaligen Klosters Banz. Mit seiner Familie bewohnt er noch heute Schloss Tegernsee und Schloss Wildenwart.

Max Emanuel ist mit Elizabeth Christina Gräfin Douglas (*1940) verheiratet. Aus dieser Ehe gingen fünf Töchter hervor, aber keine männlichen Nachkommen, an die der Vater seinen Titel des Chefs des Hauses in Bayern hätte weitergeben können. Auch sein Bruder Herzog Franz von Bayern hat keine männlichen Erben, weshalb die Nachfolge beider Linien nach dem Tod der Herzöge auf Luitpold Prinz von Bayern (*1951) übergehen wird, danach auf dessen erstgeborenen Sohn Ludwig Heinrich Prinz von Bayern (*1982). Dessen Familie lebt auf Schloss Kaltenberg westlich von München, wo auch die bekannte, von Prinz Luitpold geführte Schlossbrauerei Kaltenberg ihren Sitz hat.

Die Schicksale der zehn Herzogskinder

Herzogin Ludovika in Bayern brachte im Lauf von 18 Jahren zehn Kinder zur Welt, von denen zwei allerdings kurz nach der Geburt starben. Sie war ihren Kindern eine liebevolle Mutter, doch hatte ihre Erziehung ein bestimmtes Ziel: Ihr ganzes Trachten war auf eine gute, standesgemäße Verheiratung ihrer acht überlebenden Sprösslinge gerichtet und sie zeigte sich äußerst fähig darin, diesen Anspruch zu erfüllen. Es verwundert deshalb nicht, dass eine der Töchter Kaiserin von Österreich wurde und eine zweite den Rang einer Königin von Neapel erreichte. Eine dritte Tochter wäre fast die Gemahlin König Ludwigs II. geworden, eine vierte war immerhin mit dem Bruder des Königs beider Sizilien liiert und eine fünfte ehelichte den reichen Erbprinzen von Thurn und Taxis.

Wenn auf diese Weise auch enge Verknüpfungen zu zahlreichen europäischen Fürstenhäusern entstanden, so endeten Ludovikas Bemühungen meist nicht im Eheglück der Töchter. Max war mit ihren Absichten auch nur selten einverstanden, selbst wenn er die von seiner Frau ausgewählten Ehemänner letztlich doch akzeptierte. Rebellisch reagierte er, als Ludovika Karl Theodor, den künftigen Chef des Hauses, ohne sein Wissen zur Brautschau ans fürstliche Haus Hohenzollern (Sigmaringen) senden wollte: Der Herzog schnauzte Oberhofmarschall von Wulfen an, dass er jede eigenmächtige Handlung seiner Frau ohne vorherige Genehmigung seinerseits als null und nichtig zu betrachten habe. Ludovika solle zumindest die Finger von Karl Theodor lassen. Wohl in Erinnerung an das eigene Schicksal bei der erzwungenen Verheiratung mit seiner in Hochzeitsdingen jetzt so umtriebigen Gattin warnte er vor „weiblichen Mächten, die neuerdings zu einer verfrühten Bindung drängen, denen es theils ein Bedürfnis ist, dergleichen Angelegenheiten zu betreiben, mögen sie im Palais oder einfacheren Gemächern wohnen, und welche anderntheils in dem verkehrten Wahn leben, daß ein so junger und heißblütiger Mensch [wie Karl Theodor] durch eine Heirat zum moralischen Mann umgestempelt werden könne.“[155]

Wie die Schicksale der zehn Herzogskinder aussahen und wohin ihre Wege – oftmals nach der erfolgreichen Heiratsvermittlung durch die Mutter – führten, sei im Folgenden kurz skizziert.

Herzog Ludwig Wilhelm in Bayern (1831–1920)

Der älteste Sohn Ludwig Wilhelm, genannt Louis, kam am 21. Juni 1831 in München zur Welt und wurde im festen Glauben erzogen, er würde dem Vater einst als Kopf des Hauses nachfolgen. Ludovika und Max konnten es nicht fassen, als ihr Erstgeborener auf dieses Erbrecht zugunsten der Verbindung mit einer bürgerlichen Frau verzichtete: 1859 heiratete er die Schauspielerin Henriette Mendel (1833–1891), die spätere Freiin von Wallersee. Mit dieser morganatischen, also nicht standesgemäßen Ehe hatte Ludwig Wilhelm sein Anrecht verwirkt, in der Nachfolge seines Vaters Chef der Herzöge in Bayern zu werden. Alle Versuche der Eltern, die Beziehung zu verhindern, scheiterten an der Starrköpfigkeit ihres Sohnes, der schon als Kind und Jugendlicher schwer zu erziehen gewesen war.

Erst nachdem sich zeigte, dass sich der Herzogsspross und die Schauspielerin aufrichtig und innig liebten und Henriette sich als eine bescheidene, treu sorgende Ehefrau entpuppte, wurde die Verbindung, wenn auch schweren Herzens, von Max und Ludovika akzeptiert. Die dem jungen Paar bereits 1858 geborene Tochter Marie Louise Mendel wurde später als Marie Louise von Larisch-Wallersee vor allem wegen ihrer Mitwisserschaft um die Tragödie von Mayerling bekannt. Der 1859 geborene Sohn Karl Emanuel starb kurz nach der Geburt.

Nach dem Tod seiner Frau Henriette 1891, heiratete Ludwig Wilhelm ein Jahr später die vierzig Jahre jüngere Balletttänzerin und Schauspielerin Antonie von Bartolf (1871–1956), geborene Barth. Sie war ihrem Mann allerdings nicht treu, und als sie von ihrem Liebhaber ein Kind erwartete, kam es 1913 zur Scheidung. Im Alter von 89 Jahren starb Ludwig Wilhelm am 6. November 1920 nach einer Herzlähmung. Seine letzte Ruhestätte befindet sich auf dem Münchner Ostfriedhof.

Herzog Wilhelm Karl in Bayern (1832–1833)

Der am 24. Dezember 1832 geborene Wilhelm Karl starb bereits als Säugling nach eineinhalb Monaten am 13. Februar 1833. Er war von seinem Bruder Ludwig Wilhelm mit Keuchhusten angesteckt worden.

Herzogin Helene in Bayern (1834–1890)

Helene Caroline Therese, Néné genannt, war die älteste Tochter von Herzog Max und seiner Frau Ludovika. Sie wurde am 4. April 1834 in München geboren. 1853 sollte die 19-Jährige auf Wunsch der Mutter die Braut des Kaisers Franz Joseph I. von Österreich werden. Doch der entschied sich für ihre jüngere Schwester Elisabeth. Helene war sehr fromm, weshalb sie nach der gescheiterten Heiratsanbahnung mit Franz Joseph in depressiver Anwandlung daran dachte, in ein Kloster zu gehen. Fast schien es auch, als ob sie ledig bleiben würde. Doch am 24. August 1858 nahm sie der reiche Erbprinz Maximilian Anton von Thurn und Taxis (1831 – 1867) zur Frau.

Helene führte als einzige der Herzogstöchter eine glückliche Ehe, die allerdings von dem schweren Nierenleiden ihres Mannes überschattet wurde. Er starb bereits 1867 im Alter von erst 36 Jahren. Auch von Helenes vier Kindern – Luise, Elisabeth, Erbprinz Maximilian und Albert, der jüngste – starben zwei in jungen Jahren. So ihre Tochter Elisabeth, die 1877 den Prinzen Miguel von Braganza geheiratet hatte. Sie starb 1881 mit nur 21 Jahren, kaum drei Jahre nach der Geburt ihres ersten Kinds. Erbprinz Maximilian Maria, der 1883 die Leitung der Familiengeschäfte übernommen hatte, erkrankte kurz darauf und erlag im Alter von knapp 23 Jahren einem Lungeninfarkt.

Nunmehr war Helene wieder das Familienoberhaupt, bis 1888 ihr zweiter Sohn Albert das Amt übernehmen konnte. Die Mutter und

Witwe zog sich hierauf zurück und widmete sich ganz ihrem Glauben. Zwei Jahre später erkrankte sie an einem Unterleibsleiden und starb am 16. Mai 1890 im Alter von 56 Jahren in Regensburg.

Herzogin Elisabeth in Bayern (1837–1898)

Bekannt wurde die damals erst 17-jährige Elisabeth Amalie Eugenie 1854 durch ihre Heirat mit Franz Joseph I., dem Kaiser von Österreich-Ungarn. Selbst als Kaiserin wollte sie sich dem strengen Hofzeremoniell der Donau-Monarchie zeitlebens nicht beugen. Dazu war die am 24. Dezember 1837 in München geborene Sisi viel zu freiheitsliebend. Schon bei ihrer Geburt hatte sie einen Milchzahn im Mund, was als Glückzeichen galt. Doch ihr Leben sollte alles andere als glücklich verlaufen.

Der Heirat mit dem österreichischen Monarchen folgte schon bald die Entfremdung, denn der Kaiser war im Gegensatz zu seiner aufgeweckten, neugierigen Frau viel zu konservativ, pedantisch und kleinlich. Durch rastloses Reisen, ihrem Vater nicht ganz unähnlich, entzog Elisabeth sich den Pflichten als Gattin, Regentin und Landesmutter. Dem Erhalt ihrer Schönheit widmete sie sich mit einem intensiven Pflegeprogramm, verordnete sich selbst strenge Diäten und unterwarf sich Fastenkuren. Dazu kam ein erstaunliches Sportpensum, ihre Hofdamen trieb sie etwa mit stundenlangen Gewaltmärschen zur Verzweiflung. Ihre waghalsigen reiterischen Eskapaden erregten Aufsehen und Bewunderung. Elisabeth arbeitete ebenso an der Entwicklung ihres Geistes wie an der Ertüchtigung ihres Körpers. Ihre kulturellen Interessen waren vielfaltig und sie verfolgte sie mit Ehrgeiz. Sie ließ sich von ungarischen und griechischen Sprachlehrern unterweisen. Als Verehrerin Heinrich Heines versuchte sie sich in dessen Nachfolge selbst als Dichterin; so entstand ihr „Poetisches Tagebuch“.

Obwohl sie ihrem Vater vom Wesen her am ähnlichsten war, kam es immer wieder zu Spannungen zwischen beiden. Elisabeth war mit ihrer Ehe und ihrem Leben als Kaiserin höchst unzufrieden und hatte so zunehmend Verständnis für ihre Mutter, der mit Max ebenfalls kein Glück beschieden war. Wie er seine Frau behandelte, das wollte Sisi nicht tolerieren. Andererseits ließ sie sich in Erinnerung an den väterlichen Zirkus im Münchner Palais eine Manege in Schloss Gödöllö nahe Budapest bauen, in der sie mit Zirkuspferden arbeitete und hohe Schule ritt. Sie lud auch ganz wie ihr Vater Zirkusleute, ja sogar einfaches fahrendes Volk ein: „[A]llerlei lichtscheues Pack, von Schmutz starrende, in Fetzen gehüllte Männer, Frauen und Kinder“[156], wie ihre Umgebung entsetzt konstatierte. Und wie ihr Vater seine vier in Ägypten erworbenen afrikanischen Knaben in Diensten hatte, so freute Elisabeth sich über den Mohren Rustimo, den ihr der Schah von Persien als Geschenk zukommen ließ. Sie machte den körperlich behinderten Schwarzen zum Spielgefährten ihrer Lieblingstochter Marie Valerie. Er musste sie auf ihren Spaziergängen und Ausfahrten begleiten und erschreckte zu Valeries Vergnügen immer wieder andere Kinder, die vor dem zähnefletschenden Mohren entsetzt zurückwichen.

Herzog Max war von seiner einstigen Lieblingstochter mit den Jahren immer mehr enttäuscht. Ihr exzessiver Schönheitskult gefiel ihm nicht und ihr überspanntes und melancholisches Wesen passte nicht zu seinem grundsätzlich fröhlichen Charakter, der sich nur äußerst selten den dunklen Seiten des Lebens zuwandte. Mit Elisabeths depressiven Verstimmungen, den Weinkrämpfen und den wiederholten Nervenkrisen, die man ihren immer exzessiveren Diätkuren anlastete – sie trieb es mit der Selbstkasteiung so weit, dass ihr Körper an Hungerödemen litt –, konnte er einfach nichts anfangen. Und so zog sich Max von ihr zurück, mied es, in Possenhoffen zu sein, wenn sie anwesend war. Als er 1888 starb, nahm sie nicht an seinem Begräbnis teil, offiziell wegen ihrer angegriffenen Gesundheit.

Elisabeth schenkte vier Kindern das Leben. Sophie, die Erstgeborene, starb bereits im Alter von zwei Jahren. Gisela, die zweite Tochter, wurde auf Betreiben ihrer Mutter mit dem Prinzen Leopold von Bayern vermählt. Das dritte Kind des österreichischen Kaiserpaars war der ersehnte Thronfolger: Rudolf kam im Sommer des Jahrs 1858 zur Welt. Ihre dritte Tochter Marie Valerie liebte die Kaiserin ganz besonders.

Nach dem Selbstmord ihres einzigen Sohns 1889 nahmen Elisabeths Schwermut und Weltverachtung zu. Ein tragisches Ereignis beendete schließlich ihr Leben: Während eines Aufenthalts in Genf wurde sie am 10. September 1898 im Alter von 61 Jahren von einem italienischen Anarchisten ermordet.

Herzog Karl Theodor in Bayern (1839–1909)

Karl Theodor, genannt Gackel, wurde am 9. August 1839 in Possenhofen geboren. Bereits im Alter von 14 Jahren trat er in die bayerische Armee ein und brachte es im Lauf der Jahre bis zum General der Kavallerie. 1865 heiratete er Prinzessin Sophie von Sachsen (1845–1867), mit der er eine Tochter hatte. Nach der Geburt erholte sich der geschwächte Körper seiner Frau nie mehr und sie erlag kaum ein Jahr später einer Grippeerkrankung.

Die zweite Ehefrau Karl Theodors wurde Marie José von Portugal (1857–1943). Aus der 1874 geschlossenen Ehe gingen fünf Kinder hervor, drei Töchter und zwei Söhne.

Nach seinem Ausscheiden aus dem Militärdienst, der ihm nie besonders gelegen hatte, begann Karl Theodor 1867 ein Studium an der Ludwig-Maximilians-Universität in München – zur damaligen Zeit ein unüblicher Schritt für Angehörige seines Standes. Zunächst wandte er sich den Disziplinen Philosophie, Jura und Nationalökonomie zu und befasste sich mit Sprachen, bevor er sich schließlich für das Fach Medizin entschied: Er studierte medizinische Psychologie, vor allem aber Augenheilkunde. Bereits damals fiel sein enormer Arbeitseifer auf, von dem sein ganzes Leben geprägt war. 1880 schloss er seine Studien mit dem Staatsexamen ab und promovierte anschließend zum Dr. med. Auf Hospitationen bei angesehenen Medizinern in Wien und Zürich folgte die langjährige Arbeit als Augenarzt in München, am Tegernsee und in Meran, die ihn bekannt machte. 1875 wurde Karl Theodor zum Ehrenmitglied der Bayerischen Akademie der Wissenschaften ernannt.

1895 erwarb er zusammen mit seiner zweiten Frau Marie José ein Grundstück in der Nymphenburger Straße 43 und gründete dort die „Private Augenklinik Herzog Carl Theodor“ in München, die noch heute einen hervorragenden Ruf in Sachen Augenheilkunde besitzt. Jährlich behandelte Karl Theodor etwa achthundert Patienten stationär und über fünftausend ambulant; dazu führte er bis zu dreihundert Staroperationen durch. Herzog Max und seine Frau waren stolz auf die ärztliche Kunst ihres Sohns. Max wies ihm sogar mehrfach arme augenkranke Patienten zu, die Karl Theodor auch zumeist unentgeltlich behandelte.

Herzog Karl Theodor, der bis zu seinem Tod Chef der herzoglichen Linie in Bayern und zugleich Arzt war, starb am 30. November 1909 im Alter von siebzig Jahren in Kreuth und wurde in der Familiengruft in Schloss Tegernsee beigesetzt.

Herzogin Marie in Bayern (1841–1925)

Marie Sophie Amalie erblickte am 4. Oktober 1841 in Possenhofen das Licht der Welt. Im Alter von erst 17 Jahren wurde sie Anfang 1859 in München mit dem Kronprinzen Franz (1836 – 1894), dem ältesten Sohn des Königs Ferdinand II. beider Sizilien, verheiratet – eine Stellvertreterhochzeit, denn am Tag der Eheschließung war der Bräutigam abwesend; Marie kannte ihren zukünftigen Mann nur von einem geschönten Bild, das man ihr vorab hatte zukommen lassen.

Franz, der seinem Vater wenige Wochen nach einer zweiten, eigentlichen Trauung mit Marie am 3. Februar 1859 im süditalienischen Bari auf den Thron folgen sollte, zeigte sich regierungsunfähig und trug nur formal den Titel des Königs, während seine Stiefmutter, die Königinwitwe Maria Theresia von Habsburg, die Regentschaft inne hatte. Eine schlechte, da schwache Konstellation, bedenkt man die Zeitumstände: In Italien hatte die Bewegung des Risorgimento ihr Ziel einer Vereinigung der vielen kleinen Fürstentümer und Regionen zum unabhängigen Nationalstaat fast erreicht. Der Freiheitskämpfer Giuseppe Garibaldi war in den tiefen Süden vorgedrungen, um das Königreich Neapel dem künftigen italienischen Einheitsstaat einzugliedern, was die Entmachtung der Königsfamilie voraussetzte. Vergeblich bat die junge Königin Marie ihre Schwester Elisabeth und ihren Schwager Kaiser Franz Joseph I. um militärische Hilfe. Doch Österreich, das sich im Sardinischen Krieg vom Mai 1859 gegen die Kämpfer für ein geeintes Italien gestellt und eine Niederlage erlitten hatte, konnte nicht helfen. Neapel wurde 1860 von Garibaldis Truppen erobert und Marie und ihr Gemahl König Franz II. suchten Zuflucht in der Festung Gaeta, die kurze Zeit später beschossen wurde. Während Franz abdanken und ins Exil gehen wollte, entschloss sich die 19-jährige Marie zum Bleiben. Heldenhaft stand sie den kämpfenden Soldaten bei, versorgte Verwundete und ermutigte die Truppen. Schließlich griff sie selbst zum Gewehr und stellte sich auf die Zinnen der Festung. Trotz aller Widerstände musste Gaeta im Februar 1861 kapitulieren. Die Feinde waren von der Tapferkeit der Königin aber derart beeindruckt, dass sie dem königlichen Paar einen ehrenhaften Abzug gewährten. Ihre nächste Zuflucht fanden Marie und Franz im Vatikan, wo 1870 italienische Truppen fast kampflos einmarschierten und den Papst entmachteten.

Marie, mit deren Ehe es von Beginn an nicht zum Besten bestellt war – ihr Mann litt an einer Phimose, die den ehelichen Verkehr unmöglich machte – reiste nach ihrer Absetzung als Königin beider Sizilien, meist in Begleitung ihrer Schwester Mathilde, rund um die Welt und provozierte etliche Skandale. So schwamm sie bei Ostia nackt im Meer, rauchte in der Öffentlichkeit Zigarillos und verliebte sich zuletzt in Rom in einen belgischen Grafen, einen Offizier der päpstlichen Garde, von dem sie schwanger wurde. Unter vorgeschützten gesundheitlichen Problemen zog sie sich ins Elternhaus nach Possenhofen zurück. Während Ludovika über den Fehltritt ihrer Tochter entsetzt war, meinte Herzog Max lapidar: „Na ja, solche Sachen passieren nun einmal. Wozu also das Gegacker!“[157] In einem

Augsburger Kloster brachte Marie schließlich 1862 eine Tochter zur Welt, die kurz nach ihrer Geburt dem Vater übergeben wurde. Ihrer Familie musste Marie versprechen, den Kontakt zum Kindsvater für immer abzubrechen, was ihr nicht leicht fiel. Über den weiteren Lebensweg des Kindes ist nichts bekannt.

Nach einer Aussprache mit ihrem Mann Franz ließ dieser, um die Ehe endlich vollziehen und eine ordentliche Beziehung zu Marie aufbauen zu können, seine Phimose durch einen operativen Eingriff korrigieren. In der Folge kam eine gemeinsame Tochter zur Welt, die aber bereits nach wenigen Wochen starb. Maries Gemütszustand verdüsterte sich. „Ach, hätte mich in Gaeta doch eine Kugel getroffen“[158], soll sie einmal zu ihrer Schwester Sisi geäußert haben.

Als begeisterte Jägerin erwarb Marie nun ein Jagdschloss in England. Zu ihren Reitjagden lud sie auch Sisi ein, die als hervorragende Reiterin alle Blicke auf sich zog. Marie reagierte eifersüchtig und verbreitete das Gerücht, Elisabeth habe ein Verhältnis mit Captain Bay Middleton, ihrem Vorreiter. Die Kaiserin war empört und es kam zum Bruch mit der Schwester.

Nach dem Ersten Weltkrieg kehrte Marie nach München zurück, wo sie am 19. Januar 1925 im Alter von 84 Jahren starb. Bestattet wurde sie in Rom neben ihrem Mann und der gemeinsamen Tochter. 1984 wurden die sterblichen Überreste zur Grablege der sizilianischen Bourbonen in der Basilika Santa Chiara in Neapel überführt. Bis heute ist Marie als „Heldin von Gaeta“ unvergessen.

Herzogin Mathilde in Bayern (1843–1925)

Mathilde kam am 30. September 1843 als vierte Tochter des herzoglichen Paars in Possenhofen zur Welt, wo sie auch den Großteil ihrer Kindheit verbrachte. Sie wuchs, wie alle ihre Schwestern, zu einer hübschen Frau heran, wurde aber wegen ihres schmächtigen Körpers und ihrer piepsigen Stimme innerhalb der Familie liebevoll „Spatz“ genannt. Im Alter von 18 Jahren verheiratete man sie 1861 in München mit dem Grafen Luigino von Trani (1838–1886) – Ludwig von

Bourbon-Sizilien –, dem jüngeren Bruder des Königs Franz II. beider Sizilien. Die ersten Ehejahre verbrachte Mathilde meist mit ihrer Schwester Marie in Rom, wo sie angeblich eine Affäre mit einem jungen Offizier hatte. 1867 gebar sie ihr erstes und einziges Kind, eine Tochter namens Maria Theresia.

Die Ehe der Gräfin Trani war nicht glücklich, da sie ihr Mann, der zudem alkoholabhängig war, häufig betrog. Sie entschloss sich endlich zur zumindest räumlichen Trennung und verbrachte ihre Zeit auf ausgedehnten Reisen: Mathilde hielt sich oft in Paris auf, war aber auch in Feldafing und Baden-Baden anzutreffen, meist in Begleitung ihrer Schwestern Marie und Elisabeth. 1886 starb ihr Mann nach längerer Krankheit; manche Quellen sprechen sogar von Selbstmord.

Während des Ersten Weltkriegs hielt sich Mathilde in der Schweiz auf und später mit ihrer älteren Schwester Marie wieder in München. Sie überlebte Marie nur um ein halbes Jahr und starb als letztes der Herzogskinder am 18. Juni 1925 im Alter von 82 Jahren. Ihr Grab auf dem Münchner Waldfriedhof (alter Teil) wurde 1977 aufgelöst und neu belegt.

Herzog Maximilian in Bayern (*/+1845)

Maximilian, der am 8. Dezember 1845 geboren wurde, starb noch am Tag seiner Geburt. Seine Grabstätte liegt in der Gruft in Schloss Tegernsee.

Herzogin Sophie in Bayern (1847–1897)

Sophie Charlotte Auguste erblickte am 22. Februar 1847 in München als fünfte Tochter von Max und Ludovika das Licht der Welt. Nachdem alle ihre älteren Schwestern verheiratet waren, galt es ab 1861 nur noch sie standesgemäß unter die Haube zu bringen. Sophie war mit dem nur wenig älteren Ludwig II. von Bayern befreundet. Beide teilten die Liebe zur Musik Richard Wagners und zur Natur. Da Sophie eine schöne Singstimme hatte und auch gut Klavier spielte, musste sie Ludwig oft aus Wagners Opern Arien vorsingen.

Im Januar 1867 entschloss sich König Ludwig II. zur Verlobung mit der jüngsten Herzogstochter. Doch der für den August desselben Jahres angesetzte Hochzeitstermin wurde von Ludwig immer wieder verschoben. Herzog Max' drängenden Brief, in dem er auf der Einhaltung des Heiratsversprechens bestand und die Kompromittierung seiner Tochter anklagte, nahm der König schließlich bekanntermaßen zum willkommenen Anlass, in mehr oder weniger echter Entrüstung über die Anmaßung des Herzogs die Verlobung zu lösen. Vielleicht aber war auch Sophies Liebesbeziehung zu dem Fotografen Edgar Hanfstaengl offenbar geworden. Während der Verlobungszeit hatten heimliche Treffen zwischen den beiden in Schloss Pähl, im Palais in München und selbst in Possenhofen stattgefunden. Fünf Liebesbriefe, die Sophie zwischen Juli und September 1867 an Hanfstaengl schrieb, sind sogar noch erhalten.

Nach der Entlobung hielt Herzogin Ludovika sofort Ausschau nach einem neuen Heiratskandidaten für ihre Tochter. Die Wahl fiel auf Herzog Ferdinand von Alençon (1844–1910), der von Sophie sehr angetan war und schon im Sommer 1868 um ihre Hand anhielt. Im folgenden September fand in Possenhofen die Vermählung statt. Die ersten Ehejahre wurden als harmonisch beschrieben. 1869 wurde die Tochter Louise Victoire geboren und 1872 kam der Sohn Philippe Emanuel zur Welt.

1886 verliebte sich Sophie jedoch in ihren verheirateten Frauenarzt Dr. Franz Joseph Glaser und wollte nicht mehr ohne ihn leben; diese spontane Leidenschaft gehörte zum Charakter der Herzogstochter. Sie verlangte die Scheidung von ihrem Mann – doch Frau Glaser, die betrogenen Gattin, machte die Affäre öffentlich und der Skandal war perfekt. Sophies Familie war entsetzt. Der Herzog von Alençon ließ Sophie auf Rat seines Schwagers und ihres Bruders Dr. Karl Theodor in Bayern in das bekannte Sanatorium von Nervenarzt Richard von Krafft-Ebing nach Maria Grün bei Graz einweisen. Dort sollte sie wegen „sexueller Abartigkeiten", wozu nach damaliger Auffassung auch Ehebruch gehörte, behandelt werden. Nach fünf Monaten wurde Sophie als „geheilt" entlassen und kehrte zu ihrem Mann zurück. Von nun an widmete sie sich karitativen Einrichtungen.

Am 4. Mai 1897 brach bei dem Bazar de la Charité in der Rue Jean Goujon in Paris, einer Wohltätigkeitsveranstaltung, bei der sie mitwirkte, ein Brand aus. Das Feuer griff rasend schnell um sich. Sophie weigerte sich, das Gebäude zu verlassen, bevor nicht alle anderen Anwesenden zuvor in Sicherheit gebracht worden waren. Ihren Edelmut bezahlte sie mit dem Leben: Die Fünfzigjährige verbrannte bis zur Unkenntlichkeit. Der Sarg mit ihren sterblichen Überresten wurde in die Chapelle royale Saint-Louis, die Grabkapelle der Familie ihres Mannes, der Bourbonen, nach Dreux überführt.

Herzog Maximilian Emanuel in Bayern (1849–1893)

Maximilian Emanuel, genannt Mapperl, wurde am 7. Dezember 1849 in München geboren. Er war das jüngste der zehn Kinder des Herzogpaars. Max Emanuel hegte eine Leidenschaft für das Militär und wurde 1865 als 16-Jähriger Sekondeleutnant im 2. Ulanen-Regiment „König". 1866 nahm er am Krieg gegen Preußen teil. Ab 1867 diente er im 3. Chevaulegers-Regiment „Herzog Karl Theodor", das während des Deutsch-Französischen Kriegs bei Wörth, Beaumont, Orléans und bei der Belagerung von Paris zum Einsatz kam. Von 1873 bis 1874 wurde er an die Kriegsakademie kommandiert, wo er den 1. Lehrgang absolvierte. Anschließend wurde er zum 1. Ulanen-Regiment versetzt und hier 1875 zum Rittmeister befördert.

In diesem Jahr heiratete er in Wien Prinzessin Amalie von Sachsen-Coburg und Gotha (1848–1894) – eine äußerst glückliche Verbindung. Die Ehe war mithilfe von Max Emanuels Schwester Sisi zustande gekommen, die den ebenfalls an Amalie interessierten Leopold von Bayern, einen Sohn des späteren Prinzregenten Luitpold, anstelle von Amalie mit ihrer eigenen Tochter Gisela verkuppelte.

1876 wurde Herzog Max Emanuel Major und Eskadronchef im 1. Chevaulegers-Regiment „Kaiser Nikolaus von Rußland". Weitere Beförderungen folgten. 1887 wurde er als Generalmajor zum Kommandeur der Equitations-Anstalt in der Maximilian II.-Kaserne in München ernannt. 1889 erreichte er schließlich mit der Position des Generalleutnants den Höhepunkt seiner Karriere.

Sein vom Militär durch und durch geprägtes Leben endete am 12. Juni 1893 infolge schwerer Magenblutungen, denen er im Alter von erst 44 Jahren in Feldafing erlag. Seine Frau war verzweifelt und folgte ihm kaum ein Jahr später in den Tod.

Der Fluch der Mutter

„Dieser Ehe und allem, was daraus hervorgeht, soll der Segen Gottes fehlen bis ans Ende!". Dieser Fluch, den Herzogin Ludovika am Tag ihrer erzwungenen Hochzeit mit Max ausgestoßen haben soll, scheint in Erfüllung gegangen zu sein.

Von den fünf Töchtern des Herzogs Max war im Grunde genommen keiner ein glückliches Schicksal beschieden. Da ist die bildschöne Helene, die dennoch von ihrer Schwester Sisi bei Kaiser Franz Joseph ausgestochen wurde und deren harmonische Ehe mit dem Erbprinz von Thurn und Taxis ein jähes und viel zu frühes Ende fand. Das wenig glückliche Leben der exzentrischen Kaiserin Elisabeth wurde 1898 von einem italienischen Anarchisten auf brutale Weise beendet. Marie, deren Ehe auch in keiner Weise gelungen genannt werden kann, wurde von Garibaldi ihrer Krone beraubt und aus ihrer neuen Heimat vertrieben. Auch die Verbindung Mathildes mit Graf Trani gestaltete sich unerfreulich: Ihr untreuer Mann, ein heftiger Trinker, beendete sein Leben vermutlich sogar durch Selbstmord. Und schließlich Sophie: Auf die kläglich gescheiterte Verlobung mit König Ludwig II. von Bayern folgten die resignierte Heirat mit dem Herzog von Alençon, der Ehebruch und der grausame Tod in den Flammen.

Und die fünf Söhne? Wilhelm Karl starb bereits als Säugling nach eineinhalb Monaten, ebenso Maximilian, der den Tag seiner Geburt nicht überlebte. Ludwig Wilhelm enttäuschte die Eltern durch seine Verbindung zu einer Schauspielerin und verweigerte sich seinem

Recht, aber auch seiner Pflicht, als Erstgeborener die Linie in Bayern weiterzuführen und den Fortbestand der Familie zu sichern. Seine harmonische erste Ehe war vom Tod des 1859 geborenen Sohns Karl Emanuel überschattet und eine zweite Ehe endete in einem katastrophalen und skandalösen Bruch. Karl Theodor verlor seine erste Frau Prinzessin Sophie von Sachsen bereits 1867 durch ihren frühen Tod. Trotz seiner schwachen Gesundheit, die den Eltern immer wieder Anlass zur Besorgnis gab, widmete er seine Arbeitskraft über die Maßen seinem Beruf als Augenarzt und zerriss sich förmlich zwischen seinen Pflichten als Mediziner und dem Amt des Familienchefs. Dem Leben des Nesthäkchens Max Emanuel setzte zuletzt eine schwere Erkrankung ein tragisches und vorzeitiges Ende.

Ludovikas Fluch scheint also durchaus seine Wirkung getan zu haben: Zwei Generationen nach ihr hatte die Linie der Herzöge in Bayern ihr Ende gefunden. Dies soll ein Mönch aus dem Kloster Tegernsee bereits um 1870 der Kaiserin Sisi prophezeit haben. Ehe hundert Jahre vergangen sein werden, so weissagte der Mönch damals, sei ihr Stamm ausgestorben. 1968 war es so weit, als der jetzige Chef des Hauses, Herzog Max Emanuel in Bayern, die Nachfolge der Herzöge in Bayern antrat. Er entstammt nicht der herzoglichen Linie, sondern dem königlichen Zweig der Familie. Da Max Emanuel wiederum über keinen männlichen Erben verfügt, wird auch seine Adoption nur eine Rettung auf Zeit für das herzogliche Haus gewesen sein, das mit seinem Tod gänzlich an die königliche Linie der Wittelsbacher fallen wird.

Das elterliche Erbe

Neben reichlich weltlichen Gütern erbten die Kinder des Ehepaars Max und Ludovika zweifellos auch etliche positive wie negative Wesenszüge ihrer Eltern. Dies trug dazu bei, dass geradezu ein Familienmythos der Herzog Max-Familie entstand. So viele außergewöhnliche, tragische, bemerkenswerte Schicksale, wie sie in dieser Familie unter den acht Nachkommen versammelt sind, die das Kindesalter überlebten, könne sich, wie es heißt, kaum ein Romanautor ausdenken. Und diese Schicksale seien wesentlich durch die Eltern beeinflusst worden.

Es ist wissenschaftlich nachgewiesen, dass, trotz unterschiedlicher Umwelteinflüsse, Elternpaare nicht nur physische, sondern auch psychische Merkmale und Persönlichkeitsstrukturen an die Kinder weitergeben können, darunter etwa kognitive Fähigkeiten, Selbstbewusstsein, Temperament, Neugier, Geselligkeit oder auch Hyperaktivität. Dennoch vermag die genetische Disposition eines Menschen das Verhalten doch nur bis zu einem gewissen Grad zu beeinflussen. Und auch wenn sich bestimmte Wesenszüge von Herzog Max und seiner Frau in den Nachkommen der beiden auf vielfältige Weise widerspiegeln, so waren sie vorrangig doch nur Gestalter der kindlichen Umgebung und dürfen nicht als die allmächtigen Former ihrer Kinder angesehen werden. Wie alle Eltern, so boten auch sie ihrem Nachwuchs vieles lediglich an, etwa die Art zu sprechen, Gefühle zu zeigen oder zu verbergen, Schwierigkeiten anzugehen, Abhängigkeit und Unabhängigkeit zu leben, Werte einzufordern und vorzuleben, aber auch ihre Umgangsweise mit Konflikten und seelischen Belastungen. Auf diese Weise zeigten sie den Kindern bewusst wie unbewusst unterschiedliche Zugänge zu sich selbst und zum Umgang mit den Mitmenschen. Trotz aller Beeinflussung blieb den Herzogskindern stets die Wahl, wovon sie sich beeinflussen lassen und wogegen sie sich verwahren wollten.

Gleichwohl ist es durchaus interessant, sich die Wesenszüge der Eltern vor Augen zu führen, um Persönlichkeitsmerkmale ihrer Kinder vielleicht besser verstehen und der Entwicklung von so beeindruckenden und gleichzeitig fragilen Charakteren wie der Kaiserin Elisabeth nachspüren zu können.

Wesenszüge des Vaters Max

Als durchweg positive, Achtung verdienende Charaktereigenschaften des Herzogs, die sich in manchen seiner Kinder widerspiegeln, lassen sich anführen: breit gestreute und mit Leidenschaft verfolgte Interessen – von der intensiven Beschäftigung mit bayerischer Volkskultur bis zum Eintauchen in fremde Welten wie den Orient –, Kreativität, Phantasie und künstlerische Begabung – Musik, Dichtkunst – und sportliche Begeisterung – Reiten, Bergwandern. Seine Natur- und Tierliebe war ohne Ausnahme allen Kindern zu Eigen. Sisis und Karl Theodors Pferdeliebe war geradezu sprichwörtlich. Karl Theodor soll sogar bei seinen Pferden geschlafen haben und Sisi galt als „Pferdeflüsterin", die selbst mit schwierigen Tieren zurechtkam. Auch auf den ersten Blick weniger prominente, aber nicht weniger positive Wesenszüge von Max, die sich in den Herzogskindern entdecken lassen, waren Freigiebigkeit, Hilfsbereitschaft und Freizügigkeit, Geselligkeit, Toleranz, Humor und Unternehmungsgeist. Die ausgeprägte Reiselust des Vaters, die sich insbesondere bei Sisi zeigte, paarte sich mit Tapferkeit und Mut – bis hin zur Tollkühnheit. So ließ sich Sisi einmal bei einer stürmischen Seereise wie Odysseus an den Schiffsmast binden, um das Toben der Naturgewalten hautnah zu erleben. Mut besaß auch Marie, die „Heldin von Gaeta", die beim Kampf um die Festung ihre Soldaten zum tapferen Ausharren und fortgesetzten Kampf ermutigte, bevor sie sich selbst in Männerkleidung und mit einem Gewehr bewaffnet auf die Zinnen von Gaeta stellte, um die Festung zu verteidigen.

An negativen Eigenschaften des Herzogs stechen besonders seine Unzuverlässigkeit und Sprunghaftigkeit hervor, auch seine innere Unruhe und Getriebenheit. Karl Theodor, als Nachfolger des Vaters und Chef des Hauses das wohl bedeutendste der Herzogskinder, zeigte eine permanente Rastlosigkeit, die der seines Vaters sehr ähnlich war. Er stürzte sich in seine Arbeit, war ständig unterwegs und mutete sich als hoch angesehener Augenarzt trotz einer Lungenerkrankung unablässig zu viel zu.

Mehrfach wies Herzog Max auch narzisstische Züge auf. Er benötigte viel Aufmerksamkeit, liebte es, im Mittelpunkt des Geschehens zu stehen und genoss die Bewunderung seiner Umgebung. Oft scheinen die Freunde vorrangig „Erfüllungsgehilfen" seiner eigenen Bedürfnisse gewesen zu sein. In der Folge erlebte er aber vieles, was um ihn herum vorging, die Freuden und Leiden, die Handlungsweisen und Erlebnisse anderer Menschen meist nur in Reflexion auf sich selbst. Dies ließ sich vor allem auch bei seiner Tochter Sisi beobachten.

Ebenso blitzte des Herzogs Hang zur Treulosigkeit in seinen Töchtern Sisi, Sophie, Marie und Mathilde auf, die wie der Vater auch ohne „schlechtes Gewissen" außereheliche Beziehungen eingingen; inwieweit man ihnen daraus einen echten Vorwurf machen kann, ist allerdings fraglich, schließlich waren sie ihre arrangierten Ehen alles andere als auf den eigenen Wunsch hin eingegangen. Bei Sisi zeigten sich dazu, noch weitaus mehr als bei ihrem Vater, eine ausgeprägte Eitelkeit und eine auffallende Empfindlichkeit gegenüber Kritik. Zwar war Max ein gutmütiger Mensch, der aber – wohl ein Erbe wiederum seines Vaters Pius – auch cholerisches Temperament besaß. Im schlimmsten Fall konnte ihn schon eine Fliege an der Wand wütend machen. Und „wenn er gemeint hat, dass ihm jemand auf die Hühneraugen tritt, dann war der Teufel los"[159], äußerte einer seiner Verwandten. Dann konnte er seinen Zorn kaum mehr beherrschen.

Es war aber genau diese schillernde Persönlichkeitsstruktur des Herzogs Max mit ihren Ecken und Kanten, die ihn zu einem Original werden ließen – und Originale waren auch mehrere seiner Kinder.

Wesenszüge der Mutter Ludovika

Im Gegensatz zu Max, der den Kindern nur selten als Erzieher, Ansprechpartner und liebender Vater zur Verfügung stand, war die Mutter der ruhende Pol für sie. Sie war die stets zuverlässige Anlaufstelle für alle Freuden und Sorgen der Kleinen, die sich deshalb nicht nur in sehr jungen Jahren besonders zu ihr hingezogen fühlten und auch von ihr geprägt wurden.

Positive Charakterzüge der Mutter waren ihre Beständigkeit und ausgeprägte Häuslichkeit, die auch ihre Tochter Néné und ihr Sohn Karl Theodor zeigten. Letzterer teilte außerdem die ernsthafte Natur der Mutter. Ludovikas Frömmigkeit ließ sich bei Néné wiederfinden und ihre Duldsamkeit bei Sophie. Wie ihr Mann besaß auch die Herzogin eine ausgeprägte Tierliebe, insbesondere zu Hunden, die in ihrem Haushalt alles tun durften, was sie wollten.

An negativen Eigenschaften der Herzogin lassen sich ihre Eitelkeit und ihr Standesdünkel anführen. Sie galt als die schönste Tochter des ersten bayerischen Königs Max I. Joseph und dessen war sie sich auch bewusst. Andererseits fühlte sie sich häufig minderwertig und steckte voller Selbstzweifel. Sie reagierte dünnhäutig bis hin zur Depression. Sie neigte dazu, sich übermäßig anzupassen und zu klammern und hoffte ständig auf positive Gefühle und Reaktionen ihres Gegenübers. Ludovika befand sich sozusagen in einer Warteschleife der Erwartung, legte sich ständig zurecht, was sie von einer Situation erwartete, wollte eine von ihr ersonnene Perfektion in die Tat umgesetzt sehen und wurde zwangsläufig von der Realität, von ihrem Ehemann, vor allem aber von sich selbst immer wieder enttäuscht. Emotional blieb sie fortwährend „hungrig" und unzufrieden, fühlte sich häufig auch psychisch erstarrt und „unlebendig".

Sie kümmerte sich vorrangig um ihre Kinder, aber zu wenig um sich selbst und die eigenen Bedürfnisse. Vergeblich wünschte sie sich die partnerschaftliche „Erlösung" aus ihrem Gefühlspanzer. Als Frau mit depressiv-narzisstischen Zügen war ihr das eigene äußere perfekte Auftreten, die reine Fassade sehr wichtig. Spontanität, Flexibilität und Humor blieben dabei meist auf der Strecke. Ihr fehlten die Worte, um sich gefühlsmäßig dem anderen zu öffnen und um ihre ständig schwelende Verzweiflung zeigen zu können. Die Folge war eine innere Leere, erschwert durch Phasen von Melancholie, Menschenscheu und Apathie. Diese versuchte sie durch eine ausgeprägte Renommiersucht zu überspielen, die vor allem anhand ihrer eifrig betriebenen Heiratspolitik zu beobachten war.

Bei vielen von Ludovikas Töchtern zeigten sich diese Wesenszüge der Mutter – Eitelkeit, Perfektionismus, Minderwertigkeitsgefühle und Verschlossenheit – in unterschiedlicher Kombination und führten, so vor allem bei Sisi und Marie zu häufigen Stimmungsschwankungen.

Herzog Max' Verdienste

Epilog

Der königlich-bayerische Staatsrat, Historiker und Schriftsteller Sebastian Franz von Daxenberger (1809 – 1878) fasste bereits in seinen 1840 veröffentlichten Kulturschilderungen „Münchner Hundert und Eins" das Phänomen Herzog Max in Bayern treffend zusammen: „Der Herzog Max ist jung, reich, mit einer Königlichen Prinzessin verheiratet und hat mehrere Kinder. Er Iiebt höhere Reitkunst und hat in seinem prachtvollen Palaste an der Ludwigstraße einen eigenen Cirkus und ein Theater erbauen lassen, in welchem während des Karnevals wöchentliche Vorstellungen, Reitexercitien, dann Possen, Pantomimen und Ballett mit Benützung der Kräfte des kgl. Hoftheaters gegeben werden. Den Sommer und Herbst bis zur Winterszeit bringt der Herr Herzog in Aichach und Wittelsbach zu, erfreut sich an Jagd und lustiger Gesellschaft, und sein Spielmann Petzmayer, herzogl. Kammervirtuose auf der Cither, begleitet ihn überall hin. Der Prinz selbst ist des Citherspieles kundig, ein ausgezeichneter Schüler seines seelenvollen Meisters; er liebt Musik und componirt; er liebt Poesie und dichtet [...]. Er ist der liebenswürdigste, heiterste, ungezwungenste Gesellschafter. Während zu seinen Vorstellungen in der höhern Reitkunst die Elite des Adels sich drängt, und seine Ballfeste zu den brillantesten in München gehören, während auf diesen jährlich die wundervollsten Maskenquadrillen erscheinen, verschmäht der Herzog doch auch nicht, bürgerliche Elemente an sich zu ziehen und einige Sommitäten des Künstler- und Gelehrtenstandes an seinen Hof einzuladen [...]. Der Herzog begibt sich ohne alle Prätentionen auch in Abendgesellschaften von Künstlern, wie auf dem Prater oder zu einer Production in der Gesellschaft der ‚Alt-Engländer' im Englischen Caffeehause, deren Mitglieder ihm größtenteils näher bekannt sind. Dieses fürstliche Leben zwischen den verschiedenen Ständen, beruhend auf dem Grundsatz ‚Varietas delectat' [lat.: Abwechslung erfreut], verschafft jene natürliche Anschauung der Dinge, die so wertvoll ist. Schon Goethe sagte: Glaube dem Leben, es lehrt / Besser als Rede und Buch. [...] Der Herzog hat große Reisen gemacht."[160]

Bis heute lebt Herzog Max in Bayern nicht nur als Vater seiner berühmten Tochter Sisi, als Schwiegervater des Kaisers von Österreich, des Königs beider Sizilien und – beinahe auch – des Königs von Bayern in der Erinnerung der bayerischen Bevölkerung weiter. Es waren vor allem sein außergewöhnliches Wesen, seine zahlreichen bestaunenswerten Eigenschaften und Unternehmungen, die ihm als durch und durch bemerkenswerten Wittelsbacher einen unvergesslichen Platz in der Geschichte nicht nur Bayerns sicherten.

Das Wirken des Herzogs war für die bayerische Volkskultur, deren Pflege ihm – wie schon zuvor vielen seiner Wittelsbacher Vorfahren – ein Herzensanliegen war, von unschätzbarer Bedeutung: Er erkannte zukunftsweisende Strömungen, griff sie auf und förderte sie. Die bayerische Tracht trug er selbst gerne und erfreute sich an den zahlreichen Bräuchen, die den Jahreslauf im bayerischen Königreich bestimmten; darunter auch religiöse Feste und Traditionen, die er aktiv mitlebte und deren Erhalt er unterstützte.

Besonders machte er sich um die Volksmusik verdient: Die Protektion des Zithervirtuosen Johann Petzmayer genügte ihm dabei nicht – Herzog Max brachte es unter der Anleitung Petzmayers selbst auf der Zither zu beachtlicher Meisterschaft, trug seinen Spitznamen „Zithermaxl" mit Stolz und komponierte auch mit großem Erfolg über sechzig Stücke für sein liebstes Instrument. Vom „Lumpeninstrument" zum bayerischen Nationalinstrument schlechthin wurde die Zither schließlich durch Petzmayers von Max geförderte Weiterentwicklung der ursprünglichen Kratz- zur Streichzither.

Der Herzog begründete mit seinem Engagement eine bis heute wirkende Wittelsbachische Familientradition: Das Sammeln von Volksgut und Volksmusik sowie deren Förderung, dazu die Unterstützung bedeutender Volksmusikpfleger und -forscher wie etwa von

Kiem Pauli. Max' Enkel Herzog Ludwig Wilhelm und dessen Nachfolger Herzog Max Emanuel setzten und setzen diese Tradition fort.

So wie Max stets eine Lanze für die alpenländische Musik brach, so setzte er sich auch für die heimatliche Literatur ein, ehrte verdienstvolle Kulturschaffende mit seiner Herzog-Max-Medaille und trat als Pfleger der bayerischen Mundart auf. Als „Phantasus" oder auch anonym schwang Max höchstpersönlich mit Talent die Schreibfeder, veröffentlichte Skizzen, Novellen, Erzählungen, Reiseberichte, historische Beiträge und sogar kleine Theaterstücke. Beeindruckend war seine riesige Privatbibliothek mit 27.000 Bänden.

Der belesene Herzog verfügte über eine umfassende Bildung, doch die reine Theorie reichte ihm normalerweise nicht aus. Bei allem war für ihn das Selbertun von entscheidender Bedeutung. So trat er in seinem Zirkus auf, anstatt nur den Kunststücken anderer zuzusehen. Als Jäger widmete er sich aktiv der Wild- und Waldpflege. Auf seinen Reisen, insbesondere während seines Besuchs des Orients, genügte ihm die Rolle des einfachen Touristen ganz und gar nicht: Er stellte Vergleiche zwischen der fremdländischen und seiner heimischen Kultur an und betätigte sich als Sammler. Er informierte sich über die unterschiedlichen Lebensformen und Wertvorstellungen, über technische Errungenschaften und Rechtsansichten. Er war von fremden Sprachen fasziniert und begeisterte sich für Werke der bildenden Kunst. Seine Aufgeschlossenheit für alle diese Bereiche trugen ihm auf Reisen hohes gesellschaftliches Ansehen und die Zuneigung der Bevölkerung ein.

Der Herzog schätzte den Wert von Arbeit, was sich zuvorderst in seinen zahlreichen und vielfältigen Betätigungsfeldern zeigte. Er war der Ansicht, dass ein Leben ohne Beschäftigung und Aktivität verfehlt ist. „Die Nervosität der Nichtarbeitenden", davon war er überzeugt, „wird nur allmählich geheilt werden, sobald nämlich die Herzöge, Grafen und Barone ihren Kindern beibringen werden, daß die Arbeit der beste Adelsbrief und zugleich der sicherste Weg zu einem langen und glücklichen Leben ist."[161]

Dazu glaubte Max an ein Zusammenwachsen von Adel und Bürgertum und das zu einer Zeit, als sich Fürsten im Allgemeinen noch selbstgefällig wie kleine Götter gebärdeten. Doch er lebte seine Überzeugung von der grundsätzlichen Gleichheit der Menschen und pflegte mit dem einfachen Volk genauso lebhaften Umgang wie mit Adeligen. Sein Urteil über die Menschen war „unabhängig vom Schnitt ihres Rockes“[162], wie er selbst betonte, und hing niemals von ihrer Herkunft ab. Für den Herzog zählte nur jemandes Wesensart, nicht der Stand. Wenn der Charakter eines Menschen stimmig war, dann war ihm ein Bauer ebenso viel wert wie ein Edelmann. Durch diese Offenheit, Toleranz und auch durch seine Bildung wurde er zu einem zentralen Bindeglied nicht nur zwischen städtischer und ländlicher Kultur, sondern auch zwischen Adel und bürgerlicher Bevölkerung.

Wie es heißt, half Herzog Max zahlreichen Menschen, die in Not geraten waren, ohne je viel Aufhebens davon zu machen. Er war zweifellos ein Menschenfreund und das spürten die Leute. Auch mit der Toleranz war es ihm ernst. So betonte er einmal: „Es ist mein fester Grundsatz, jede Religion, und sei sie auch noch so sehr abergläubisch oder widernatürlich, wenigstens äußerlich zu ehren.“[163]

Kurzum, es verwundert überhaupt nicht, dass seine ungezwungene und volksnahe Lebens- und Wesensart, sein verständiges Mitgefühl und die Bereitschaft, seinen Einfluss und sein Vermögen stets auch zum Wohle anderer einzusetzen, Max zum Liebling des Volkes machten. Zusammen mit seinem Humor und seiner in die Welt getragenen Lebensfreude ist Herzog Max in Bayern als bayerisches Original und als einer der populärsten Wittelsbacher bis heute unvergessen.

Anhang

Stammbaum von Herzog Max in Bayern, seine Vorfahren und Nachkommen

Ausgehend vom gemeinsamen Stammvater der königlichen und herzoglichen Linie der Wittelsbacher in Bayern, Pfalzgraf Christian I., zeigt der Stammbaum die Riege der Vorfahren von Herzog Max in Bayern anhand der männlichen Erbfolge.

Der Zweig seiner Nachkommen endet mit dem amtierenden Chef des herzoglichen Hauses Wittelsbach, Herzog Max Emanuel in Bayern.

Ludwig Wilhelm
(*1831 – †1920)
1. ⚭
Henriette von Wallersee
(*1833 – †1891)
2. ⚭
Antonie von Bartolf
(*1871 – †1956)

Wilhelm Karl
(*1832 – †1833)

Helene Karoline Therese
(*1834 – †1890)
⚭
Maximilian Anton von Thurn und Taxis
(*1831 – †1867)

Elisabeth Amalie Eugenie
(*1837 – †1898)
⚭
Kaiser Franz Joseph I. von Österreich
(*1830 – †1916)

Karl Theodor
(*1839 – †1909)
Herzog in Bayern
1. ⚭
Sophie von Sachsen
(*1845 – †1867)
2. ⚭
Maria José von Portu
(*1857 – †1943)

Ludwig Wilhelm
Herzog in Bayern
(*1884 – †1968)
⚭
Eleonore zu Sayn-Wittenstein
(*1880 – †1965)

Adoptivsohn:
Max Emanuel
(*1937)
Prinz von Bayern
Herzog in Bayern
(1965)

Linie Birkenfeld-Bischweiler
Christian I.
(*1598 – †1654)

Linie Birkenfeld-Bischweiler-Rappoltstein

Christian II. (*1637 – †1717) ⚭ Agathe von Rappoltstein (*1648 – †1683)

Linie Birkenfeld-Zweibrücken

Christian III. (*1647 – †1735) ⚭ Karoline von Nassau-Saarbrücken (*1704 – †1774)

Friedrich Michael (*1724 – †1767) ⚭ Maria Franziska von Pfalz Sulzbach (*1724 – †1794)

Maximilian I. Joseph (*1756 – †1825) rfürst von Pfalz-Bayern (1799) König von Bayern (1806) ⚭ 1. Auguste Wilhelmine von Hessen-Darmstadt (*1765 – †1796); 2. Friederike Karoline Wilhelmine von Baden (*1776– †1841)

Linie Birkenfeld-Gelnhausen

Pfalzgraf Johann Karl (*1638 – †1704) ⚭ 1. Sophie Amalie von Zweibrücken (*1646 – †1695); 2. Esther Maria von Witzleben (*1665 – †1725)

Pfalzgraf Johannes (*1698 – †1780) ⚭ Sophie Charlotte von Daun-Kyrburg (*1719 – †1770)

Pfalzgraf Wilhelm (*1752 – †1837) Herzog in Bayern (1799) Erster Chef der Herzöge in Bayern ⚭ Maria Anna von Zweibrücken-Birkenfeld (*1758 – †1824)

Pius August (*1786 – †1837) ⚭ Amalie Luise von Arenberg (*1789 – †1823)

Ludovika Wilhelmine von Bayern (*1808 – †1892) ⚭ **Herzog Maximilian Joseph in Bayern (*1808 – †1888) Zweiter Chef der Herzöge in Bayern (1834)**

arie Sophie Amalie (*1841 – †1925) ⚭ König Franz II. beider Sizilien (*1836 – †1894)

Mathilde Ludovika (*1843 – †1925) ⚭ Ludwig von Bourbon-Sizilien (*1838– †1886)

Maximilian (*/† 1845)

Sophie Charlotte Auguste (*1847 – †1897) ⚭ Ferdinand von Alençon (*1844 – †1910)

Maximilian Emanuel (*1849 – †1893) ⚭ Amalie von Sachsen-Coburg und Gotha (*1848 – †1894)

Zeittafel

1808	30. August: Geburt von Maria Ludovika Wilhelmine Prinzessin von Bayern in Schloss Nymphenburg. Luise, wie sie genannt wird, ist die jüngste Tochter von Maximilian I. Joseph, König von Bayern, und seiner zweiten Gemahlin, Prinzessin Karoline Friederike Wilhelmine. 4. Dezember: Geburt von Herzog Maximilian Joseph in Bayern. Die Eltern sind Herzog Pius August in Bayern aus der Wittelsbacher Nebenlinie Pfalz-Birkenfeld-Gelnhausen und Amalie Luise von Arenberg.
ab 1814	Max wird in Bamberg durch den Kurmainzischen Kammerrat Otto mit drakonischer Strenge erzogen. Sommeraufenthalte des jungen Max in Schloss Banz.
1817–1824	König Max I. Joseph vermittelt die Erziehung des jungen Max im „Königlichen Erziehungsseminar“ in München unter der Obhut von Benedict von Holland. Max zeigt Interesse an Sprachen, Musik (Pianoforte, Violine), Zeichnen, Deklamation, Gymnastik, Dichtung und Schriftstellerei. Sommeraufenthalte in Nymphenburg und Tegernsee.
1822	Tod der Mutter; Max erbt ihren Landbesitz und ein Haus in Frankreich (Paris). Mitwirkung Herzog Max' an einer Fastnachtspantomime. Entwurf eines Schauspiels: „Die Dankbarkeit“.
ab 1824	Weitere Erziehung und Ausbildung durch den Hofmeister Freiherr von Freyberg; neuer Wohnsitz von Herzog Max ist die Maxburg in München. Interesse an Geschichte, Geographie, klassischer und zeitgenössisch deutscher Literatur, an „ritterlichen Übungen“, Reitkunst (Dressurreiten), Gesellschaft.
1824	Sporadischer Besuch von Vorlesungen an der Universität in Landshut. König Max I. Joseph ernennt Herzog Max zum Leutnant des Chevaulegers-Regiments „König“ und zum Oberstinhaber des 9. Linien-Infanterie-Regiments.
ab 1825	Entstehung erster Novellen von Herzog Max. Besuch von Vorlesungen an der Universität in München (v. a. Geschichte, Länder- und Völkerkunde, Physik, Recht, Malerei). Beginn des Aufbaus einer am Ende 27.000 Bücher umfassenden Bibliothek mit Schwerpunkt Geschichte.
1827	November: Eintritt in die Kammer der Reichsräte; fortgesetzte Teilnahme an den politischen Zusammenkünften bis ins hohe Alter. Dezember: Verlobung Herzog Max' mit Prinzessin Ludovika von Bayern.
1827–1828	Reise mit Hofmarschall von Freyberg nach England, Frankreich und Belgien. Grundsteinlegung für das Herzog-Max-Palais in München.
1828	9. September: Hochzeit Herzog Max' mit Ludovika in Tegernsee. Zu diesem „Ereignis des Jahres“ sind 228 Personen geladen. Der Ablauf ist „ländlich [...] und nach den Sitten des hiesigen Volkes aufgeführt“ (z. B. mit der Teilnahme der Miesbacher Musikanten, Burschen und Mädchen in Tracht); Hochzeitsreise innerhalb Bayerns. Tegernsee wird zukünftig immer wieder Aufenthaltsort der herzoglichen Familie.

1830 Herzog Max bezieht mit Ludovika das neue Palais in München. Abhaltung von großen Abendgesellschaften mit bayerischen Wissenschaftlern, Dichtern, Musikern, Historikern, aber auch einfachen Bürgern; Zirkusaufführungen, Bälle usw.
Erwerb des sogenannten „„Bogenhauser Gartens“ in der wilden Isarau.
Schaffung der „Medaille zur Förderung von Kunst und Wissenschaft in Silber und Gold“ (in zwei Größen und vier Stufen) durch Herzog Max: Träger u. a. Gabelsberger, Holland, von Kobell, Stieler, Steub, Lachner, Strauß, Vieuxtemps, Petzmayer.

1831 Unter dem Pseudonym „Phantasus“ veröffentlicht Herzog Max eine Sammlung von sechs Novellen.
21. Juni: Geburt Ludwigs, genannt Louis, in München; erstes Kind von Herzog Max und Herzogin Ludovika.
Die Herzogsfamilie flieht vor der Cholera nach Lausanne und Rom.

1832 König Ludwig I. ernennt Herzog Max zum Kommandanten der Bürgerwehr des Isarkreises.
Reise der herzoglichen Familie nach Neapel, Sizilien und Rom (erneut Cholera in München).
24. Dezember: Geburt von Wilhelm Karl, des zweiten Kinds von Max und Ludovika in München. Er stirbt bereits zwei Monate später am 13. Februar 1833. Seine Grabstätte liegt in der Gruft in Schloss Tegernsee.

1833 Freie Übersetzung von Victor Hugos „Lukrezia Borgia“ durch Herzog Max.

1834 Herzog Wilhelm dankt achtzigjährig als Chef des herzoglichen Hauses zugunsten seines Enkels Max ab (Fideikommiss-Nachfolge); Max führt nun den Titel Herzog in Bayern, die herzoglichen Güter gehen auf Max über.
4. April: Geburt von Helene Karoline Therese, genannt Néné, erstgeborene Tochter von Max und Ludovika.Verkauf der französischen Besitzungen durch Herzog Max und anschließend Erwerb von Schloss Possenhofen und Garatshausen am Starnberger See.

1835 Erscheinen von Herzog Max’ fantastischer Novelle „Jakobina“.

1836 Letztes Familientreffen zwischen Herzog Wilhelm und seinem Enkel Herzog Max in Banz.

1837 8. Januar: Tod von Herzog Wilhelm in Bayern.
22. und 26. Februar: Herzog Max lernt bei zwei Konzerten in Bamberg den berühmten Zithervirtuosen Johann Petzmayer kennen.
23. August: Tod von Herzog Pius August, Vater von Herzog Max.
27. Oktober: Herzog Max ernennt Petzmayer zu seinem Kammervirtuosen und erlernt bei ihm das Zitherspiel.
24. Dezember: Geburt von Elisabeth Amalie Eugenie, genannt Sisi, des vierten Kinds von Max und Ludovika, in München.
König Ludwig I. von Bayern ernennt Herzog Max zum Generalmajor.

1838 20. Januar bis 17. September: Reise in den Orient; über Italien und Griechenland nach Ägypten, in den Sudan, nach Libyen, ins Heilige Land und zurück über Malta.
Anschließend Erscheinen des Buchs „Wanderungen nach dem Orient 1838, unternommen und skizziert von dem Herzoge Maximilian in Bayern“.

1839 9. August: Geburt von Karl Theodor, genannt Gackel, des fünften Kinds des bayerischen Herzogspaars in Possenhofen.

1841 Januar: Gründung eines musikalischen Zirkels bestehend aus „Künstlern und Dilettanten auf Wunsch des Herrn Herzogs" und unter Anleitung von Petzmayer.
4. Oktober: Geburt von Marie Sophie Amalie in Possenhofen; dritte Tochter und sechstes Kind von Max und Ludovika.

1841 – 1858 Veröffentlichung von 64 nachgewiesenen Werken von „H. M." für Instrumentalmusik (Pianoforte, Streicher, Zither oder andere Besetzungen); die Zahl von Herzog Max' Kompositionen ist umfangreicher, doch etliche Veröffentlichungen sind nicht mehr genau nachweisbar.

1842 Erscheinen der „Amalienpolka" als Opus 8. Sie wird als „Bayerisch Polka" Mitte des 19. Jahrhunderts in ganz Deutschland zum „Schlager".

ab 1843 Herzog Max sammelt eine „Tafelrunde" nach dem Vorbild derer von „König Artus" um sich (u. a. mit Graf Pocci, Graf Arco-Zinneberg, Franz von Kobell): geselliges Beisammensein mit Gesprächen, Gesang und Musik.
30. September: Geburt von Mathilde Ludovika, genannt Spatz, vierter Tochter von Max und Ludovika in Possenhofen.

1845 König Ludwig I. erlaubt Herzog Max, den Titel „Königliche Hoheit" zu führen. Eintritt in die Gesellschaft „Alt-England": gesellige Zusammenkünfte ähnlich der „Tafelrunde".
8. Dezember: Geburt von Maximilian, des achten Kinds von Max und Ludovika in Possenhofen; er stirbt noch am Tag seiner Geburt.

1846 Veröffentlichung des Büchleins „Oberbayerische Volkslieder mit ihren Singweisen. Gesammelt und herausgegeben von H. M.".
8. Oktober: Uraufführung des Einakters „Der Fehlschuß, Alpenscene von H. M. i. B." in Wien am k. k. priv. Theater in der Leopoldstadt mit der Musik von Kapellmeister Adolf Müller.

1847 26. Februar: Münchner Uraufführung des Einakters „Der Fehlschuß" im Königlichen Hof- und Nationaltheater mit Musik-Einfügungen von Herzog Max (weitere Aufführungen 1847/48).
22. Februar: Geburt von Sophie Charlotte Auguste, des neunten Kinds von Max und Ludovika, in München.

1848 Herzog Max bietet König Ludwig I. an, gegen die Wirren der Revolution militärisch vorzugehen. Da das Angebot nicht beachtet wird, beschäftigt er sich fortan nicht mehr aktiv mit Politik.
7. Dezember: Geburt von Maximilian Emanuel, genannt Mapperl, des zehnten und jüngsten Kinds von Max und Ludovika, in München.

1854 Hochzeit der 16-jährigen Herzogin Elisabeth in Bayern (Sisi) mit Kaiser Franz Joseph I. von Österreich-Ungarn.

1858 Hochzeit der Herzogin Helene in Bayern mit Erbprinz Maximilian von Thurn und Taxis.
Zweite unveränderte Auflage der „Oberbayerischen Volkslieder".

1859 Hochzeit von Herzog Ludwig in Bayern mit der Schauspielerin Henriette Mendel (1. Ehe), der späteren Freifrau von Wallersee; damit Ausscheiden aus der Erbfolge.

Hochzeit von Herzogin Marie in Bayern mit Kronprinz Franz von Neapel, der noch im selben Jahr König von Neapel wird.

1861 Hochzeit von Herzogin Mathilde in Bayern mit Ludwig Graf Trani, Prinz von Bourbon-Sizilien.

1865 Hochzeit von Herzog Karl Theodor in Bayern mit Prinzessin Sophie von Sachsen (1. Ehe).

1866 Bruderkrieg Österreichs gegen Preußen; Bayern steht durch Bündnisvertrag gebunden auf Seiten Österreichs, Preußen siegt.

1868 Erscheinen des letzten Novellenzyklus von Herzog Max in Bayern.
Hochzeit von Herzogin Sophie in Bayern – nach der gelösten Verlobung mit König Ludwig II. von Bayern – mit Ferdinand, Herzog von Alençon-Orleans.

1869 Veröffentlichung der „Posthornklänge, gesammelt von Herzog Maximilian in Bayern".

1870–1871 „Historische Erzählungen" für die reifere Jugend von Herzog Max in Bayern; es folgen historische Aufsätze in Zeitungen.
Krieg zwischen Frankreich und Deutschland. Nach dem Sieg Preußens Proklamation des vereinten Kaiserreichs Deutschland am 18. Januar 1871 in Versailles.

1874 Hochzeit von Herzog Karl Theodor in Bayern mit Infantin Maria Josepha (José) von Portugal (2. Ehe).

1875 Hochzeit von Herzog Maximilian in Bayern mit Prinzessin Amalie von Sachsen-Coburg und Gotha.

1878 9. September: Goldene Hochzeit von Herzog Maximilian und seiner Frau Ludovika als Ereignis der Gesellschaft und in der Presse gefeiert.

1888 9. September: Diamantene Hochzeit des Herzogspaars in großer Zurückgezogenheit.
15. November: Herzog Max stirbt in seinem Palais in München an den Folgen eines Schlaganfalls.
18. November: Beisetzung in der Hofkirche St. Kajetan in München.
20. November: Überführung des Leichnams nach Tegernsee in die herzogliche Familiengruft.
Karl Theodor folgt seinem Vater als Chef des herzoglichen Hauses in Bayern nach; das Amt hat der praktizierende Augenarzt bis zu seinem Tod inne.

1890 16. Mai: Tod von Erbprinzessin Helene von Thurn und Taxis, geborene Herzogin in Bayern, in Regensburg.

1892 26. Januar: Herzogin Ludovika, geborene Prinzessin von Bayern, stirbt in München an einer Lungenentzündung.
Hochzeit von Herzog Ludwig in Bayern mit der bürgerlichen Antonie von Bartoff (2. Ehe, die 1913 geschieden wird).

1893 12. Juni: Herzog Maximilian Emanuel in Bayern stirbt in Feldafing an schweren Magenblutungen.

1897 4. Mai: Tod von Herzogin Sophie von Alençon, geborene Herzogin in Bayern, bei einem Brand in Paris.

1898 10. September: Ermordung Kaiserin Elisabeths von Österreich-Ungarn, geborene Herzogin in Bayern, in Genf.

1909 30. November: Tod von Herzog Karl Theodor in Bayern in Kreuth.

1920 6. November: Tod von Herzog Ludwig Wilhelm in Bayern.

1925 19. Januar: Tod von Marie, letzte Königin von Neapel und beider Sizilien, geborene Herzogin in Bayern, in München.
18. Juni: Tod von Mathilde Gräfin von Trani, geborene Herzogin in Bayern, in München.

Personenregister

Quellen

Bildverzeichnis

(r = rechts, l = links, m = mittig)

- Archiv Erich Adami, Kleinwallstadt 103, 104 (3x), 204 (r), 205 (r)
- Sammlung Hedi Heres, Dachau 98 (l), 196, 199
- Archiv Jean Louis Schlim, München 99 (l), 200 (2x), 201 (l), 203 (2x), 207
- Archiv Alfons Schweiggert, München 97, 99 (r), 100 (2x), 108/109, 110, 112, 194 (r), 197 (r), 198, 201 (r), 205 (l), 206 (m), 208
- Archiv Anna Trautner, Thalhausen 101, 102, 105, 106, 107, 111, 193, 194 (l), 195 (2x), 197 (l), 202, 204 (l, m), 206 (l, r), Umschlagvorderseite
- Stadt Neuburg an der Donau, 98 (r)

Literaturverzeichnis

Werke von Herzog Max in Bayern

Jugendwerk

- Die Dankbarkeit. Einaktiges Schauspiel für sieben Personen in elf Szenen, um 1822.

Ungedruckte und unveröffentlichte Werke; kleine Erzählungen

- Abenteuer des wohlberühmten Famulus Quieck, 1825.
- Der Burggeist von Bodenstein, um 1826 bis 1830.
- Klothildens Grab, um 1826 bis 1830.
- Gottfried von Biberach, um 1826 bis 1830.
- Er stößt überall an, um 1826 bis 1830. (Posse)
- Zehnjährige Treue eines Husarenleutnants, um 1826 bis 1830. (Posse)
- Novellenkranz „Wiesenblumen“, um 1826 bis 1830.

Werke unter dem Pseudonym „Phantasus“ bzw. „P.B.“ (Philippus Bavaricus)

- Sechs Novellen, Verlag Dr. Karl Wolf, München 1831. (Darin enthalten: Luise Labé, die schöne Seilerin; Die Jesusbraut; Sigismund; Maria Rosa, die schöne Neapolitanerin; Die Jüdinnen von Harburg; Antwerpens Archimed)
- Lukrezia Borgia, 1833. (Nachdichtung von Viktor Hugos gleichnamigem Drama; 1833 Aufführung in Bamberg)
- Skizzenbuch, 1834.
- Jakobina, Novelle, 1835.
- Der Stiefbruder, Novelle, 1838.
- Der Fehlschuß, 1847. (Alpenszene in einem Akt für 13 Personen; Aufführung am 26. Februar 1847 im Münchner Hof- und Nationaltheater)

Werke unter dem Namen „Herzog Maximilian in Bayern“

- Wanderung nach dem Orient im Jahre 1838, unternommen und skizziert von dem Herzoge Maximilian in Bayern, 1839. Reprint: Pfaffenhofen 1978.
- Meine Zither. In: Deutsche Blätter für Literatur und Leben. Hrsg. F. v. Elsholtz, A. v. Maltiz, A. v. Zu-Rhein, 1840. (Einziges überliefertes Gedicht)

Werke unter dem Kürzel „H.M.“

- Oberbayerische Volkslieder mit ihren Singweisen, gesammelt und herausgegeben von H.M., München 1846. Neu herausgegeben vom Bezirk Oberbayern, München 1988.
- Novellenzyklus, 1868.
- Historische Erzählungen aus dem 16. bis 19. Jahrhundert für die reifere

Jugend, 1870. (Darin enthalten: Die Eroberung Mexikos durch Cortez; Der Tod des Grafen von Helfenstein; Gustav Adolf; König Karl XII. von Schweden; Karl I. von England; Friedrich II. von Preußen; Kaiser Leopold I. und der Polenkönig Sobieski; Die Februarrevolution; Der lombardische Krieg; Das Schicksal des unglücklichen Kaisers Maximilian von Mexiko)

- Posthornklänge für das chromatische Horn gesammelt. Mit Zeichnungen v. W. Diez und Reisebildern v. Carl Stieler. Mit 18 Illustrationen und 3 Vignetten sowie mit zahlreichen Notenbeispielen im Text, Verlag Braun & Schneider, München 1869. (53 Seiten; 24 Hornsignale bzw. Volkslieder; verspielter, einem Reisekoffer aus Leder mit Riemen und beschlagenen Ecken nachempfundener Einband)

Zeitschriftenbeiträge

In der „Süddeutschen Presse“

- Der Aufstand zu Wien unter Kaiser Friedrich III., 1876, Nr. 159 ff.
- Der Marquis von Taras, 1875, Nr. 201 ff.

Im „Bayerischen Landboten“

- Die Feuerbrunst in der Residenz in München 1674. Aus den Memoiren des Marquis Beau, 1869, Nr. 316.
- Der 10. August 1792, 1872, Nr. 126 ff.
- Louis Philipps Flucht aus den Tuilerien, 1874, Nr. 275 ff.
- Der Renegat, 1879, Nr. 29 ff.

Im „Münchner Boten“

- Wilhelm von Grumbach, 1871, Nr. 249 ff.
- Der schwarze Jäger. Novelle, 1876, Nr. 83 ff.

In der „Walhalla“, Beilage zur politischen Zeitung „Germania“

- Lavalette, 1869.
- Louis Philipps Flucht, 1874, Nr. 47 ff.

Im „Sammler“, Beiblatt zur „Augsburger Abendzeitung“

- Dumouriez, 1871, Nr. 108 ff.
- Ludwig XVI. im Hotel de Ville, 1878, Nr. 1 ff.
- Zur Geschichte des Kaisers Maximilian II., 1879, Nr. 96 ff.

In der „Hessischen Morgenzeitung“

- Oktavie, 1874, Nr. 6291.
- Rache (historische Skizze), 1874, Nr. 6303.
- Die Vertreibung der Jesuiten aus Spanien, 1874, Nr. 6319 – 6320.
- Napoleon I., 1874, Nr. 6387.
- Der Aufstand in Köln, 1875, Nr. 6541 – 6542.
- Die Hinrichtung des Herzogs von Orleans, 1875, Nr. 6809 ff.

In der „Passauer Zeitung“

- Die Flucht des Sohnes Napoleons III., 1875, Nr. 146 ff.
- Anekdoten aus der deutschen Kaiserzeit, 1876, Nr. 183 ff
- Nera, eine Erzählung, 1876, Nr. 283 ff.
- Ludwig XVI. im Temple, 1978, Nr. 47 ff.
- Cournet, 1878, Nr. 129 ff.
- Die Sittenlosigkeit des französischen Hofes, 1879, Nr. 88 – 89.
- Eine Episode aus dem bayerischen Hochland, 1880, Nr. 135 u. 136. (Schilderung der originellen Persönlichkeit eines beim Herzog bediensteten Försters)

Broschüren im „Historischen Verein für Oberbayern" (ohne Namensnennung, ohne Angabe von Ort und Jahr)

- Kaiser Friedrich II.
- Der Sackpfeifer von Helmstadt (Geschichte eines religiösen Schwärmers in der 2. Hälfte d. 15. Jhds.)
- Christoph Columbus.
- Amerigo Vespuccio.
- Der Traum des Kurfürsten Friedrich des Weisen von Luther.
- Der deutsche Bauernkrieg.
- Der Landgraf Philipp von Hessen-Kassel.
- Der Türkensieger Don Juan d' Austria.
- Kaiser Rudolf II.
- Die Belagerung und Eroberung von Breisach.
- Die Einnahme Straßburgs.

Sekundärliteratur

- Adalbert, Prinz von Bayern: Als die Residenz noch Residenz war, München 1967.
- Amtsblatt für das königliche Bezirksamt Aichach, Nr. 47, 18. November 1888.
- Bergmann, Rudolf Maria: Zitherklänge gegen den schamlosen Bauchtanz. In: Unser Bayern, Feb. 2011, Jg. 60, Nr. 2, Beilage der Bayerischen Staatszeitung, München 2011, S. 3–8.
- Bestenreiner, Erika: Sisi und ihre Geschwister, München 2003.
- Böhm, Gottfried von: Ludwig II. König von Bayern. Sein Leben und seine Zeit, 2. verm. Aufl., Berlin 1924.
- Borst, Josephine: Die Zither und ihr fürstlicher Förderer. In: Bayerland 11, Jg. 1900, Nr. 23.
- Bülow, Werner: Der Eremit von Gauting. Theodor Freiherr von Hallberg-Broichs Leben, Ansichten und Reisen, Rosenheim 1991.
- Christl, Karl: Herzog Max und Sisi in Unterwittelsbach. Aichacher Geschichten Bd. 11, Aichach 1998.
- Daxenberger, Sebastian Franz von: Münchener Hundert und Eins. Erstes Heft – Nr. 78, München 1840.
- Dickinger, Christian: Die schwarzen Schafe der Wittelsbacher. Zwischen Thron und Wahnsinn, München 2005.
- Dippel, Roland: Anheimelnder Zitherton gegen grelles Marschgeschmetter. In: Unser Bayern, Heimatbeilage der Bayerischen Staatszeitung, Jg. 53, Nr. 12, München 2004, S. 177–179.
- Dirrigl, Michael: Herzog Max in Bayern (1808 – 1888). In: Ders.: Maximilian II. König von Bayern (1848 – 1864), Teil II, München 1984, S. 1368–1380.
- Dreyer, Alois: Herzog Maximilian in Bayern, der erlauchte Freund und Förderer des Zitherspiels und der Gebirgspoesie, München 1909.
- Exner, Lisbeth: Elisabeth von Österreich, Reinbek bei Hamburg 2004.
- Gebhardt, Heinz: König Ludwig II. und seine verbannte Braut, Pfaffenhofen 1986.
- Grimm-Stadelmann, Isabel / Grimm, Alfred: Eine Zitherpartie auf dem Nil. Die Orientreise von Herzog Maximilian in Bayern und seine orientalische Sammlung, München 2009.
- Grössing, Sigrid-Maria: Kaiserin Elisabeth und Ihre Männer, München 2000.
- Hacker, Rupert: Ludwig II. von Bayern in Augenzeugenberichten, München 1972.

- Haeutle, Christian: Genealogie des erlauchten Stammhauses Wittelsbach. Von dessen Wiedereinsetzung in das Herzogthum Bayern (11. Sept. 1180) bis herab auf unsere Tage, München 1870.
- Halbreiter, Ulrich: Sammlung auserlesener Gebirgslieder. Hrsg. und Seiner Hoheit Herrn Herzog Maximilian in Bayern in tiefster Ehrfurcht gewidmet, München 1839; unveränderter Faksimilenachdruck, Heft I – III (in 1 Bd.), hrsg. von Paul Ernst Rattelmüller, München 1983.
- Hamann, Brigitte: Elisabeth. Kaiserin wider Willen, Wien u. München 1982.
- Hammond, Beate: Maria Theresia – Elisabeth – Zita. Jugendjahre großer Kaiserinnen, Wien 2002.
- Heres, Hedi: Erinnerungen an den „Zithermaxl", Maximilian Herzog in Bayern. In: Wagner-Jüde, Adelheid (Hrsg.): Das Land ist gut, lieblich anzusehen. Eine Reise durch die Vielfalt Bayerns, München 1992, S. 123–134.
- Heres, Hedi: Der Zithermaxl. Zum 200. Geburtstag von Herzog Max in Bayern. In: Volksmusik in Bayern, 25. Jg., Heft 4, München 2008, S. 49–55.
- Holland, Hyacinth: Maximilian, Herzog in Baiern. In: Allgemeine Deutsche Biographie, hrsg. von der Historischen Kommission bei der Bayerischen Akademie der Wissenschaften, Band 52 (1906), S. 258–270.
- Kobell, Franz von: Gedichte in oberbayerischer Mundart, München 1862.
- Kobell, Louise von: Unter den ersten vier Königen Bayerns, 2 Bd., München 1894. In: Wilhelm, Kurt (Hrsg.): Luise von Kobell und die Könige in Bayern. München 1980, S. 97–195.
- Kolb, Max: Herzogin Ludovika Wilhelmine, Tochter d. Königs Max Joseph I. In: Der Sammler 1892, Bd.1.
- Landeszentralbank in Bayern (Hrsg.): Vom Herzog Max-Palais zur Landeszentralbank, München 1990.
- Litzmann, Carl Conrad Theodor: Emanuel Geibel. Aus Erinnerungen, Briefen und Tagebüchern, Berlin 1887.
- Mayr, Heinrich von / Fischer, Sebastian: Genre-Bilder aus dem Oriente. Gesammelt auf der Reise seiner Königlichen Hoheit des Herrn Herzog Maximilian in Bayern, Stuttgart 1846.
- Mühlfelder, Gottfried: Josef Friedrich Lentner, ein bayerischer Malerdichter. In: Oberbayerisches Archiv 67, 1930, S. 21–107.
- Münchner Tagblatt, Nr. 62, 3. März 1834.
- Münchner Tagblatt, Nr. 73, 14. März 1839.
- Münchner Wochenanzeiger, Jg. 13, Ausgabe 14.12.2011.
- Orlop, Nikolaus: Alle Herrscher Bayerns. Herzöge, Kurfürsten, Könige – von Garibald I. bis Ludwig III., 2. verb. u. erw. Aufl., München 2006.
- Rall, Hans/ Rall, Marga: Die Wittelsbacher in Lebensbildern, Graz/ Wien/Köln, 1996.
- Redwitz, Marie Freiin von: Hofchronik 1888 – 1921, München 1924.
- Riegler, Theo: Das Schnaderhüpfl Büchl, München 1972.
- Schad, Martha: Elisabeth von Österreich, München 1998.
- Schad, Martha: Bayerns Königshaus. Die Familiengeschichte der Wittelsbacher in Bildern, Regensburg 1998.
- Schad, Martha: Romanzen auf der Roseninsel, Rosenheim 2005.
- Schusser, Ernst: Die im Druck erschienenen Kompositionen von Herzog Maximilian in Bayern (1808 – 1888), München u. Salzburg 1992.

- Seidl, Franz Xaver: Deutsche Fürsten als Dichter und Schriftsteller. Mit einer Auswahl ihrer Dichtungen. Von den Hohenstaufen bis zur Gegenwart. Ein Beitrag zur Literaturgeschichte, Regensburg 1883.
- Stieler, Karl: Ein Königs-Idyll vom Tegernsee. Zur goldenen Hochzeit. In: Allg. Ztg., Nr. 252, 1878.
- Thiele, Johannes: Sisi, das Leben der Kaiserin Elisabeth, München 1996.
- Wallersee, Marie Freiin von: Meine Vergangenheit, Berlin 1913.
- Witzleben, Hermann von / Vignau, Ilka von: Die Herzöge in Bayern. Von der Pfalz zum Tegernsee, München 1976.
- Ziegler, Cornelia: Einmal rundherum. Das Lesebuch für München und das Umland, Köln 2015.

Literaturverweise

1 Witzleben, Hermann von / Vignau, Ilka von: Die Herzöge in Bayern. Von der Pfalz zum Tegernsee, München 1976, S. 126

2 Ebd., S. 205

3 Dreyer, Alois: Herzog Maximilian in Bayern, der erlauchte Freund und Förderer des Zitherspiels und der Gebirgspoesie, München 1909, S. 4

4 Witzleben / Vignau, S. 202 f.

5 Ebd., S. 212

6 Holland, Hyacinth: Maximilian, Herzog in Baiern. In: Allgemeine Deutsche Biographie, hrsg. von der Historischen Kommission bei der Bayerischen Akademie der Wissenschaften, Band 52 (1906), S. 260

7 Dreyer, S. 9

8 Witzleben / Vignau, S. 197 f.

9 Ebd., S. 197

10 Ebd., S. 211 f.

11 Ebd., S. 212

12 Ebd., S. 200

13 Ebd., S. 200

14 Landeszentralbank in Bayern (Hrsg.): Vom Herzog Max-Palais zur Landeszentralbank, München 1990, S. 80

15 Ebd., S. 84

16 Ebd., S. 83

17 Ebd., S. 79

18 Münchner Wochenanzeiger, Jg. 13, Ausgabe 14. Dezember 2011, S. 3

19 Christl, Karl: Herzog Max und Sisi in Unterwittelsbach. Aichacher Geschichten Bd. 11, Aichach 1998, S. 23

20 Witzleben / Vignau, S. 305 f.

21 Böhm, Gottfried von: Ludwig II. König von Bayern. Sein Leben und seine Zeit, 2. verm. Aufl., Berlin 1924, S. 400

22 Schad, Martha: Romanzen auf der Roseninsel, Rosenheim 2005, S. 46

23 Böhm, S. 406 f.

24 Wallersee, Marie Freiin von: Meine Vergangenheit. Berlin 1913, S. 126 f.

25 Hamann, Brigitte: Elisabeth. Kaiserin wider Willen, Wien-München 1982, S. 429 f.

26 Hamann, S. 29

27 Witzleben / Vignau, S. 274

28 Ebd., S. 274

29 „Nürnberger Korrespondent von und für Deutschland", Nr. 84, 25. März 1855. In: Dreyer, S. 60

30 Dreyer, S. 63

31 Ebd., S. 35

32 Kobell, Luise von: Unter den ersten vier Königen Bayerns Bd. 1. 1894. In: Wilhelm, Kurt (Hrsg.): Luise von Kobell und die Könige in Bayern. München 1980, S. 150

33 Landeszentralbank, S. 86

34 Witzleben / Vignau, S. 213 f.

35 Landeszentralbank, S. 76

36 Holland, S. 265

37 Münchner Tagblatt, Nr. 62, 3. März 1834

38 Münchner Tagblatt, Nr. 73, 14. März 1839

39 Mühlfelder, Gottfried: Josef Friedrich Lentner, ein bayerischer Malerdichter. In: Oberbayerisches Archiv 67, 1930, S. 44

40 Witzleben / Vignau, S. 256

41 Kobell, S. 150 f.

42 Dreyer, S. 53; Dirrigl, Michael: Herzog Max in Bayern (1808 – 1888). In: Ders.: Maximilian II. König von Bayern (1848 – 1864), Teil II, München 1984, S. 1376

43 Dreyer, S. 53; Dirrigl, S. 1376

44 Landeszentralbank, S. 89

45 Witzleben / Vignau, S. 271

46 Dreyer, S. 52

47 Witzleben / Vignau, S. 264

48 Dreyer, S. 57

49 Ebd., S. 43

50 Dirrigl, S. 1177

51 Ebd., S. 1178 f.

52 Ebd., S. 1370 f.

53 Hamann, S. 45

54 Ebd., S. 211

55 Christl, S. 22

56 Ebd., S. 22

57 Ebd., S. 31 f.

58 Ebd., S. 25 ff.

59 Ebd., S. 39

60 Thiele, Johannes: Sisi, das Leben der Kaiserin Elisabeth, München 1996, S. 42

61 Christl, S. 31

62 Amtsblatt für das königliche Bezirksamt Aichach, Nr. 47, 18. November 1888; Christl, S. 39

63 Dreyer, S. 40

64 Ebd., S. 53

65 Holland, S. 268

66 Ebd., S. 268

67 Dreyer, S. 43 f.

68 Herzog Maximilian in Bayern: Wanderung nach dem Orient im Jahre 1838, unternommen und skizziert von dem Herzoge Maximilian in Bayern, 1839. Reprint: Pfaffenhofen 1978, S. 13

69 Wanderung nach dem Orient, S. 13

70 Ebd., S. 20

71 Ebd., S. 32 f.

72 Ebd., S. 34

73 Ebd., S. 35

74 Ebd., S. 39

75 Bergmann, Rudolf Maria: Zitherklänge gegen den schamlosen Bauchtanz. In: Unser Bayern, Feb. 2011, Jg. 60, Nr. 2, Beilage der Bayerischen Staatszeitung, München 2011, S. 5 f.

76 Wanderung nach dem Orient, S. 47

77 Ebd., S. 94

78 Ebd., S. 97

79 Ebd., S. 94

80 Ebd., S. 19

81 Ebd., S. 124

82 Ebd., S. 48

83 Ebd., S. 43

84 Ebd., S. 56

85 Ebd., S. 76

86 Ebd., S. 105

87 Ebd., S. 88

88 Ebd., S. 40

89 Ebd., S 49

90 Ebd., S. 49

91 Witzleben / Vignau, S. 241

92 Ebd., S. 242 f.

93 Wanderung nach dem Orient, S. 99

94 Ebd., S. 60

95 Ebd., S. 68

96 Grimm-Stadelmann, Isabel / Grimm, Alfred: Eine Zitherpartie auf dem Nil. Die Orientreise von Herzog Maximi-lian in Bayern und seine orientalische Sammlung, München, 2009, S. 21

97 Wanderung nach dem Orient, S. 99

98 Ebd., S. 106 f.

99 Ebd., S. 75

100 Ebd., S. 72

101 Ebd., S. 75 f.

102 Ebd., S. 106

103 Ebd., S. 68

104 Ebd., S. 116
105 Ebd., S. 123
106 Ebd., S. 111 f.
107 Ebd., S. 112
108 Witzleben / Vignau, S. 246
109 Wanderung nach dem Orient, S. 32
110 Ebd., S. 33
111 Ebd., S. 112
112 Ebd., S. 54
113 Ebd., S. 105 f.
114 Ebd., S. 90
115 Ebd., S. 67
116 Ebd., S. 56
117 Ebd., S. 54
118 Ebd., S. 131
119 Ebd., S. 136
120 Ebd., S. 136 f.
121 Ebd., S. 59
122 Holland, S. 266
123 Hedi Heres, mündlich, Mai/Juni 2008
124 „Petzmaiers Zitherspiel" In: Kobell, Franz von: Gedichte in oberbayerischer Mundart, München 1862, S. 49
125 Dirrigl, S. 1378
126 Dippel, Roland: Anheimelnder Zitherton gegen grelles Marsch-geschmetter. In: Unser Bayern, Heimatbeilage der Bayerischen Staatszeitung, Jg. 53, Nr.12, München 2004, S. 178
127 Heres, Hedi: Der Zithermaxl. Zum 200. Geburtstag von Herzog Max in Bayern. In: Volksmusik in Bayern, 25. Jg., Heft 4, München 2008, S. 53
128 Dirrigl, S. 1377; Dreyer, S. 50
129 Hacker, Rupert: Ludwig II. von Bayern in Augenzeugenberichten, München 1972, S. 33
130 Dreyer, S. 29
131 Ebd., S. 29
132 Ebd., S. 30
133 Holland, S. 269
134 Dreyer, S. 25
135 Ebd., S. 30
136 Ebd., S. 31
137 Holland, S. 269
138 Dreyer, S. 31 f.
139 Witzleben / Vignau, S. 260
140 Kobell, S. 330
141 Riegler, Theo: Das Schnaderhüpfl Büchl, München 1972, S. 46
142 Dreyer, S. 39
143 Litzmann, Carl Conrad Theodor: Emanuel Geibel. Aus Erinnerungen, Briefen und Tagebüchern, Berlin 1887; zitiert nach: Dirrigl, S. 1379
144 Ebd. S. 76
145 Landeszentralbank, S. 75
146 Dreyer, S. 64
147 Hamann, S. 432
148 Heres (2008), S. 50
149 Landeszentralbank, S. 85
150 Witzleben / Vignau, S. 300
151 Redwitz, Marie Freiin von: Hofchronik 1888 – 1921, München 1924, S. 14 – 48; Landeszentralbank, S. 95
152 Redwitz, S. 92
153 Landeszentralbank, S. 85
154 Witzleben / Vignau, S. 353
155 Ebd., S. 283 f.
156 Hamann, S. 330
157 Ebd., S. 171
158 Ebd., S. 171
159 Hamann, S. 28
160 Daxenberger, Sebastian Franz von: Münchener Hundert und Eins. Erstes Heft – Nr. 78, München 1840, S. 87
161 Hamann, S. 450
162 Dirrigl, S. 1379
163 Ebd., 1380

Dank

Für Hinweise und Unterstützung bei der Abfassung der vorliegenden Biografie bedanke ich mich bei:

Martina Dolhaniuk, der engagierten Lektorin des Volk Verlags, für ihre gewissenhafte Lektoratsarbeit, für die zahlreichen wichtigen Hinweise und für die stets freundliche und hilfreiche Kooperation bei der Textredaktion.

Hedi Heres (1939 – 2010), die mir als ausgewiesene Kennerin der Biografie Herzog Max' in Bayern in den Jahren vor ihrem Tod in aufschlussreichen Gesprächen viele wichtige Informationen gab, aber auch zahlreiche Text- und Bildmaterialien zur Verfügung stellte. Nicht zuletzt war sie es, die mich ermunterte, eine Biografie über diesen Wittelsbacher zu verfassen.

Michael Volk, dem Leiter des Volk Verlags, für seine Bereitschaft, dieses Buchprojekt in sein Verlagsprogramm aufzunehmen und die erste Biografie über Herzog Max in Bayern zu veröffentlichen.

Zu danken habe ich außerdem den folgenden Eigentümern privater Archive und Sammlungen, die mir freundlicherweise umfangreiches Informations- und Bildmaterial zur Verfügung stellten:
Erich Adami, Kleinwallstadt – *Sepp Schleicher*, Deinig – *Jean Louis Schlim*, München – *Anna Trautner*, Thalhausen und der Stadt Neuburg a. d. Donau.

München, April 2016 *Alfons Schweiggert*